ERNEST PICARD
CHEF D'ESCADRON D'ARTILLERIE BREVETÉ

1870

LA PERTE DE L'ALSACE

LIBRAIRIE PLON

LA
PERTE DE L'ALSACE

DU MÊME AUTEUR, A LA MÊME LIBRAIRIE

Bonaparte et Moreau. *L'Entente initiale. Les Premiers Dissentiments. La Rupture.* Un volume in-8° accompagné de cinq cartes. . . . . 7 fr. 50

Ernest PICARD
CHEF D'ESCADRON D'ARTILLERIE BREVETÉ

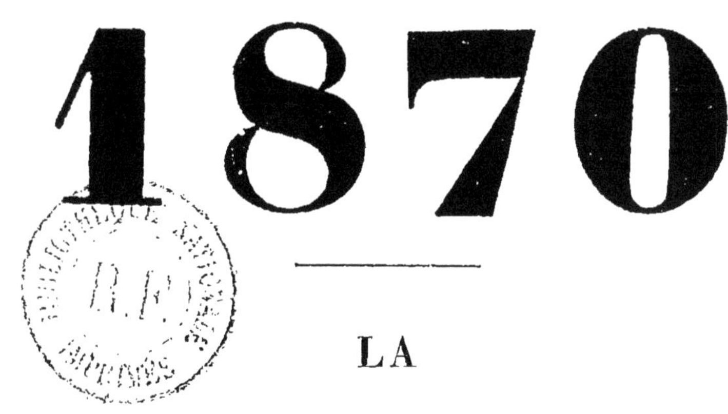

1870

LA PERTE DE L'ALSACE

Avec deux cartes

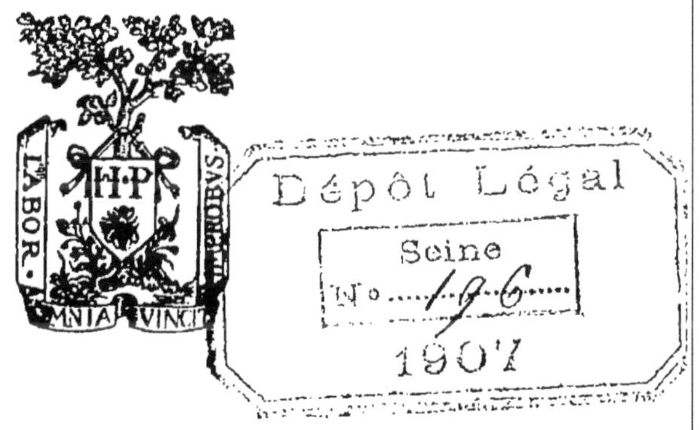

PARIS
LIBRAIRIE PLON
PLON-NOURRIT ET Cie, IMPRIMEURS-ÉDITEURS
8, RUE GARANCIÈRE — 6e

1907

Published 16 January 1907.

PRÉFACE

Cet ouvrage est une sorte de synthèse des études que nous avons publiées dans la *Revue d'Histoire rédigée à l'État-major de l'armée*, de juillet 1900 à avril 1902.

Nous avons cherché à décrire les faits qui ont amené la perte de l'Alsace, en nous efforçant d'en discerner les causes et les enseignements; en nous attachant à suivre la pensée du commandement et à découvrir les mobiles de ses actes, bien plutôt qu'à relater les détails des combats qui présentent souvent une très grande incertitude.

On a fréquemment attribué nos défaites à la faiblesse de nos effectifs et à notre mobilisation mal préparée. Ces deux facteurs, on ne saurait le nier, ont eu leur influence. Mais la cause primordiale, capitale de nos revers, réside, comme nous espérons le montrer, dans l'infériorité de notre haut commandement, qui, malgré d'éminentes qualités militaires, était insuffisamment préparé à la direction des grandes opérations de la guerre.

Si la littérature de la guerre de 1870 atteint aujourd'hui plusieurs milliers de volumes, si les plus petits incidents de cette campagne ont été l'objet de maints travaux, non moins nombreuses sont les discussions et les divergences d'opinion, non seulement sur des faits contingents, mais sur des événements de première importance. On n'est pas plus d'accord, par exemple, sur les motifs réels de la quiétude qu'éprouvait le maréchal de Mac-Mahon à la veille de l'invasion de l'Alsace, ou sur les raisons de l'inertie du général de Failly pendant la journée de Frœschwiller, que sur l'emplacement exact de tel régiment au début de cette bataille.

Il semble donc possible de faire œuvre critique et neuve en élucidant certaines questions controversées et en établissant nettement les responsabilités.

Toutefois, cet ouvrage ne se réduit pas à une

pure discussion des sources déjà connues. Il nous a été donné d'utiliser pour la première fois des documents inédits et essentiels. Les archives historiques du ministère de la guerre constituent en effet la source principale à laquelle nous avons puisé pour exposer les préliminaires de la campagne, et les opérations de l'armée française en Alsace. A ces pièces officielles sont encore venues se joindre, depuis quelques années, un certain nombre de relations de haute valeur telles que les Souvenirs inédits du maréchal de Mac-Mahon et le Journal, également inédit, du comte de Leusse, maire de Reichshoffen.

Le réveil des souvenirs de 1870, si amer qu'il puisse être, apportera avec lui — nous en avons la ferme conviction — une consolation et une espérance. Partout notre soldat s'est montré l'égal de ses devanciers de Valmy, d'Iéna et d'Auerstaedt. Malgré tant de causes d'infériorité de notre armée, les Allemands ont triomphé surtout grâce à une série répétée de bonnes fortunes. Leurs victoires sont dues, pour une grande part, à nos fautes.

Reportons-nous donc de trente-six ans en

arrière et comparons les deux adversaires d'alors avec ceux qui pourraient se trouver en présence demain. Sans tomber dans cette admiration de nous-mêmes qui explique en partie nos malheurs de l'année terrible, nous puiserons dans ce rapprochement un réconfort salutaire et une plus grande confiance en nous.

Novembre 1906.

LA PERTE DE L'ALSACE

PREMIÈRE PARTIE

LES ARMÉES EN PRÉSENCE

CHAPITRE PREMIER

AU GRAND QUARTIER GÉNÉRAL FRANÇAIS

Avertissements du général Ducrot. — Rapports du colonel Stoffel. — Illusions des maréchaux Niel et Le Bœuf. — Le major général à Metz. — Les mécomptes de la mobilisation. — Dénuement des places fortes. — Projets d'offensive. — Arrivée de l'empereur à Metz. — Le haut commandement. — L'État-Major. — Formation d'une seule armée. — Emplacements des troupes le 28 juillet. — Déceptions de l'empereur. — Les errements au ministère de la guerre. — Installation défectueuse du grand quartier général. — Ordres et contre-ordres.

Au lendemain de Sadowa, le général Ducrot, commandant la 6e division militaire à Strasbourg, adressait à son cousin, le baron Philippe de Bourgoing, une série de lettres où il signalait avec une remarquable clairvoyance les périls qui menaçaient la France et les mesures propres à les conjurer (1).

« Il faudra tôt ou tard, écrivait-il le 28 juillet 1866, entamer une lutte terrible avec la Prusse, appuyée par toute l'Allemagne... Ce sera une grosse affaire, et, pour la mener à bonne fin, il faudra préparer, de longue main, une très nombreuse et solide armée, pourvue d'un armement et de tous les services auxiliaires rendus indispensables par les progrès de la tactique moderne... (2). »

« Avec les idées de l'Allemagne, répétait-il le 17 janvier 1867, il est impossible qu'un conflit n'éclate pas au premier jour... Il est temps de mettre de côté tout sot amour-propre, toute folle présomption, et de profiter des enseignements que nous donnent les derniers événements. Il en est un, surtout, sur lequel on ne saurait trop méditer. Le 8 mai 1866, le gouvernement prussien ordonnait la mobilisation de ses corps d'armée; le 19 mai, tous ces corps d'armée étaient concentrés et venaient prendre position sur les frontières. Le 15 juin, la Prusse signifiait son ultimatum à la Saxe, au Hanovre et à la Hesse électorale, leur donnant jusqu'au soir pour y répondre... Le 16, l'armée prussienne franchis-

(1) Le baron de Bourgoing était écuyer de l'empereur.
(2) Archives de la guerre.

sait la frontière ; le 18, elle faisait son entrée à Dresde. N'est-ce pas foudroyant? En quatorze jours cette armée de 240,000 hommes avait été portée à 490,000 hommes, tous armés, équipés, encadrés !

« Avec notre organisation actuelle, nous n'obtiendrons pas un semblable résultat en trois mois !

« Et vous voulez que je ne sois pas inquiet! Mais nous sommes à la merci des événements et des Prussiens! Il faut être aveugle pour ne pas le voir... Garder le silence aujourd'hui serait une faiblesse et une lâcheté. Si j'avais l'occasion d'approcher notre souverain, je ne la commettrais certainement pas, dussé-je m'exposer à une disgrâce complète ;... d'ailleurs, elle ne serait que passagère, car les événements se chargeront trop tôt de me donner raison (1). »

Les mesures prises par le maréchal Niel pour le perfectionnement et l'augmentation de notre armement et pour la création de la garde mobile rendent quelque confiance à Ducrot.

« La lutte sera rude, sans doute, écrit-il le 23 janvier 1868 ; elle demandera de vigoureux efforts, mais son issue ne saurait être douteuse, si nous savons mettre à profit les excellents éléments militaires de notre armée et l'élan patriotique des masses que l'on retrouve toujours en

(1) Archives de la guerre.

France, lorsqu'on sait faire vibrer certaines cordes.

« Certainement, la situation s'est améliorée depuis que le maréchal Niel a pris la direction des affaires ; nous avons du matériel, des chevaux, des hommes même, mais pas de soldats, et ici je constate une erreur trop généralement répandue, c'est celle qui consiste à confondre des hommes et des soldats.

« La différence est grande, cependant ; avec une armée relativement peu nombreuse, mais bien organisée et bien composée de troupes instruites, solides, homogènes, l'on est à peu près certain du succès au début d'une campagne, et, avec une bonne organisation dans le nombre d'hommes nécessaires pour alimenter l'armée, fournir les garnisons des places fortes, etc., les succès continuent et le succès final est assuré... Notre artillerie, particulièrement, est d'une faiblesse désolante ; son état du pied de paix n'est nullement en rapport avec les exigences du pied de guerre...

« Ce qui fait la force de l'armée prussienne, la seule chose que je lui envie, c'est une excellente organisation en corps d'armée, divisions et brigades ; organisation qui rend sa mobilisation si facile et si prompte qu'elle peut toujours, en quarante-huit heures, concentrer 120,000 hommes autour de Mayence et de Coblentz.

« Dans l'état actuel des choses, nous n'obtiendrions pas ce résultat en plusieurs semaines!... (1). »

De son côté, le colonel Stoffel, attaché militaire à Berlin, prodiguait les avertissements en prévision d'une guerre qu'il jugeait, comme M. Benedetti, « inévitable » et « à la merci d'un incident (2) ». Le 23 avril 1868, il envoyait à Paris un rapport circonstancié qui concluait à la supériorité manifeste de l'armée prussienne, dont l'état-major était, à son avis, le premier de l'Europe (3). Il revenait sur cette question le 24 juin et le 22 juillet suivants (4).

« Il faut nous le tenir pour dit, mandait-il dans une étude remarquable datée du 12 août 1869, nous ne surprendrons pas la Prusse. Son organisation militaire... lui permet de concentrer sur nos frontières, en vingt ou vingt-cinq jours, plusieurs armées de 100,000 hommes chacune... (5). »

« On est presque effrayé, écrivait-il le 28 février 1870, — moins de cinq mois avant la guerre, — de songer que nous avons à nos portes une puissance rivale qui nous trouve pour le

(1) Archives de la guerre.
(2) Colonel Stoffel, *Rapports militaires écrits de Berlin, 1866-1870*, p. 297 et 302.
(3) Colonel Stoffel, *loc. cit.*, p. 112.
(4) *Ibid.*, p. 163-164 et 165-209.
(5) *Ibid.*, p. 315.

moins incommodes, quoi qu'on en puisse dire, et qui, par suite d'une organisation dont elle ne peut se départir, dispose de plus de 900,000 soldats, tous rompus au métier des armes. J'insiste et je répète : *tous rompus au métier des armes;* car il ne s'agit ici, ni de gardes nationaux sédentaires, ni de gardes nationaux mobiles, mais bien de soldats qui servent tous pendant trois ans, et qui, après avoir servi, sont entretenus et confirmés, par des exercices annuels, jusqu'à l'âge de trente-deux ans.

« Dès lors, et abstraction faite de notre infériorité sous tous les rapports, comment lutterons-nous, avec les quelques centaines de mille hommes seulement dont se compose notre armée, contre des effectifs doubles et même triples des nôtres, et si fortement constitués (1) ? »

Quand ces rapports prophétiques furent publiés en 1871, le public en fut profondément étonné et ému. « Il l'aurait été bien plus encore, assure un témoin bien informé, s'il avait connu les annotations qu'y avaient faites les autorités les plus compétentes; il aurait vu avec quelle légèreté étaient appréciées les trop justes observations de notre attaché militaire à Berlin (2). »

(1) Colonel Stoffel, *loc. cit.*, p. 402-403.

(2) Colonel d'Andlau (chef de la section des opérations au grand quartier général de l'armée du Rhin), *Metz, Campagnes et négociations*, p. 452.

Aux Tuileries, Stoffel fut traité, dit-on, « d'oiseau de malheur, qui voit tout en noir (1) » ; on le considéra comme un prussomane accaparé par Bismarck.

Pourtant, si l'on en croit le colonel d'Andlau, le ministre de la guerre avait entre les mains « une foule d'autres rapports aussi intéressants, traitant des mêmes questions militaires à des points de vue différents, mais arrivant tous aux mêmes conclusions : la supériorité de l'organisation et de la tactique des armées allemandes, la nécessité pour nous de modifications immédiates et de l'étude des moyens pratiques de les exécuter (2) ».

On n'en tint aucun compte. Aux informations des uns, aux travaux des autres, on opposa un mauvais vouloir absolu ou une vaniteuse assurance, ou enfin l'inertie des directions et des comités d'armes.

En particulier, le colonel Lewal, chef du 2e bureau de l'état-major général, annotant une étude détaillée du capitaine Samuel sur la mobilisation des forces prussiennes, fixait à vingt-deux jours au maximum, le temps nécessaire à l'ennemi pour être prêt (3). Le colonel Stoffel

(1) Mme Carette, *Souvenirs intimes de la cour des Tuileries*, t. II, p. 28. — Le mot est du duc de Gramont dans une conversation avec le capitaine Hepp. Mme Carette y assistait.

(2) Colonel d'Andlau, *loc. cit.*, p. 452.

(3) Archives de la guerre. — Ces prévisions se réalisèrent :

évaluait aussi la durée de l'opération à trois semaines, dans un rapport du 15 juillet 1869 (1).

L'empereur considérait les délais indiqués par le général Ducrot et le colonel Stoffel comme des minimums (2) et les conclusions du colonel Lewal comme inexactes. Il espérait d'ailleurs pouvoir concentrer 400,000 hommes sur la frontière du Nord-Est en quatorze jours et commencer les opérations le quinzième après la déclaration de guerre (3). Du moins, le général Lebrun, son aide de camp, envoyé à Vienne au mois de juin 1870 pour arrêter, de concert avec l'archiduc Albert, les bases d'un plan de campagne de l'Autriche et de la France contre la Prusse, avait-il été autorisé à faire cette déclaration (4).

L'intention de l'empereur, d'après le général Jarras, était vraisemblablement « de devancer l'ennemi, de le surprendre par un coup d'éclat (5) »; d'empêcher par une offensive audacieuse les États du Sud de l'Allemagne de

la mobilisation prussienne fut ordonnée le 15 juillet; le 4 août la IIIe armée franchit la frontière d'Alsace.

(1) Colonel Stoffel, *loc. cit.*, p. 282, note 1.

(2) Maréchal de Mac-Mahon, *Souvenirs inédits*.

(3) D'après un document intitulé : « Composition des armées en 1868, » les effectifs disponibles étaient de : 498,978 hommes et 918 canons (Archives de la guerre).

(4) Général Lebrun, *Souvenirs militaires*, p. 92 et suiv. — V. *infrà*, p. 59.

(5) Général Jarras (aide-major général de l'armée du Rhin), *Souvenirs*, p. 54.

se joindre à la Prusse (1); de rallier au contraire à sa propre cause, par des débuts heureux, l'Autriche et l'Italie hésitantes. Le maréchal Niel avait déclaré maintes fois que nous étions absolument prêts (2). Le 6 juillet 1870, le maréchal Le Bœuf, ministre de la guerre, affirmait encore au souverain que, quinze jours après qu'il en aurait donné l'ordre, on pourrait avoir rassemblé deux armées comptant 350,000 combattants et 875 bouches à feu, et qu'il resterait encore en Algérie et à l'intérieur plus de 230,000 hommes (3).

En réalité, le commandement français, en négligeant toute préparation à la mobilisation, en assignant à cette opération une durée très insuffisante, en se méprenant enfin, malgré tous les avertissements, sur le délai nécessaire à l'ennemi pour achever ses préparatifs, avait commis une de ces erreurs initiales qui, suivant la juste expression du maréchal de Moltke, ne peuvent se réparer dans tout le cours d'une campagne (4).

(1) Maréchal DE MAC-MAHON, *Souvenirs inédits.* — V. *infrà*, p. 66.

(2) Il en donna l'assurance à la Commission du budget. (Récit de Segris, membre de la Commission); au Sénat (séance du 9 avril 1869); à la Chambre (séance du 12 avril 1869). (Voir à ce sujet E. OLLIVIER, *la Réorganisation militaire après 1866*, *Correspondant* du 10 juillet 1906, p. 29). « Sire, dit un jour Niel en Conseil, vous avez la plus belle armée du monde. » (Récit de Duruy, relaté par E. OLLIVIER, *loc. cit.*).

(3) Note du maréchal Le Bœuf (Archives de la guerre).

(4) *Historique du grand État-major prussien*, t. I, p. 70.

L'empereur l'a reconnu plus tard :

« En rappelant, écrivait-il en 1872, les illusions qu'entretenaient les hommes les plus compétents sur la promptitude avec laquelle on pouvait passer du pied de paix au pied de guerre, on se convaincra que ce qui a manqué surtout, ce ne sont ni les hommes, ni les chevaux, ni le matériel, ni les approvisionnements, mais une organisation qui eût permis de rassembler tous ces éléments en temps opportun sur les lieux où ils devaient être employés (1). » Ce serait, à son avis, « la raison principale de nos revers (2) ».

« Vous qui êtes le Moltke de l'Angleterre, écrivait-il le 29 octobre 1870, à sir John Burgoyne (3), vous avez compris que nos désastres viennent de cette circonstance que les Prussiens ont été plus tôt prêts que nous, et que, pour ainsi dire, ils nous ont surpris en flagrant délit de formation (4). »

(1) *Œuvres posthumes de Napoléon III, le Livre de l'Empereur*, Avant-propos.

(2) *Ibid.*

(3) Sir John Burgoyne était le chef d'état-major général de l'armée anglaise en Crimée.

(4) *Enquête sur les actes du gouvernement de la Défense nationale*, rapport de Saint-Marc Girardin, p. 40.

*
* *

La guerre est déclarée par la France le 17 juillet. Dès le 15, à 5 heures du soir, le maréchal Le Bœuf, ministre de la guerre, avait prescrit le transport de l'armée à la frontière, avec ses effectifs du temps de paix. Les points de concentration assignés étaient : Thionville pour le 4e corps ; Metz pour le 3e ; Saint-Avold pour le 2e ; Bitche pour le 5e ; Strasbourg pour le 1er ; Belfort pour le 7e ; le camp de Châlons pour le 6e ; Nancy pour la Garde. Trois divisions de réserve de cavalerie, au lieu d'être en avant de l'armée, devaient se réunir à Lunéville, Pont-à-Mousson et Metz, en deuxième ligne.

Le maréchal Le Bœuf appelé aux fonctions de major-général — celles de Berthier à la Grande-Armée — semble ne pas s'être rendu compte immédiatement, à son arrivée à Metz le 24 juillet, du véritable état des choses. A son avis, « une offensive générale... ne peut tarder (1) ». Il constate bientôt, « à sa grande stupéfaction (2) », que la mobilisation des forces françaises ne s'est pas opérée, tant en Lorraine qu'en Alsace, avec la rapidité sur laquelle il a compté : les réservistes ne rejoignent « qu'avec une lenteur déses-

(1) Le major général au maréchal Bazaine, 26 juillet (Archives de la guerre).

(2) Général Lebrun, *loc. cit.*, p. 192.

pérante (1) » ; le matériel et les approvisionnements de toute sorte font défaut (2) ; les services administratifs sont encore « très incomplets (3) ». De toutes parts, c'est un concert de plaintes unanimes.

« Metz, qui fournit les 2ᵉ, 3ᵉ, 4ᵉ et 5ᵉ corps, n'a ni biscuit, ni avoine (4) ». On ne peut y trouver « ni sucre, ni café, ni riz, ni eau-de-vie, ni sel (5) » ; on éprouve les plus grandes difficultés à se procurer de la viande ; « on vit au jour le jour, le pain est assuré d'une manière précaire, pas de four de campagne, pas de biscuit de réserve (6) ».

« Le 2ᵉ corps quitta le camp de Châlons et vint se concentrer autour de Saint-Avold, dans un rayon de 15 à 18 kilomètres au plus. Rien n'avait été préparé sur ce point. La position des premières colonnes était d'autant plus critique, que les personnels administratifs n'étaient pas arrivés et que le fait même de leur réunion entraînait la résiliation du marché de la fourniture du pain à la ration dans les places de Saint-Avold et de Sarreguemines.

(1) Général LEBRUN, *loc. cit.*, p. 192.

(2) Général MONTAUDON, *Souvenirs militaires*, t. II, p. 61.

(3) Le major général à l'empereur, D. T., Thionville, 26 juillet (Archives de la guerre).

(4) L'intendant général de la 5ᵉ division au ministre de la guerre, Metz, 24 juillet (Archives de la guerre).

(5) L'intendant général de l'armée au ministre de la guerre, Metz, 20 juillet *(Ibid.)*.

(6) Journal de marche de la division de Lavaucoupet *(Ibid.)*.

« Le général Frossard et l'intendant du 2e corps trouvèrent les troupes dans cette position précaire. Après vingt-quatre heures de pourparlers, on avait obtenu de la place de Metz le pain, mais il n'y avait ni sucre, ni café, ni eau-de-vie, et l'absence de ces distributions était d'autant plus pénible pour les troupes, qu'elles venaient de quitter le régime du camp de Châlons où tout leur était servi à point, et où l'installation était, de beaucoup, plus confortable qu'aux bivouacs qu'elles occupaient sous la tente-abri, sans paille, avec une demi-couverture.

« De la tête aux divers organes de l'administration, on essaya de faire face à la situation par un mot plus commode à dire que la chose qu'il exprimait n'était facile à exécuter : « Créez des ressources sur place ». (Débrouillez-vous !) L'intendant général, n'ayant rien ou presque rien à donner, répondit aux demandes de l'intendant du 2e corps d'armée : « Je vous charge de pourvoir vous-même aux besoins de votre corps d'armée » et, comme Saint-Avold n'offrait pas plus de ressource que les autres points, force fut à ce haut fonctionnaire de déléguer à chaque sous-intendant la même mission pour la plupart des besoins des troupes qu'il était chargé d'administrer... (1) ».

(1) *Journal inédit de l'adjoint à l'intendance Boutciller* (Archives de la guerre).

Le 3e corps, qui quitte Metz le 25 juillet pour se rendre à Saint-Avold, n'a ni infirmiers, ni voitures d'ambulance, ni employés d'administration, ni fours de campagne, ni train (1). « Tout est complètement dégarni », télégraphie, le 24 juillet, le général de Ladmirault, commandant le 4e corps, au ministre. La division Grenier manque de tentes-abris (2). La division de Cissey du même corps d'armée « a pour toute ambulance deux caissons et trois voitures Masson pour le transport des blessés... pas un médicament... ils s'achètent chez le pharmacien de l'endroit (3) ». Le général de Failly, commandant le 5e corps, réclame du campement pour 5,000 hommes et de l'argent pour faire vivre les troupes (4). Les attelages et les voitures font défaut partout. Les états-majors n'ont ni personnel subalterne, ni équipages constitués, ni cartes même (5).

« Le dépôt envoie énormes paquets, cartes inutiles, pour le moment, — télégraphie, le 21 juillet, le général Frossard au ministre —

(1) L'intendant du 3e corps au ministre de la guerre, 24 juillet (Archives de la guerre).

(2) *Papiers et correspondance de la famille impériale*, t. I, p. 441.

(3) *Souvenirs inédits du général de Cissey.*

(4) Le général de Failly au ministre de la guerre, 18 juillet (Archives de la guerre).

(5) Colonel Fix, *Souvenirs d'un officier d'état-major*, p. 4-7.

n'avons pas une carte de la frontière de France ; il serait préférable d'envoyer, en plus grand nombre, ce qui serait utile et dont nous manquons complètement (1) ». Le 31 juillet, le major général envoie au 2e corps *un* exemplaire de la feuille au 1/80.000 du département de la Moselle ; au 5e corps trois exemplaires du Bas-Rhin et un de la Moselle. « Dans le cas où ce nombre vous paraîtrait insuffisant, ajoute-t-il, vous voudriez bien me le faire savoir, et je vous en adresserais de nouveaux exemplaires, au fur et à mesure du tirage (2) ».

« Vous ne ferez donc pas distribuer de cartes ? » dit, le 4 août, le général de Ladmirault au général Lebrun. — « Ma foi, ce serait bien volontiers, mais nous n'en avons pas au grand État-Major. J'en ai réclamé, le colis n'est pas encore arrivé (3) ». Le général Douay sera tué à Wissembourg avant d'en avoir une seule. Le grand État-Major prussien a fait répartir, au contraire, dès le 30 juillet, 170,000 cartes *françaises*, dont 32,000 à l'échelle du 1/80.000 (4).

« Il est impossible, dit un témoin oculaire, de se figurer les difficultés de toutes sortes qui ont

(1) Archives de la guerre.

(2) Le major général aux généraux Frossard et de Failly (Archives de la guerre).

(3) Général CASTEX, *Ce que j'ai vu*, t. II, p. 31.

(4) *Historique du grand État-Major prussien*, t. I, p. 108.

assailli l'armée pendant la période de formation... *Débrouillez-vous*, répond-on comme jadis à tous ceux qui envoient au ministère ces télégrammes de détresse ; débrouillez-vous! mots odieux, qui pouvaient avoir leur raison d'être en Afrique, quand, après de longues expéditions, tout venant à manquer dans les colonnes, on n'avait à la rigueur à s'en prendre à personne. Mais, au premier jour d'une guerre prévue depuis quatre ans et déclarée avec tant de hauteur, après plusieurs années d'un budget de guerre si lourd, après une paix de longue durée, lorsque la prévoyance des gouvernants a fait défaut en tout, vous dire : « Débrouillez-vous ! » Ah! c'est vraiment trop fort! L'histoire... aura peine à comprendre qu'en pleine paix, après plusieurs années d'une prospérité inouïe, de dépenses budgétaires énormes, d'avertissements répétés, on se soit trouvé impuissant à réunir une armée de 300,000 hommes sur nos frontières, et à lui donner tous les moyens nécessaires pour engager une lutte reconnue inévitable (1). »

Et ce ne sont pas là les récriminations d'un pessimiste ou d'un esprit chagrin, ou d'un témoin mal informé. Elles émanent d'un homme au jugement pondéré, auquel sa situation d'officier supérieur, attaché au grand quartier général,

(1) Lieutenant-colonel Fay, *Journal d'un officier de l'armée du Rhin*, p. 24-27.

permettait d'être parfaitement renseigné sur le véritable état des choses. D'ailleurs tous les documents contemporains des événements et dignes de foi viennent confirmer ce témoignage.

« A ce moment critique de l'entrée en campagne, écrit le général Montaudon, le personnel, les différentes armes, les approvisionnements de toute nature sont disséminés sur la superficie totale du territoire, et les villes frontières, mal armées, n'ont ni vivres, ni munitions ; c'est à ce moment précis où chefs et soldats, réunis à la frontière, marcheront à l'ennemi, sans seulement se connaître, qu'il faudra lutter contre les difficultés sans nombre pour combler ces lacunes.

« A peine arrivés à Metz, nous trouvons le plus grand désordre ; tout manque encore et, à l'exception des compagnies d'infanterie, dont les effectifs sont assez faibles, il faut faire venir de loin les éléments constitutifs de l'armée.

« Ainsi les réservistes, cet organe si essentiel de la mobilisation, sont lentement expédiés, malgré les fiévreux efforts des officiers chargés de les conduire à leurs corps respectifs. C'est par fractions isolées qu'ils parviennent à destination, les uns, peu de temps avant les premiers engagements, les autres, pendant la période des combats auxquels plusieurs ne peuvent prendre aucune part. Trop souvent, ils sont épuisés, démoralisés, ou dépourvus des objets les plus indispensables à une campagne, et certains colonels, les voyant arriver sans bidon, sans gamelle, sans couverture, sans armes et même sans munitions, n'hésitent pas à demander qu'on les débarrasse de ces renforts plus nuisibles qu'utiles.

« Quand on songe que, par une bizarre combinaison, des hommes de l'Alsace, du Nord ou de l'Ouest allaient se faire habiller et armer dans le Midi, souvent même en Algérie, et qu'ils revenaient ensuite à leur point de départ après avoir séjourné longtemps sur les grandes routes ou sur les voies ferrées, on ne doit plus s'étonner que la mobilisation se soit faite avec une lenteur désespérante, et que les officiers chargés de conduire à leurs corps ces hommes, sur lesquels ils ne pouvaient avoir aucune autorité morale, aient eu une bien lourde tâche (1).

« Quant à l'artillerie, aux parcs, aux ambulances et aux services administratifs, éparpillés dans les villes de l'intérieur, on ne peut les expédier que par fractions distinctes. Il en résulte de

(1) « Nous avions un mauvais système de divisionnement. Ainsi, on prenait un jeune soldat à Dunkerque, on l'envoyait s'habiller à Perpignan ou même en Algérie, pour lui faire rejoindre son corps à Strasbourg. Puis, c'étaient de tout jeunes soldats. Ces malheureux enfants ne savaient même pas se servir de leurs fusils. » (*Enquête sur les actes du gouvernement de la Défense nationale*, déposition du maréchal Canrobert, t. IV, p. 287.)

longs retards et un encombrement inextricable sur les voies ferrées, où se trouvent des wagons remplis de troupes actives, de réservistes, de matériel, de subsistances et d'isolés. Les trains se heurtent et se croisent dans toutes les gares de la frontière, des ballots de toute nature s'y entassent et occasionnent les plus singulières méprises. Par suite de la manie centralisatrice poussée à l'excès, certains corps qui attendent les harnachements de leurs chevaux reçoivent des caisses de selles sans accessoires, ou bien d'énormes paquets de brides et de mors, mais ni sangles ni courroies. Tous ces objets n'arrivant que les uns après les autres, ou n'arrivant pas, ne sont par suite que peu utilisés. Il en est de même pour les sacs de l'infanterie, les tentes, les couvertures, les souliers, les guêtres, etc.

« Tout ce matériel, emmagasiné à Paris, à Vernon ou ailleurs, dans des docks immenses, était classé avec méthode, inventorié avec le soin le plus minutieux, et on le montrait avec orgueil aux étrangers.

« Mais ces magasins centraux, organisés comme de véritables entrepôts de commerce, commodes peut-être pour le temps de paix et surtout économiques pour l'État, ne se prêtaient nullement aux nécessités d'une prompte mobilisation, pendant laquelle il faut pouvoir faire une distribution rapide et une répartition régulière, sur place, à de nombreuses parties prenantes (1). »

« Les magasins de Thionville sont absolument vides, écrit le général de Cissey ; vivres, campement, moyens de transport, tout fait défaut ; on organise à la hâte une commission de remonte pour acheter les chevaux de trait nécessaires aux états-majors et aux troupes ; on fait venir de Toul, où se trouve un matériel de parc des équipages, les voitures régimentaires destinées aux officiers ; on vide tous les magasins de quincaillerie, on met en réquisition tous les ferblantiers de la ville ; on transforme en ceintures toutes les étoffes de laine qu'on peut se procurer dans le commerce. Mais toutes ces ressources sont insuffisantes pour un corps d'armée aussi nombreux, et il faut commencer les mouvements avec des troupes incomplètement organisées, sans ambulances, sans train des équipages, et sans ouvriers d'administration pour l'exécution des services. Suivant l'usage, l'infanterie va voir diminuer le nombre de ses combattants en fournissant à l'intendance des bouchers, des boulangers et des distributeurs ; tout cela n'empêche pas que l'administration française soit la première du monde (c'est elle-même qui le dit) et il est bien entendu que tout est prêt pour la guerre ; M. le maré-

(1) *Souvenirs militaires*, p. 61. Cf. général Bourelly, *Souvenirs de la campagne de 1859*, p. 177, note 1.

chal Le Bœuf l'a proclamé à la tribune (1) ».

Si l'on s'en rapporte au maréchal de Mac-Mahon, le ministre de la guerre « supposait que, d'après le système français, le général en chef pouvait disposer d'une partie de ses troupes avant que les Allemands fussent arrivés sur les champs de bataille : c'était une erreur. Les divisions françaises, obligées d'attendre non seulement leurs réservistes, mais encore leur artillerie et les services accessoires, n'étaient pas au complet lorsque l'ennemi commença les opérations (2) ».

Ce n'était pas seulement la mobilisation des troupes de campagne qui laissait à désirer sous tant de rapports : les places fortes de la frontière étaient aussi dans le plus grand dénûment.

Les forts de Metz, dont la construction a été commencée après la guerre de 1866, sont inachevés ; le 27 juillet, le service de l'artillerie n'y est pas encore organisé ; l'armement et l'approvision-

(1) Général DE CISSEY, *Souvenirs inédits.* — La déclaration du maréchal Le Bœuf fut faite, en réalité, d'abord le 14 juillet 1870 en Conseil des ministres ; puis le 15 juillet à une commission du Corps législatif, constituée au moment de la candidature du prince de Hohenzollern au trône d'Espagne (*Enquête sur les actes du gouvernement de la Défense nationale,* déposition de M. Dréolle, t. I, p. 230).

(2) Maréchal DE MAC-MAHON, *Souvenirs inédits.* — Au sujet de toutes les défectuosités de la mobilisation, voir les discours du duc d'Audiffret-Pasquier à l'Assemblée nationale des 4 et 22 mai 1872 (*Journal officiel* du 5 mai et du 23 mai 1872).

Le duc d'Audiffret-Pasquier était président de la commission des marchés.

nement y sont absolument insuffisants (1). Le 5 août seulement, on songera à diriger sur cette forteresse de première ligne, non pas une garnison, mais deux quatrièmes bataillons, quelques compagnies du génie, quelques dépôts et 200 douaniers environ. A Thionville, il n'y a que 600 mobiles, 90 douaniers et 309 cavaliers ou artilleurs non instruits. Aussi, quand le 4e corps s'en éloignera, faudra-t-il y envoyer, comme garnison de sûreté, le bataillon de chasseurs de la Garde. Bitche manque de canonniers et, au général de Failly, qui en réclame, le major général répond « qu'il est impossible de donner suite à sa demande ; la batterie de la garde nationale mobile doit être chargée du service de la place (2) ». Marsal est absolument démunie ; on attendra jusqu'au 7 août, après les premières défaites, pour l'approvisionner (3). Il en est de même pour Phalsbourg (4).

Malgré tous ces mécomptes, auxquels il tente de remédier avec une très louable activité, le major général croit possible de commencer bientôt les opérations. Après avoir vu trois corps

(1) *Journal inédit* du général SOLEILLE (Archives de la guerre).

(2) Le major général au ministère de la guerre, 5 août (Archives de la guerre).

(3) Le ministre de la guerre au sous-intendant à Nancy, 7 août (Archives de la guerre).

(4) V. *infrà*, p. 131, pour l'état des places d'Alsace.

d'armée, les 2e, 4e et 5e, il presse le maréchal Bazaine d'user largement de son initiative pour mettre le 3e corps « en état de marcher (1) ». Il lui rappelle que les quatre corps d'armée établis en Lorraine sont sous ses ordres, jusqu'à l'arrivée de l'empereur ; ils occupent, ajoute-t-il, des positions qui lui paraissent répondre à toutes les éventualités, en attendant que l'on prenne à bref délai l'offensive générale (2).

Transmettant, le 26, au souverain un télégramme du général Frossard qui annonce l'arrivée de 60,000 Prussiens à Trèves, le major général écrit en marge : « Sans considérer cette nouvelle comme certaine, je crois nécessaire de prendre l'offensive le plus tôt possible (3) ». Dans la soirée du même jour, il revient sur cette idée : « Notre immobilité donne confiance à l'ennemi, écrit-il au maréchal Bazaine ; il est temps de prendre l'offensive. Tenez-vous donc prêt pour samedi ou dimanche 30 ou 31 juillet (4) ».

En attendant, il recommande, le 26, aux commandants des corps d'armée « de montrer leur cavalerie » ; elle ne devra pas craindre de s'avancer « au delà de la frontière » en prenant toutefois des mesures pour ne pas se compro-

(1) Le maréchal Le Bœuf au maréchal Bazaine, 26 juillet (Archives de la guerre).

(2) *Ibid.*

(3) Archives de la guerre.

(4) *Ibid.*

mettre (1). Mais, d'autre part, le maréchal Bazaine paralyse toute velléité d'offensive de la part de nos reconnaissances, en spécifiant « qu'elles ne devront pas être agressives (2) ». Aussi les renseignements qu'elles fournissent sont-ils généralement sans valeur et reproduisent-ils les dires, sujets à caution, des populations alarmées. La cavalerie française n'est d'ailleurs nullement préparée au service en campagne, et le dernier mot de sa tactique est la charge en ligne, comme à Eckmühl, comme à la Moskowa, comme à Waterloo, sans souci des effets des armes nouvelles (3).

« Son rôle journalier a été complètement nul sur tous les points; elle n'a jamais éclairé l'armée, n'a jamais fait une reconnaissance sérieuse et on a assisté dans cette campagne au spectacle bizarre de la voir toujours campée en arrière des divisions d'infanterie qu'elle aurait dû prévenir de ce qui se passait au loin, en avant de leurs fronts (4) ».

(1) Archives de la guerre.

(2) Le maréchal Bazaine au général Frossard, 21 juillet (Archives de la guerre).

(3) Colonel d'Andlau, *loc. cit.*, p. 460; général du Barail, *Mes Souvenirs*, t. III, p. 156; capitaine Derrécagaix, *Histoire de la guerre de 1870*, p. 69.

(4) Colonel d'Andlau, *loc. cit.*, p. 462.

*
* *

Le 28 juillet, à 10 heures du matin, l'empereur quitte le palais de Saint-Cloud, accompagné de son fils, pour se rendre à Metz où il va prendre le commandement de l'armée du Rhin. Sa confiance des premiers jours n'est plus entière : en remerciant le Sénat de l'enthousiasme qu'il a témoigné pour la guerre, il lui a annoncé en même temps que la lutte serait sérieuse; dans ses proclamations à l'armée et au peuple français, il déclare que la campagne sera longue et pénible. Il semble que le souverain ait, à la veille des événements, comme le pressentiment de l'avenir et la perception de l'épouvantable responsabilité qu'il a prise. En 1859, il était parti pour l'Italie, accompagné de l'acclamation populaire qui ne voyait plus en lui que le libérateur de l'Italie. Cette fois, il se rend à la frontière, presque à la dérobée, gagnant la ligne de l'Est par le chemin de fer de ceinture, pour éviter de traverser Paris. Les témoins oculaires constatent « une sorte d'abattement fatidique » dont il paraît enveloppé. « C'était plus que triste, a dit l'un d'eux, relatant son départ de Saint-Cloud, c'était lugubre (1). »

(1) *Récit inédit de M. Louvet*, cité par Pierre DE LA GORCE, *Histoire du second Empire*, t. VI, p. 350.

Napoléon III n'a ni les dons naturels, ni la science, ni l'expérience, ni le caractère, qui font le général en chef. L'armée ne l'ignore pas. Elle n'a pas grande confiance dans ses talents de stratège ; elle n'a pour lui, une considération réelle que « comme chef d'État (1) ». Sa bonté excessive, voisine de la faiblesse, l'empêche d'exiger l'obéissance de ses subordonnés. Sa santé va déclinant depuis plusieurs années et l'équitation, la voiture même, lui causent parfois de cruelles souffrances (2). Avec les forces physiques, périclitent également la volonté et la vigueur morale...; « il paraît atteint, avant l'âge, de débilité sénile (3) ». Le général Montaudon le trouve « bien vieilli, bien affaibli et n'ayant en rien l'attitude d'un chef d'armée (4) ». Si l'on en croit le maréchal Randon, le souverain ne se serait pas fait illusion : « Je suis bien âgé, déclarait-il, bien peu valide, bien peu apte à faire campagne (5) ».

Son principal collaborateur, le maréchal Le Bœuf, est brave, intelligent, doué d'une très

(1) *Enquête sur les actes du gouvernement de la Défense nationale*, déposition du général Ladmirault, t. IV, p. 295.

(2) *Papiers et correspondance de la famille impériale*, t. II, p. 60 (Consultation du docteur G. Sée).

(3) *Vie militaire du général Ducrot*, t. II, p. 319, lettre du 15 septembre 1863.

(4) *Souvenirs militaires*, t. II, p. 85.

(5) Maréchal Randon, *Mémoires*, t. II, p. 308.

grande puissance de travail ; mais esprit un peu superficiel, officier d'artillerie assez étranger aux questions qui intéressent les autres armes, n'ayant d'ailleurs jamais appartenu à un état-major, il est mal préparé aux fonctions qu'il est appelé à remplir (1). « Je fus très désappointé, dit le général de Cissey, d'apprendre que l'empereur n'organisait qu'une seule armée que son major général, bon artilleur, mais voilà tout, serait incapable de mouvoir (2). »

Les deux aides-majors généraux, par contre, sont très capables de le bien seconder. « Ils étaient aussi différents l'un de l'autre qu'on peut l'imaginer, mais... ils se complétaient parfaitement l'un l'autre. Le général Lebrun, vif, primesautier, disposé à s'assimiler rapidement toutes les conceptions, avec cela d'une bienveillance qui rendait le service auprès de lui très facile, manquait peut-être de l'esprit de suite et d'ordre que le général Jarras possédait au plus haut degré. Celui-ci, réfléchi, froid, taciturne, méticuleux, d'une inflexible droiture et d'une rigueur telle, dans le service et parfois dans son langage, qu'on redoutait d'être placé sous ses ordres (3) ».

Les huit commandants de corps d'armée n'ont

(1) Général Deligny, *1870, armée de Metz*, p. 7 ; général de Cissey, *Souvenirs inédits*.

(2) Général de Cissey, *Souvenirs inédits*.

(3) Colonel Fix, *loc. cit.*, p. 2.

pas toujours été désignés d'après des considérations militaires. On compte parmi eux quatre aides de camp de l'empereur, les généraux Bourbaki, F. Douay, de Failly, Frossard ; par contre, les généraux de Palikao et Trochu, très aptes à exercer des commandements importants, mais mal vus à la cour, ne font point partie de l'armée du Rhin. On ne songera à utiliser leurs services qu'après les premières défaites (1).

« On riait, dans les réunions d'officiers, des choix qui plaçaient à la tête de la cavalerie un chef ne montant plus à cheval, ou à la tête d'un corps d'armée un officier du génie, habile ingénieur, mais qui, de sa vie, n'avait commandé ni bataillon, ni régiment, ni brigade, ni division (2). »

Nombre de généraux, parmi ceux qui ont les plus brillants états de services, sont las de ces guerres fréquentes et des fatigues qu'elles comportent. Ils ont conquis péniblement des sièges au Sénat et de hautes situations sociales, et ils soupirent « après le bien-être perdu, après le

(1) Le général de Palikao demanda, par deux fois, au maréchal Le Bœuf, un commandement actif; on lui répondit qu'il devait rester à Lyon où sa présence serait très utile pendant la guerre. Le général Trochu reçut un commandement sur la frontière espagnole, puis fut mis à la tête d'un corps expéditionnaire destiné à débarquer au Danemark.

(2) Général AMBERT, *l'Invasion*, p. 15. — Cf. *Après Sedan*, p. 440.

repos, après les honneurs du palais et les flatteries des solliciteurs (1) ».

Comme certains maréchaux à la fin du premier Empire, ils « étaient plus préoccupés d'eux-mêmes, de leurs privations, de leur avenir, que de leurs troupes ; ils craignaient de perdre ce qu'ils avaient eu tant de peine à obtenir ; ils avaient la maladie que les Arabes définissent sous le nom de : Avoir le ventre trop plein (2) ». « Beaucoup, enfin, n'apportent pas même, dans l'exécution des ordres qui leur sont donnés, l'énergie, le zèle et le dévouement qu'on est en droit d'attendre et d'exiger de gens entre les mains desquels sont placés la vie et les intérêts de tant d'hommes (3) ».

Les grandes unités, corps d'armée et même divisions n'existant pas en temps de paix, les généraux ne connaissent généralement pas les troupes qui sont mises sous leurs ordres ; parfois ils se tiendront trop à l'écart d'elles (4), sans autre contact que des prescriptions étroites et minutieuses

(1) *Journal du général Lapasset,* cité par le général AMBERT, *l'Invasion,* p. 258. Cf. capitaine DERRÉCAGAIX, *loc. cit.,* p. 67.

(2) *Journal du général Lapasset,* p. 252.

(3) *Les Causes de nos désastres,* p. 16.

(4) « Détail caractéristique : notre général de brigade n'a été aperçu du régiment qu'une seule fois, au camp de Châlons. Le général de division s'est montré le 4 août à Wissembourg et une seconde fois le 31 août à Carignan... » (*Journal d'un officier de turcos,* p. 304.) Le lieutenant-colonel PATRY n'a jamais vu le visage de son général de brigade (*La guerre telle qu'elle est,* p. 44).

qui entendent réglementer jusqu'aux moindres détails et annihilent tout esprit d'initiative (1). Aussi les subordonnés attendront-ils presque toujours des instructions pour agir, même dans les circonstances les plus urgentes.

Dans l'attribution des commandements, l'empereur a tenu compte des vœux personnels des généraux bien plutôt que des intérêts du service. Il laisse au général Bourbaki le choix entre le 1er corps et la garde impériale, et le général se prononce pour celle-ci. Napoléon III télégraphie au général Frossard, le 14 juillet : « S'il y a la guerre, je voudrais que vous eussiez le commandement en chef du génie ; cependant si vous tenez à conserver... votre corps d'armée, répondez-moi. » L'indécision sur ce point dure quarante-huit heures : on donne des ordres, des contre-ordres, qui entraînent des modifications correspondantes dans l'ordre de bataille (2). En dernier lieu, le général Frossard reste à la tête du 2e corps, bien qu'il ait beaucoup plus d'aptitudes pour le commandement en chef du génie.

La plupart des généraux placés à la tête des corps d'armée n'ont jamais eu des troupes aussi nombreuses à manier. L'Algérie, où ils ont donné des preuves, maintes fois répétées, de bravoure,

(1) Général Thoumas, *Les transformations de l'armée française*, t. II, p. 638.

(2) Général Jarras, *loc. cit.*, p. 52.

d'entrain et d'énergie, et où se sont formés des soldats aguerris et rompus à toutes les fatigues, ainsi que d'excellents officiers subalternes, l'Algérie, comme le Mexique, a été une école insuffisante pour l'exercice de commandements importants.

« La guerre d'Afrique, guerre de marches de nuit, de surprises, de razzias, même accompagnée de combats sérieux, se rapprochait plus, dans ses procédés, de la guerre des Stradiots du quinzième siècle que des combinaisons stratégiques et tactiques de la guerre moderne en Europe. Les plus réputés des généraux algériens n'avaient jamais commandé, réunies pour le combat, que des troupes qui auraient à peine aujourd'hui des colonels pour chefs. Dans ces rencontres, quand elles étaient bien conduites, la supériorité d'organisation et d'armement assurait à nos troupes assez d'ascendant pour que leurs pertes fussent, proportionnellement, très restreintes (1) ».

Ces succès relativement faciles et nos victoires d'Italie contre un adversaire lent, vieilli, formaliste, amenèrent à penser peu à peu que les mêmes qualités suffiraient à faire face à toutes les difficultés. On jugea nos soldats invincibles et l'on en vint à négliger les études militaires, à dédaigner, à mépriser le travail intellectuel que

(1) Général Trochu, *Œuvres posthumes*, t. I, p. 643. Cf. *Journal du maréchal Castellane*, t. V, p. 235.

l'on déclarait incompatible avec les qualités d'un bon officier de troupes (1). Dans un rapport du 8 septembre 1866, le colonel Stoffel assurait qu'en France les officiers des plus hauts grades ignoraient presque tous jusqu'à l'existence des *Mémoires de Napoléon*. A son avis, bien peu avaient lu cet ouvrage, et, « quant à ceux qui l'ont médité, le nombre s'en compterait sur les cinq doigts. Or (et je désire ne pas exagérer), j'ai trouvé en Prusse, pendant un séjour de deux mois, plus d'officiers ayant étudié les *Mémoires de Napoléon* que je n'en ai rencontré en France pendant vingt-cinq ans (2) ».

Bien rares étaient les clairvoyants, comme le général Lapasset, qui disait à propos des guerres d'Afrique : « Le courage, l'abnégation, la décision dans les circonstances critiques ne suffisent pas dans les guerres modernes où la science s'est imposée comme en toutes choses (3). »

L'état-major était composé d'officiers du plus grand mérite, pour la plupart, mais mal préparés au service de guerre. Absorbés en temps de paix par des travaux de chancellerie sans intérêt, éloignés des troupes pendant de longues années, bon nombre d'entre eux avaient perdu les aptitudes

(1) Général Lebrun, *loc. cit.*, p. 185; capitaine Derrécagaix, *loc. cit.*, p. 40.

(2) Colonel Stoffel, *loc. cit.*, p. 27.

(3) *Le général Lapasset*, t. II, p. 101.

et l'activité nécessaires à leurs fonctions en campagne (1). Beaucoup pourtant eussent été capables de rendre d'excellents services. Encore eût-il fallu les leur demander. Mais on en fit « des scribes et des courriers (2) ». Le général de Cissey fait remarquer « que l'état-major général n'a rien fait pendant toute cette campagne, complètement annihilé par son chef incapable; il a toujours été tenu enfermé dans son bureau, pour être prêt à écrire sous la dictée de ce chef; trente officiers, des meilleurs du corps d'état-major, ayant fait des études spéciales sur l'organisation militaire de l'Allemagne, ont été ainsi perdus pour le service; c'est à peine si on les a vus de temps en temps aux avant-postes où ils ne sont jamais venus en service, mais bien en simples curieux et après avoir été obligés de demander la permission à leur chef (3). »

L'humiliation que les officiers d'état-major ressentaient de leur position effacée leur donna une raideur dans les relations de service qui indisposa les corps de troupes et amena ceux-ci à méconnaître leurs véritables sentiments. « L'état-major général, infatué de sa haute position, était inabordable. Avait-on l'air de demander un ren-

(1) Maréchal BAZAINE, *Épisodes*, p. XIV; colonel D'ANDLAU, *loc. cit.*, p. 473-475; capitaine DERRÉCAGAIX, *loc. cit.*, p. 70-71.

(2) *Journal officiel* du 12 février 1873, exposé des motifs du projet de loi portant réorganisation du service d'état-major.

(3) Général DE CISSEY, *Souvenirs inédits*.

seignement, on en faisait un mystère comme si l'on eût craint de le voir porté à l'ennemi. Les ordres de marche se bornaient à dire que l'on partirait tel jour, à telle heure, dans tel ordre, toujours à peu près le même, et le reste à la grâce de Dieu (1) ».

Il se produisit d'ailleurs un dualisme fâcheux résultant de l'existence simultanée auprès des généraux, de l'état-major et du cabinet militaire composé des aides de camp. Ceux-ci, choisis d'ordinaire pour des raisons étrangères à l'intérêt de l'armée, exercèrent un rôle occulte, sans responsabilité, sans autorité et souvent sans compétence ; ils contrecarrèrent et parfois annihilèrent complètement les états-majors proprement dits et leurs chefs (2).

*
* *

Tout d'abord, d'après un travail personnel fait par l'empereur en 1867, avec la collaboration du général Lebrun, trois armées devaient être constituées en Alsace, en Lorraine et au camp de Châlons, sous les ordres respectifs des maréchaux de Mac-Mahon, Bazaine et Canrobert. Le souverain, n'ayant auprès de lui que le major général, les aides-majors généraux et les officiers de sa maison

(1) Papiers du général L'Hériller (Archives de la guerre).

(2) V. *Revue d'histoire* rédigée à l'état-major de l'armée, janvier 1906, p. 1 et suiv.

militaire, devait présider, dans cette organisation, à la direction générale des opérations, mais sans commander directement aucune des trois armées (1).

« Le maréchal Le Bœuf, ministre de la guerre, me faisait connaître, écrit le maréchal de Mac-Mahon, que j'étais appelé à prendre le commandement d'une armée composée de trois corps qui devaient se réunir sur le Rhin, près de Strasbourg, et me prescrivait de me rendre immédiatement à Paris... J'arrivai à Paris le 11 juillet et me rendis chez le ministre de la guerre, puis chez l'empereur. Le maréchal Le Bœuf me prévint qu'il n'y aurait plus qu'une seule armée, sous le commandement direct de l'empereur (2) ».

Brusquement, en effet, le 11 juillet 1870, Napoléon III renonce à la répartition primitivement arrêtée et décide qu'il n'y aura plus qu'une seule armée dont il assumera en personne la direction immédiate. Obéissait-il à un sentiment d'amour-propre inspiré par ce fait qu'il avait commandé en 1859 l'armée d'Italie, ou bien voyait-il des inconvénients sérieux à une organisation qui pouvait donner un certain renom à tel ou tel maréchal au détriment du souverain?

(1) Général Lebrun, *loc. cit.*, p. 180. — Le travail fut terminé le 2 janvier 1868, après huit mois d'études, et tiré à l'Imprimerie nationale à cent exemplaires numérotés. Le numéro 71 se trouve aux Archives de la guerre.

(2) *Souvenirs inédits.*

S'inclinait-il devant l'objection que lui avait faite l'archiduc Albert qu'une seule armée, composée de corps à trois ou quatre divisions, permettait de réduire sensiblement le nombre des officiers d'état-major et les non-valeurs (1) ?

Le général Lebrun se prononce pour cette dernière opinion, et si l'on se reporte aux débats du procès Bazaine (2), on constate que le maréchal Le Bœuf la partageait également. Néanmoins, il est possible que ces trois considérations aient agi simultanément (3).

En vain, si l'on en croit Lebrun, quelques-uns des hommes auxquels leur situation permettait d'exprimer leur avis, firent-ils remarquer au souverain les inconvénients de la nouvelle organisation qui, méconnaissant le principe de la division du travail, imposait au commandement suprême une tâche écrasante (4).

La formation d'une seule armée augmentait, en effet, dans une proportion énorme, le nombre des intermédiaires auxquels le général en chef était forcé de recourir pour faire connaître ses desseins et assurer l'exécution de ses instructions. « Aussi la correspondance se trouva-t-elle multipliée en même temps que les affaires ; les ordres

(1) Général Lebrun, *loc. cit.*, p. 181.

(2) Audience du 20 octobre 1873.

(3) Dans ses *Œuvres posthumes*, l'empereur ne parle que de la dernière (*le Livre de l'Empereur*, p. 82).

(4) Général Lebrun, *loc. cit.*, p. 181.

se donnèrent mal à de telles distances ou n'arrivèrent pas en temps opportun; les mesures les plus simples ne furent pas prises parce qu'on ne pouvait songer à tout au milieu de tant de préoccupations incessantes (1). »

Les défectuosités d'une organisation de ce genre s'étaient déjà manifestées dans l'armée autrichienne en 1866. Elle exigeait d'ailleurs, à la dernière heure pour ainsi dire, des modifications très importantes au projet primitif et une répartition sensiblement différente du personnel, de l'artillerie, du train. Mais les observations présentées à l'empereur restèrent sans effet et l'ordre de bataille définitif de l'armée, bien que recommencé le 6 juillet, fut à peine terminé le 14.

La nouvelle organisation donnait, au maréchal Le Bœuf seul, une situation supérieure à celle de ses collègues qui perdaient les commandements d'armée qu'on leur avait promis, pour celui d'un corps d'armée. Les maréchaux Canrobert et de Mac-Mahon ne s'en montrèrent nullement affectés. Mais, suivant le colonel d'Andlau, le maréchal Bazaine « s'en plaignit hautement devant tous ceux qui l'approchaient à cette époque »; c'était une blessure cuisante pour son amour-propre et « une atteinte à son importance politique (2) ». Il n'avait pas oublié, dit-on, le mau-

(1) Colonel d'Andlau, *loc. cit.*, p. 8.
(2) *Ibid.*, p. 9.

vais accueil qu'il avait reçu à la cour, à son retour du Mexique, et il crut voir, dans le manquement à la promesse qui lui avait été faite, la suite des rancunes qu'on lui avait gardées. Il se considéra dès lors comme méconnu, et cet incident constitua à ses yeux un véritable grief dont il rendit l'empereur responsable. Ce sentiment aurait exercé « sur sa conduite et sur ses actes, dès le début des hostilités, une profonde influence, dont se ressentirent les opérations militaires, jusqu'à la nouvelle de la catastrophe de Sedan (1). »

A son arrivée à Metz, le 28 juillet, à 6 heures 40 du soir, l'empereur se rend à la préfecture où est établi le quartier impérial. Il entre immédiatement en conférence avec le major général, les deux aides-majors généraux et le maréchal Bazaine venu de Boulay ; mais tout se borne « à une causerie sans portée et sans résultat (2) ».

On expose au souverain les emplacements des troupes. Le 1er corps est à Strasbourg, Haguenau, Reichshoffen ; le 2e entre Saint-Avold et Forbach ; le 3e à Metz, Bouzonville, Boucheporn, Téterchen ; le 4e à Thionville, Sierck et Colmen ; le 5e à Sarreguemines, Bitche et Niederbronn ; le 7e à

(1) Colonel d'Andlau, *loc. cit.*, p. 9.
(2) Général Jarras, *loc. cit.*, p. 158 et suiv.

Colmar, Belfort et Lyon; la Garde à Metz; la réserve de cavalerie à Lunéville et Pont-à-Mousson; la réserve générale d'artillerie à Nancy. Le 6ᵉ corps est très en arrière au camp de Châlons, à Soissons et à Paris. Les équipages de pont et les parcs sont encore à l'intérieur du pays.

L'empereur est bientôt mis au courant des mécomptes de toutes sortes éprouvés jusque-là. L'effectif qu'on espérait atteindre est loin d'être obtenu : au lieu de 350,000 combattants, il est de 200,000 environ (1); les réservistes viennent le grossir très lentement, souvent incomplètement équipés et armés; les moyens de transport font défaut, le matériel de toute nature est insuffisant; le biscuit manque pour marcher à l'ennemi; de toutes parts, les demandes, les réclamations sont nombreuses (2).

La déception de l'empereur est très vive. Le maréchal de Mac-Mahon, qui a une entrevue avec lui le 30, le trouve très affecté (3).

Certains généraux éprouvaient avec raison, et pour les mêmes motifs, de vives inquiétudes.

(1) Tableau de l'effectif des troupes au 28 juillet 1870 (Archives de la guerre).

(2) Le major général au ministre de la guerre, Metz, 28 juillet (Archives de la guerre); le major général au maréchal Bazaine, Metz, 29 juillet *(Ibid)*; le général de Ladmirault au ministre de la guerre, 29 juillet *(Ibid.)*; le général Douay au major général, Belfort, 29 juillet *(Ibid.)*; le général Bourbaki au major général, camp de Chambière, 29 juillet *(Ibid.)*.

(3) Maréchal DE MAC-MAHON, *Souvenirs inédits*.

« J'avais la prescience de ce qui arrive, écrit l'un d'eux, le 23 juillet ; aujourd'hui, je touche du doigt des énormités. Notre légèreté se rit de tout cela ; nous souffrons et nous plaisantons (1) ». Quelques jours plus tard, il souhaite ardemment « que l'on ne commence pas une affaire aussi ardue avant d'être complètement en mesure (2) ». Le général Trochu, qui connaît bien les faiblesses de notre armée (3), manifeste de grandes appréhensions (4) ; « la déclaration de guerre le désespérait, » disait-il dans les derniers jours de juillet au général Lebrun, « parce qu'elle ne pouvait être suivie que des plus épouvantables catastrophes. Notre armée n'était pas de force pour soutenir une guerre contre la Prusse (5). » Le général Montaudon et l'intendant en chef de l'armée sont également peu confiants dans l'issue de la lutte qui s'engage sous des auspices aussi fâcheux (6).

D'autres, qui se rappellent la défectueuse entrée en campagne de 1859 et qui ont vu lui succéder les victoires de Magenta et de Solférino, ne se rendent pas nettement compte de la diffé-

(1) *Le général Lapasset*, t. II, p. 112.

(2) *Ibid.*, t. II, p. 116.

(3) Il les a exposées dans un ouvrage qui a fait grand bruit et lui a aliéné le souverain : *l'Armée française en 1867*.

(4) Testament du général Trochu, daté du 21 juillet 1870 (*l'Empire et la défense de Paris*, p. 539).

(5) Général Lebrun, *loc. cit.*, p. 182, note 1.

(6) Général Montaudon, *loc. cit.*, p. 59, 76.

rence qui existe entre les deux adversaires d'hier et d'aujourd'hui, et ont confiance dans l'heureuse issue de la guerre.

L'empereur, en dépit des difficultés imprévues qu'il constate et qui le placent dans la nécessité d'ajourner momentanément l'offensive rêvée, n'en abandonne pourtant pas l'idée, et le grand quartier général redouble d'activité pour remédier à tous les déficits et pour mettre, dans le plus bref délai possible, l'armée en état de marcher en avant (1). Mais le mal avait des racines trop profondes pour qu'il fût possible d'y remédier immédiatement ; son origine était, d'après le général Lewal (2), au ministère de la guerre même, et les raisons qu'il en donne méritent d'être citées :

« Depuis 1815, dit-il, ce qui semble caractériser les organisations du ministère, c'est, d'une part, la tendance au particularisme et, de l'autre, une propension à l'immobilisme. Ces deux défauts ont eu les conséquences les plus regrettables... Les idées particularistes se sont efforcées de détruire l'unité de l'armée et de constituer dans son sein une série de petites églises, de tribus séparées, chacune ayant son code, ses usages, ses méthodes, parfois ses privilèges ; sous

(1) Général JARRAS, *loc. cit.*, p. 59.

(2) Le colonel Lewal, qui était avant la déclaration de guerre le chef du 2e bureau du dépôt de la guerre, remplissait, à l'état-major général, les fonctions de chef de la 1re section (renseignements).

prétexte de spécialité, toutes réagissaient contre le droit commun, niveau sous lequel personne ne voulait plier.

« L'artillerie, le génie, la cavalerie, l'administration s'isolèrent dans des directions séparées... Chacune de ces directions, sans relations avec ses voisines, constitua une sorte de petit ministère. Au-dessus planait le ministre qui se heurtait à chaque instant à la spécialité et ne pouvait rien. Chaque direction suivait la ligne que la routine avait établie et faisait ses circulaires, souvent contradictoires, d'une direction à l'autre. C'était un système désorganisateur par excellence, l'antagonisme au lieu de concours des efforts. Chacun gardait soigneusement ses secrets, voilait les ficelles du métier, afin qu'on ne pût voir clair dans sa partie, et cherchait ainsi à se rendre indispensable.

« Tout était créé en vue de la paix, rien n'y était organisé pour la guerre. Les moindres mouvements rencontraient des difficultés énormes. Celui-ci ne pouvait donner telles batteries; celui-là ne voulait concéder que tant de chevaux de remonte. Il fallait de véritables négociations pour amener un résultat et obtenir que chacun se départît un peu de ses prétentions...

« On vit se révéler ces vices d'organisation dans ces dernières années. Ils frappaient tous les yeux. La routine l'emporta néanmoins, on maintint les vieux errements, et c'est dans ces conditions qu'éclata la guerre de 1870...

« Le ministre, absorbé par ses rapports avec le Parlement, ne pouvait maintenir dans la soumission et l'unité ces petites autorités qui s'appelaient des directions. Son impuissance s'accusait à chaque instant. La meilleure bonne volonté ne pouvait dominer une situation absolument mauvaise. Chacune de ces directions prétendait connaître parfaitement ses ressources et avoir le droit absolu d'en disposer. La mobilisation de 1870 a montré à quel point l'anarchie existait au ministère de la guerre. L'un donnait des ordres de mouvement aux troupes, l'autre devait assurer les vivres, celui-ci les munitions, celui-là les attelages.

« Les troupès partaient, arrivaient et ne trouvaient rien...

« Les troupes manquèrent de tout : biscuit, munitions, pain, ambulances, voitures régimentaires, argent même, etc. Une partie arriva bien tard, l'autre portion n'arriva jamais. Or, il existait bien des choses en France, en matériel et en personnel. Il y avait de quoi pourvoir complètement l'armée du Rhin et la rendre plus nombreuse.

« Pourquoi cela ne se fit-il pas? Précisément par suite de la fatale organisation du ministère. Elle comportait la division, au lieu de l'union, le particularisme, à la place de l'unité. Personne, et surtout le ministre, n'avait dans les mains les fils nombreux de cette administration compliquée.

« On donnait des ordres généraux; chaque direction les exécutait à sa manière. Personne n'avait mission de s'assurer si les dispositions étaient prises et bien prises. Les événements se sont chargés de mettre en évidence tout le mal qu'a causé l'esprit de spécialité et de particularisme (1). »

A ces défectuosités d'organisation du ministère de la guerre s'ajoutait un excès de centralisation que l'empereur avait maintes fois critiqué et auquel il avait vainement tenté de remédier (2).

*
* *

A Metz, le grand quartier général de l'armée du Rhin, — cet organe essentiel du commandement, dont le fonctionnement, pour être fécond en résultats, exigeait le calme, l'isolement, le secret, — était établi lui-même, dans des conditions défectueuses, à l'Hôtel de l'Europe.

« Jamais je n'oublierai, dit un témoin oculaire

(1) Colonel Lewal, *la Réforme de l'armée*, p. 461-464.

(2) E. Ollivier, *l'Empire libéral*, t. XI (lettres de l'empereur au maréchal Vaillant du 24 août 1854, p. 265 ; du 8 février 1855, p. 266 ; du 7 février 1856, p. 266 ; du 14 février 1859, p. 267).

qui a appartenu à l'état-major général, le désordre, l'agitation qui règnent dans cette petite salle, destinée à recevoir, par une chaleur écrasante, trente officiers chargés de communiquer à toute une armée l'impulsion du commandement. Trois portes y donnent accès; souvent elles s'ouvrent toutes à la fois pour livrer bruyamment passage à nos chefs ou à tout étranger en quête du plus futile renseignement. Les ordres, les contre-ordres s'y heurtent en tous sens; la moindre dépêche télégraphique y est l'occasion d'une excitation fébrile des plus préjudiciables à la chose publique et fort incompatible d'ailleurs avec le calme absolu, condition première à laquelle doit satisfaire tout bon état-major. Les escaliers, les salles et la cour de l'hôtel sont absolument livrés au public, et nous vivons ainsi au milieu des étrangers et de journalistes, dont le voisinage n'est pas précisément favorable au secret des opérations (1). »

Le correspondant du *Standard* se vante même d'être absolument au courant de ce qui se passe dans les bureaux de l'état-major général. Le propos est entendu et son auteur incarcéré, mais le journal anglais n'en publie pas moins, le 1er août, la composition exacte de l'armée du Rhin, l'indication des régiments, les noms des

(1) Lieutenant-colonel Fay, *loc. cit.*, p. 40. — V. aussi colonel Fix, *loc. cit.*, p. 10.

généraux, les emplacements de tous les corps. Renseignements précieux pour l'ennemi, sur lequel on n'a encore à Metz que des données vagues et contradictoires (1).

L'Hôtel de l'Europe est d'ailleurs très loin de la préfecture, affectée au logement de l'empereur, ce qui rend assez incommodes les relations de service incessantes qui doivent exister entre le major général et le chef de l'armée. Son choix ne s'explique que par l'illusion qu'on a d'être à Metz pour quelques jours seulement, avant d'entreprendre des opérations offensives.

« Trois mois plus tard, dit le même témoin oculaire, je cherchais à entrer dans ce même hôtel, de notre temps ouvert à tous venants. Les Prussiens occupaient Metz depuis vingt-quatre heures; devant la grille, se trouvaient deux factionnaires, la baïonnette croisée; la cour était absolument vide. Pour y pénétrer et accomplir une mission dont j'étais chargé, je dus avoir recours à un officier de service, qui me fit admettre dans ce sanctuaire de la *Commandatur prussienne*; au bas de l'escalier, mêmes sentinelles; point de bruit, si ce n'est dans la salle à manger, bien entendu remplie d'officiers ennemis. Je montai; on m'introduisit dans le salon que j'ai cherché à peindre ci-dessus; seul, debout au milieu de cette

(1) Lieutenant-colonel Fay, *loc. cit.*, p. 40.

pièce, le général von Kümmer, gouverneur de la ville, me reçut avec politesse, m'écouta avec beaucoup de courtoisie, et, pendant tout cet entretien, je ne pus m'empêcher de comparer l'ordre qui régnait dans cet hôtel à l'agitation de notre état-major dans ces mêmes lieux. Ce n'est malheureusement pas un fait isolé pour l'une et l'autre des deux nations en lutte, aussi n'est-ce pas sans raison que je le relève (1). »

Dans cette amosphère enfiévrée où travaille l'état-major général de l'armée du Rhin, il n'est point de bonne besogne possible. Les projets se succèdent, aussitôt abandonnés que conçus; les décisions hâtives se pressent, aussitôt annulées que prises. Les troupes avancent, reculent, oscillent, au grand détriment de leur moral et souvent au prix de lourdes et inutiles fatigues (2).

Les questions les plus vitales, comme les détails de minime importance, suscitent des discussions sans fin qui témoignent du défaut de fixité dans les idées et de l'absence d'une volonté dirigeante.

« On voulait et l'on ne voulait pas, parce que tous les avis étaient admis successivement, et, le plus souvent, c'était le dernier qui prévalait (3). »

En quelques heures, on donne trois ordres

(1) Lieutenant-colonel FAY, *loc. cit.*, p. 40, note 1.
(2) Colonel FIX, *loc. cit.*, p. 4.
(3) Général JARRAS, *loc. cit.*, p. 59.

différents au sujet des bonnets à poil et shakos de la garde impériale, et on ne les lui retire définitivement que parce que la mesure a reçu un commencement d'exécution. On retire les couvertures de campement, puis on regrette la mesure et on veut la rapporter (1). « Le matin, on demande au ministre de la guerre d'expédier d'urgence des farines sur Metz; dans l'après-midi, un nouveau télégramme lui dit de cesser tout envoi; puis, le soir, on lui réclame 2,200 quintaux de diverses denrées. — Ces alternatives, répond-il, se succédant à de courts intervalles, me mettent dans le plus grand embarras; quoi qu'il en soit, je ne fais plus rien expédier de Paris sur Metz (2). »

Ces faiblesses, ces indécisions du commandement n'avaient qu'une importance relativement faible quand il ne s'agissait que de questions de tenue, d'attributions de fonctions, à la rigueur même d'approvisionnements. Elles acquerront au contraire une gravité exceptionnelle quand elles s'appliqueront — et le cas sera fréquent — aux opérations militaires proprement dites. Leurs conséquences, auxquelles on peut encore pallier loin de l'ennemi, seront, dans la période des hostilités, funestes et irrémédiables.

(1) Général Jarras, *loc. cit.*, p. 59.

(2) *Enquête sur les actes du gouvernement de la Défense nationale*, déposition de l'intendant général Blondeau.

Telles sont les conditions, éminemment défavorables, dans lesquelles débute la guerre contre un adversaire qui, la prévoyant de longue date et l'ayant rendue nécessaire (1), a laissé le moins possible au hasard.

Bientôt, la France va expier cruellement les erreurs politiques et militaires de son gouvernement.

« Oui, avait dit cet écrivain qui se suicidait à New-York en apprenant la déclaration de guerre, oui, avait dit Prévost-Paradol, la France paiera de toute manière, du sang de ses enfants, si elle réussit, de sa grandeur et peut-être de son existence même, si elle échoue, la série des fautes commises depuis le jour où le démembrement du Danemark a commencé sous nos yeux, depuis le jour où nous avons favorisé ce grand désordre avec la vaine espérance d'en tirer profit (2). »

(1) On sait que Bismarck dénatura la fameuse dépêche d'Ems afin de pousser la France à déclarer la guerre. (V. à ce sujet, *Souvenirs du prince de Bismarck*, t. II, p. 103-104; MORITZ BUSCH, *Unser Reichskanzler*, t. II, p. 63).

(2) *La France nouvelle*, p. 387.

CHAPITRE II

LES PLANS D'OPÉRATIONS FRANÇAIS

Le *Mémoire* du général Frossard en vue d'une guerre avec l'Allemagne. — Le début des négociations entre la France, l'Autriche et l'Italie. — Voyage de l'archiduc Albert en France. — Mission du général Lebrun à Vienne. — Le plan d'opérations combinées de l'archiduc. — Ses défectuosités et son influence sur nos premières dispositions. — Projet d'un traité d'alliance. — Mission du comte Vimercati. — Napoléon III refuse de céder sur la question de Rome.

Depuis les événements de 1866, l'éventualité d'un conflit entre la France et l'Allemagne avait plus d'une fois préoccupé le gouvernement impérial. Au moment de l'affaire du Luxembourg, l'empereur fit établir, en vue d'une campagne sur le Rhin, un projet de composition d'armées (1). En 1867, un plan d'opérations précédé de reconnaissances fut élaboré par le général Frossard, gouverneur du prince impérial, sous le titre : *Mémoire militaire rédigé en vue d'une guerre avec l'Allemagne* (2). Ce travail devait exercer

(1) V. page 34.
(2) La première partie de ce travail, qui existe seule aux Archives de la guerre, a été publiée par la *Revue militaire*, 1900, p. 728 sqq.

trois ans plus tard une influence caractéristique sur les dispositions prises par l'armée française quand il fut bien reconnu qu'il fallait renoncer à prendre l'offensive.

L'auteur commence par se demander ce « que fera l'ennemi au premier moment ». Attendra-t-il que la France manifeste ses projets? Tentera-t-il au contraire d'envahir immédiatement notre pays? Avec une louable clairvoyance, le général Frossard conclut : « Tout nous porte à penser que l'ennemi prendra le second parti et ne nous laissera pas l'initiative de l'attaque. » Aussi le mémoire envisage-t-il d'abord la défense du territoire.

La partie de nos frontières comprise d'une part entre le Rhin et la Moselle, d'autre part entre la Moselle et la Meuse, et entre la Meuse et la Sambre (1) semble particulièrement menacée. Après un examen des lignes d'opérations, l'auteur admet que l'Allemagne mettra 460,000 hommes en ligne, savoir : 80,000 face à la basse Alsace; 160,000 sur la Sarre; 70,000 sous Luxembourg; 80,000 en Belgique; 70,000 vers Bâle. A cette répartition toute hypothétique des forces adverses, la France opposerait : 1° une armée du Rhin de 120,000 hommes, l'aile droite dans la haute Alsace ou à Strasbourg, l'aile gauche en basse

(1) Le général Frossard admet implicitement que la neutralité de la Belgique ne serait pas respectée par la Prusse.

Alsace; 2° une armée de la Moselle de 140,000 hommes, « devant le grand débouché de Sarrebrück »; 3° une armée du Nord ou de la Meuse, indépendamment des garnisons des places fortes de cette frontière, 60,000 hommes; 4° une armée de réserve de 120,000 hommes établie sur la base Reims-Châlons, la première de ces villes transformée par des ouvrages de campagne « en une grande place de manœuvres ».

Comme première ligne de résistance en basse Alsace, le général Frossard indiquait la ligne de la Lauter entre Lauterbourg, Wissembourg et le col du Pigeonnier. Mais, pensait-il, « pour peu que l'ennemi prenne une offensive décidée, cette ligne de la Lauter ne serait réellement pas tenable ». L'armée française devrait, à son avis, s'établir sur la « belle position de bataille » de la rive droite de la Sauer, occupant Frœschwiller et Wœrth qui seraient des « points de solide résistance vers sa gauche ». Il serait utile d'y construire quelques ouvrages de campagne. Par Niederbronn et Bitche, on serait en communication avec l'armée de la Moselle que l'on pourrait renforcer éventuellement. Battue sur la Sauer, l'armée d'Alsace rétrograderait sur la Moder et sur la Zorn.

En Lorraine, l'armée de la Moselle occuperait par son aile droite « le beau plateau qui existe entre Sarreguemines et Saint-Avold, et qui offre une magnifique ligne de bataille (1) » ; par son aile gauche, la ligne Kœnigsmaker, Hombourg, Luttange. En cas d'échec, l'armée de la Moselle viendrait prendre une nouvelle position derrière la Seille, appuyant sa gauche à Metz. Si la fortune lui était contraire une seconde fois, elle se replierait par Lunéville sur Langres où elle ferait sa jonction avec les corps chargés de la défense de l'Alsace.

Le général Frossard ajoutait très justement :

« Le mouvement de retraites successives que nous venons d'indiquer pour l'armée de la Moselle et sa concentration à Langres avec les forces défensives de l'Alsace, ne doivent pas paraître aujourd'hui des manœuvres trop excentriques et dangereuses. Les circonstances ne sont plus ce qu'elles étaient autrefois, lors de l'invasion de la France en 1814 et 1815. Les fortifications de Paris ont modifié grandement, à notre avantage, les conditions de la lutte ; nous n'avons plus à présent la préoccupation de couvrir la capitale avec nos armées de la frontière et de ne pas nous laisser couper de nos communications avec elle. »

Si, après Frœschwiller et Forbach, l'empereur eût suivi ces conseils et exécuté une retraite latérale sur Lunéville et Langres, les événements de

(1) C'est la position dite de Cadenbronn signalée pour la première fois, par le général Haxo, en 1819.

Metz et de Sedan ne se seraient pas produits. L'armée française serait restée en communication avec le centre du pays ; le maréchal de Moltke n'eût pu concevoir le projet de la rejeter vers la frontière du Nord ; enfin il est douteux que les Allemands eussent osé continuer leur marche sur Paris en laissant sur leur flanc gauche des forces aussi considérables. Le général Frossard proposait d'ailleurs de leur opposer directement une armée de réserve sur la ligne Reims-Châlons.

Si les combinaisons proposées en 1867 par le général Frossard paraissent avoir guidé en partie les décisions de l'empereur quand il fut réduit à la défensive, ce fut en réalité un autre plan dont il semble s'être inspiré au début de la campagne.

*
* *

Vers la fin de l'année 1868, le roi Victor-Emmanuel désireux d'obtenir Rome et d'en faire sa capitale, avait entamé des pourparlers avec la France afin de décider Napoléon III à retirer ses troupes de Civita-Vecchia. L'Autriche, si longtemps la fidèle amie du Saint-Siège, était entrée depuis 1866, avec M. de Beust, dans une voie résolûment libérale. Elle appuyait les revendications italiennes et cherchait en même temps à se rapprocher de la France. Elle poussait à la conclusion d'une triple alliance austro-franco-italienne qui eût répondu à ses aspirations de revanche de Sadowa, et qui, en donnant Rome à l'Italie, lui eût permis d'espérer que l'irrédentisme italien ne la troublerait plus dans la possession de Trieste et du Trentin. Après des tentatives longues et laborieuses, Napoléon III refusant de céder sur la question romaine, l'entente n'avait pu s'établir complète. Elle s'était bornée à un échange, entre les trois souverains, de lettres personnelles qui promettaient un appui réciproque, sans le préciser nettement (1). Victor-Emmanuel, en particulier, ne prenait d'engagement formel qu'autant que la convention du 15 septembre 1864, relative aux États du Saint-Siège, aurait reçu de part et d'autre une entière exécution, c'est-à-dire qu'autant que les troupes françaises fussent rappelées de Rome (2).

Ces déclarations vagues avaient suffi à l'empereur ; il y voyait — ou se faisait l'illusion d'y voir — la possibilité, sinon la certitude, de conclure en quelques jours, quand le moment serait venu, un traité d'alliance avec les gouvernements

(1) V. à ce sujet : Busch, *Die Beziehungen Frankreichs zu Oesterreich und Italien zwischen den Kriegen von 1866 und 1870-71* ; Hans Delbrück, *Der Ursprung des Krieges von 1870*, *Preussische Jahrbücher*, 1892, p. 729 sqq.

(2) La lettre du roi d'Italie à Napoléon III à ce sujet a été publiée par le *Giornale d'Italia* du 26 juillet 1906.

de Vienne et de Florence (1). En novembre 1869, il avait affirmé au général Lebrun qu'il était permis de considérer l'alliance avec l'Italie comme certaine, et celle de l'Autriche comme assurée moralement, sinon matériellement.

Tout d'abord, les événements semblèrent confirmer cet optimisme. L'archiduc Albert d'Autriche, le vainqueur de Custozza, considéré alors comme un des premiers hommes de guerre de l'Europe, vint en France au mois de mars 1870, sous prétexte d'études, en réalité pour s'entretenir avec Napoléon III des questions diplomatiques et militaires qui intéressaient les deux pays. Vers la fin d'avril, l'empereur confia au général Lebrun qu'il avait été arrêté entre l'archiduc et lui qu'un plan de campagne serait concerté, aussitôt que possible, entre la France et l'Autriche. Dès son retour à Vienne, et assuré de l'assentiment de son souverain, l'archiduc devait en aviser Napoléon III qui lui enverrait alors un officier

(1) Delbrück prétend que Napoléon III « poursuivait l'alliance austro-italienne, non pour la conclure véritablement, — ce qui l'aurait forcé à pousser la guerre jusqu'à la complète défaite de la Prusse, — mais seulement comme deuxième corde à son arc, dans le cas où la Prusse ne voudrait pas accepter ses offres. » (*Napoléon 1870*, *Preussische Jahrbücher*, 1903, p. 1 sqq.). Ces offres étaient : l'Allemagne du Sud à la Prusse, la Belgique à la France. « C'est là, et là seulement qu'on peut trouver, dit Delbrück, l'explication de la conduite de Napoléon. » L'appréciation de Delbrück ne paraît pas suffisamment fondée. Au sujet des hésitations de l'empereur, voir *infrà*, p. 69, 70.

général investi de sa confiance, pour discuter et arrêter les grandes lignes du plan projeté (1).

Le général Lebrun, désigné pour cette mission, fut appelé, avant son départ, le 19 avril 1870, à une conférence aux Tuileries, avec le maréchal Le Bœuf, ministre de la guerre, le général Frossard et le général Jarras, directeur du dépôt de la guerre. L'empereur leur fit connaître les idées que l'archiduc avait émises dans l'hypothèse d'une action commune de la France, de l'Autriche et de l'Italie contre la Prusse. Chacune des puissances contractantes mettrait sur pied une armée de 100,000 hommes ; ces forces envahiraient simultanément l'Allemagne du Sud, puis, laissant 40,000 Italiens à Munich, marcheraient vers la haute vallée du Mein. En même temps, une autre armée française se concentrerait sur la Sarre et en basse Alsace, et une armée autrichienne se rassemblerait en Bohême, entre Egra et Pilsen. Celle-ci se dirigerait ensuite vers la Franconie où elle effectuerait sa jonction avec l'armée française de la Sarre qui aurait franchi le Rhin vers Strasbourg. Toutes les forces des coalisés réunies se grouperaient alors pour marcher sur Berlin par Leipzig (2).

Il fut recommandé tout spécialement au général Lebrun d'insister sur la nécessité d'une

(1) Général Lebrun, *loc. cit.*, p. 70.
(2) *Ibid.*, p. 71.

déclaration de guerre simultanée de la part des trois puissances et d'une mobilisation lui succédant aussitôt. Telle devait être la condition *sine qua non* de l'alliance projetée ; rien n'était d'ailleurs plus logique pour éviter que la Prusse n'accablât successivement ses adversaires (1).

Arrivé à Vienne le 6 juin 1870, le général Lebrun eut, dès le lendemain, avec l'archiduc, un entretien qui se renouvela les 8, 9, 13 et 14 de ce mois. Il avait été autorisé, par le maréchal Le Bœuf, à déclarer que les forces françaises, dont l'effectif s'élevait à 400,000 hommes au minimum, seraient rendues à la frontière le quatorzième jour et pourraient au besoin commencer les opérations le quinzième. L'archiduc objecta qu'il fallait à l'Autriche et à l'Italie six semaines au moins pour achever leurs préparatifs; mais, affirmait-il, on ne pouvait songer à envahir utilement l'Allemagne du Sud qu'à la condition de s'y jeter très rapidement, comme la France seule, à son avis, pouvait le faire (2).

Jusqu'à leur entrée en campagne, l'Autriche et l'Italie, qui auraient commencé leur mobilisation le même jour que la France, se tiendraient sur le pied de la neutralité armée. Toutefois, à titre de transaction, l'archiduc proposait de concentrer, dès le lendemain de la déclaration de

(1) Général Lebrun, *loc. cit.*, p. 74.
(2) *Ibid.*, p. 95.

guerre, deux corps d'armée avec leur effectif de paix, l'un à Pilsen, l'autre à Olmütz (1). Mais il resta intraitable sur la question de la simultanéité de la déclaration de guerre. Cette exigence paraît étrange, et l'on en pourrait conclure que l'Autriche se proposait d'attendre le résultat des premières rencontres, soit pour mettre à profit nos succès, soit pour s'abstenir si nous éprouvions des revers.

Ainsi qu'on l'a fait observer très justement, « pareil calcul se comprendrait d'un allié peu sûr, très suspect, n'ayant pas osé refuser nettement une alliance demandée, implorée, et qui cherche un faux-fuyant lui permettant de se dérober (2). »

Tel n'était pas le cas. L'archiduc était venu de lui-même proposer à l'empereur la triple alliance. Il y avait, dans ses résistances, une raison qu'il ne pouvait ni ne voulait donner d'une façon formelle et précise : « Le danger que nous devions redouter, écrit de Beust, étant donnés le caractère de l'empereur et ses façons de faire, était double : on pouvait craindre qu'il n'entrât, à nos dépens, en négociations avec la Prusse, ou bien que, pour notre dommage, il ne précipitât la guerre (3) ». Les précédents de 1866 justifiaient les défiances autrichiennes.

(1) Général Lebrun, *loc. cit.*, p. 80.
(2) Tessier, *le Plan de l'archiduc Albert*, p. 20.
(3) *Mémoires de de Beust*, t. II, p. 324 (cités par Tessier, p. 21).

Néanmoins, le 13 juin, un commencement d'accord s'établit. L'archiduc proposa de rédiger le plan de campagne « sous peu de jours » et de l'envoyer à Paris « par voie sûre (1) ». Le lendemain 14, le général Lebrun fut reçu par l'empereur François-Joseph qui lui confirma les déclarations de l'archiduc, mais ajouta :

« ... Je dois vous dire qu'avant tout, *je veux la paix;* si je fais la guerre, il faut que j'y sois forcé. Je me plais à espérer que l'empereur Napoléon voudra bien tenir compte de ma situation personnelle politique, tant à l'intérieur qu'à l'extérieur. Si je déclarais la guerre en même temps que lui, il n'est pas douteux qu'exploitant de nouveau l'idée allemande, la Prusse pourrait surexciter et soulever à son profit les populations allemandes, non pas seulement chez elle et dans l'Allemagne du Sud, mais aussi dans l'empire austro-hongrois, ce qui serait très fâcheux pour mon gouvernement.

« Mais si l'empereur Napoléon, forcé d'accepter ou de déclarer la guerre, se présentait avec ses armées dans le midi de l'Allemagne, non point en ennemi, mais en libérateur, je serais forcé de déclarer que je fais cause commune avec lui. Aux yeux de mes peuples, je ne pourrais faire autrement que de joindre mes armées aux armées françaises... (2). »

(1) Général Lebrun, *loc. cit.*, p. 139.

(2) *Ibid.*, p. 146-147. — Le général Lebrun prétend repro-

Quand le général Lebrun, de retour à Paris, rendit compte à l'empereur de sa mission le 23 juin ; quand, peu de temps après, il lui remit le plan rédigé par l'archiduc, Napoléon III ne dissimula pas le regret qu'il éprouvait à constater que « des diverses propositions... portées à Vienne, en son nom, celle qui, à ses yeux, était la plus importante, n'avait pu être accueillie favorablement (1) ». Il s'agissait de la déclaration de guerre simultanée. Le général Lebrun s'efforça de le rassurer et quitta l'empereur, persuadé que ses démarches seraient suivies d'un traité d'alliance offensif et défensif (2).

***

L'archiduc, dans son plan d'opération, déclarait tout d'abord que, « pour bien tromper l'ennemi », il fallait avant tout « tromper les siens : l'armée, le pays et surtout les administrations de chemins de fer, car c'est de là que l'ennemi reçoit ses informations (3) ». Pour arriver à Stuttgart sans obstacle sérieux, il fallait, à son avis, faire croire à l'ennemi qu'il serait attaqué

duire « textuellement » les paroles de l'empereur. Il les a relatées par écrit le 30 juin 1870.

(1) Général LEBRUN, *loc. cit.*, p. 83-84.

(2) *Ibid.*, p. 84.

(3) *Ibid.*, plan rédigé de la main de l'archiduc Albert, p. 151. L'original existe aux Archives de la guerre.

sur la rive gauche du Rhin et que les Français se proposaient de faire le siège de Mayence. « Tout, ajoutait-il, doit contribuer à raffermir cette hypothèse (1). »

Nous devions constituer deux armées : l'une de douze divisions, en Lorraine, formant l'armée de la Sarre; l'autre de huit divisions, en Alsace, celle-ci destinée à être renforcée de dix autres divisions venant de Paris, de Lyon, de l'Algérie. L'armée de la Sarre aurait ses huit divisions de première ligne établies à Thionville, à Metz et à proximité de la Sarre, le treizième jour de la mobilisation, « comme si l'on s'attendait à une irruption prussienne de ce côté ». Elles se concentreraient ensuite vers Forbach. La mission de cette armée consisterait à attirer l'attention de l'adversaire en s'emparant de Sarrebruck le quinzième jour, en prenant l'offensive sur la rive droite de la Sarre, en retenant sur la rive gauche du Rhin le plus de troupes ennemies possible. Sur ces entrefaites, et pendant l'exécution de cette feinte, l'armée d'Alsace, chargée du rôle principal, franchirait le Rhin le seizième jour et se dirigerait sur Stuttgart, Nordlingen et Nüremberg. Elle serait concentrée près de cette dernière ville entre le trente-septième et le quarantième jour, et effectuerait sa jonction avec l'armée autrichienne de

(1) Général Lebrun, *loc. cit.*, p. 151.

Bohême. Puis l'on marcherait sur Berlin par Leipzig.

L'archiduc était d'avis de commencer la campagne au printemps, car la guerre pouvait être longue. Il jugeait, avec raison, préférable de la terminer avant l'hiver, dont les rigueurs seraient moins pénibles aux Prussiens qu'aux alliés (1).

En réalité, le plan élaboré à Vienne ne visait que des objectifs purement géographiques; il disséminait au début l'armée française sur toute l'étendue de la fontière d'Allemagne, de Thionville, par Haguenau, à Belfort; il était vicieux, dans ses prémisses, en admettant que la Prusse emploierait sept semaines, au minimum, à concentrer sept corps d'armée sur ses frontières; il ne tenait pas compte des obstacles que l'ennemi pouvait apporter à son exécution qu'il traçait, point par point, pendant quarante jours; en un mot, il faisait abstraction à peu près complète de l'adversaire. « Une telle introduction de la campagne, dit avec ironie un écrivain militaire allemand, pouvait être considérée comme justifiée en elle-même, à la condition que l'adversaire ne serait pas en état de s'y opposer à temps avec la supériorité du nombre, ou de la devancer (2) ».

(1) Général Lebrun, *loc. cit.*, p. 151-162. Plan rédigé de la main de l'archiduc Albert.

(2) Verdy du Vernois, *Im grossen Hauptquartier*, 1870, p. 35.

En dépit de ses erreurs graves, le plan de l'archiduc Albert servit dans son ensemble de guide pour la détermination des points de la frontière sur lesquels devaient être concentrés les huit corps de l'armée du Rhin. Il suffit, pour s'en convaincre, de comparer les emplacements des troupes françaises à la fin de juillet 1870, avec ceux qu'avait indiqués l'archiduc. Le général Lebrun déclare d'ailleurs que, dans le choix des points de concentration, l'empereur « n'avait fait autre chose que se conformer aux indications données dans le plan de campagne que l'archiduc Albert avait rédigé (1) ». Lebrun conclut même de ce fait que le plan tout entier allait être mis à exécution. Il lui eût été impossible de s'expliquer autrement une dissémination si grande de nos forces. Une seule hypothèse la justifiait à ses yeux : « celle qui admettait que, pour cette guerre, l'armée autrichienne devait opérer avec nous (2) ».

Ce fut peut-être le plan de l'archiduc Albert

(1) Général Lebrun, *loc. cit.*, p. 182, note 1.

2) *Ibid.* — Le 4 août, Lebrun mit sous les yeux de l'empereur une note destinée à lui représenter « combien il était dangereux de laisser l'armée dispersée sur un front aussi étendu, alors que les motifs qui avaient déterminé les emplacements primitifs de ces corps d'armée paraissaient ne plus exister. » Je faisais allusion, ajoute Lebrun, aux dispositions indiquées dans le plan de campagne de l'archiduc Albert. » (*Ibid.*, p. 254.) Le général Jarras est d'un avis contraire à celui de Lebrun, mais il est certainement moins bien informé. (*Souvenirs*, p. 51.)

qui inspira à l'empereur un autre projet analogue auquel il semble s'être arrêté quelque temps. On devait former trois armées : en Alsace, en Lorraine, à Châlons, et deux corps de réserve à Lyon et à Toulouse. Les deux premières armées effectuant leur jonction, devaient franchir le Rhin et se jeter entre la Confédération du Nord et celle du Sud, tandis que l'armée de Châlons viendrait à Metz pour couvrir nos communications (1). L'empereur a cherché, après la guerre, à donner à ce plan une forme plus précise (2) ; mais tout permet de penser qu'au mois de juillet 1870, il était resté dans son esprit à l'état d'intention vague.

On a retrouvé enfin, dans un carton provenant de la maison de l'empereur, un projet non signé de passage du Rhin vers Maxau, combiné avec le débarquement d'un corps expéditionnaire sur les côtes du Danemark (3). Peut-être l'eût-on appliqué pour cette dernière opération, si les revers des premiers jours d'août ne l'eussent pas fait abandonner.

(1) *Enquête sur les actes du gouvernement de la Défense nationale*, déposition du maréchal Le Bœuf, t. I, p. 51.

(2) *Œuvres posthumes de Napoléon III, le Livre de l'Empereur*, p. 93; *Des causes qui ont amené la capitulation de Sedan*, p. 4-5. (On a dit que cette brochure était de l'empereur; elle a tout au moins été écrite sous son inspiration.)

(3) Archives de la guerre, carton B O.

*
* *

Au lendemain de la déclaration de guerre, on croit fermement, au grand quartier général français, que l'Autriche va faire cause commune avec nous (1). Toutefois, il est bien certain qu'il n'y avait, ni de l'Autriche, ni de l'Italie, aucun engagement, ni même obligation d'honneur des deux souverains qui, à Vienne et à Florence, avaient fait connaître leurs conditions, et se trouvaient libres en raison du maintien des troupes françaises à Rome. Beust chargeait Metternich, le 11 juillet, de préciser cette situation (2).

Le 25 juillet, un doute surgit pourtant dans l'entourage de l'empereur. Le commandant Laveuve, aide de camp du général Lebrun, reçoit du colonel de Bouillé, notre attaché militaire à Vienne, une lettre dans laquelle il lui est affirmé que, jusque-là, rien n'indique que l'armée austro-hongroise doive être mobilisée. Le général Lebrun est très ému de cette nouvelle. Envoyé à Paris dans la soirée pour demander au ministre

(1) *Metz, Campagne et négociations,* p. 24; *Enquête sur les actes du gouvernement de la Défense nationale,* Pièces justificatives, II, 2e partie, p. 187-192. — M. de Cazaux télégraphiait de Vienne le 13 juillet : « Je crois que nous pouvons compter sur un accord avec M. de Beust... » (Émile Bourgeois, *Temps* du 9 août 1906).

(2) *Mémoires de de Beust,* t. II, p. 331.

certaines mesures propres à activer la mobilisation, il rencontre à Saint-Cloud le duc de Gramont, ancien ambassadeur à Vienne et alors ministre des affaires étrangères. Le général lui exprime ses craintes. « Est-ce donc que le colonel de Bouillé sait tout ce qui se passe à Vienne? repartit le duc. Allez, allez, et soyez confiant (1). »

A la vérité, les négociations continuent, très actives, entre Paris, Vienne et Florence, sans que, malheureusement, on parvienne à un accord au sujet de la question romaine. Aux Tuileries, on se montre très intransigeant; des fanatiques ne craignent pas d'affirmer, dit-on, qu'ils préféreraient voir « les Prussiens à Paris que les Italiens à Rome (2) ». Le duc de Gramont déclare, le 30 juillet, qu'il « est impossible de faire la moindre chose pour Rome; si l'Italie ne veut pas marcher, qu'elle reste (3) ».

Dès le 15 juillet, un avant-projet de traité a été rédigé à Paris par le duc de Gramont, de concert avec le prince de Metternich, ambassadeur d'Autriche, le comte Vimercati, attaché militaire d'Italie à Paris, et le comte de Vitzhum, ministre d'Autriche à Bruxelles. Il

(1) Général LEBRUN, *loc. cit.*, p. 193. — Ce sont, dit Lebrun, « les paroles textuelles » du duc de Gramont.

(2) ROTHAN, *l'Allemagne et l'Italie en 1870*, t. II, p. 66.

(3) Prince Jérôme NAPOLÉON, *les Alliances de l'Empire en 1869-1870* (*Revue des Deux Mondes*, 1er avril 1878, p. 407).

stipule l'action armée des trois puissances, le maintien du *statu quo* en Allemagne conformément au traité de Prague, la renonciation définitive des princes français et allemands au trône d'Espagne. Le comte Vimercati, chargé de soumettre ces clauses au roi d'Italie et à l'empereur d'Autriche, revient à Paris le 1er août et se rend aussitôt au grand quartier général français, à Metz, pour communiquer à Napoléon III le résultat de ses démarches. Le traité comporte sept articles. A Vienne, comme à Florence, on s'engage à mettre les forces de terre et de mer sur le pied d'une neutralité armée, destinée à être transformée en coopération effective et simultanée avec la France. Toutefois, l'Autriche déclare ne pouvoir entrer en campagne que dans les premiers jours de septembre ; elle appuie en outre les revendications de l'Italie au sujet de Rome, sans doute par égard pour la majorité libérale du parlement autrichien. Le septième article stipule l'évacuation des États du Saint-Siège par nos troupes (1).

Ce projet de traité ne donne pas satisfaction à Napoléon III. D'une part, il demande que l'on fixe à bref délai, tant à Vienne qu'à Florence, l'époque à laquelle la neutralité armée deviendra un concours effectif; de l'autre, il se refuse,

(1) Busch, *loc. cit.*, p. 80-86 et 87-89. Cf. E. Bourgeois, *Manuel historique de politique étrangère*, t. III, p. 725-726.

malgré les vives instances du prince Napoléon, à céder sur la question de Rome. Dès le 25 juillet, il a fait connaître à Vienne et à Florence « que la convention de septembre ne doit pas faire les frais de cet accord ». Il se considère comme engagé. « La France, déclare-t-il, ne peut pas défendre son honneur sur le Rhin et le sacrifier sur le Tibre (1) ».

En vain, le prince Napoléon cherche-t-il à convaincre l'empereur par un raisonnement plein de bon sens : « Signez, Sire, le projet, même avec ses fautes d'orthographe ; elles importent peu. Prévenez par le télégraphe Vienne et Florence, que vous acceptez, pour engager vos alliés. Si nous sommes victorieux, vous obtiendrez facilement des modifications, et, si nous sommes battus, vous aurez au moins ce traité qui sera une sorte de retranchement où vous pourrez puiser un espoir d'appui ; mais signez *avant* que les armes aient prononcé ; c'est utile à tous les points de vue (2). »

Mais le souverain, dont la volonté apparaîtra bientôt si chancelante, reste inébranlable (3), et le 3 août, le comte Vimercati quitte le grand quartier

(1) Émile Bourgeois, *Temps* du 9 août 1906.

(2) Prince Jérôme Napoléon, *loc. cit.*, p. 497-498.

(3) L'empereur au duc de Gramont, Metz, 3 août. — Voici les propres termes de la lettre de l'empereur : « Malgré ce que propose X..., malgré les efforts de Napoléon, je ne cède pas pour Rome. » (Prince Jérôme Napoléon, *loc. cit.*, p. 498.)

général français pour retourner à Florence, porteur du traité modifié. Le prince Napoléon avait vu juste. Bientôt « les armes auront prononcé » ; le traité demeura à l'état de projet, et le duc de Gramont dira tristement à l'empereur : « Sire, est-ce qu'on s'allie à un battu (1) » ?

Ainsi, suivant l'expression de Victor Duruy, « c'est la question romaine qui nous a perdus (2) », et le prince Napoléon pourra affirmer plus tard avec raison que « le maintien du pouvoir temporel des papes a coûté à la France l'Alsace et la Lorraine (3) ».

(1) Prince Jérôme Napoléon, *loc. cit.*, p. 498.
(2) Victor Duruy, *Souvenirs*, t, II, p. 154.
(3) Prince Jérôme Napoléon, *loc. cit.* p. 500.

CHAPITRE III

AU GRAND QUARTIER GÉNÉRAL ALLEMAND

Le plan de Moltke. — Les forces allemandes. — Constitution de trois armées. — Insuffisance de la couverture. — Les débarquements de la IIe armée reportés sur la rive droite du Rhin. — Le commandement suprême de l'armée allemande : le roi, Moltke. — La méthode de commandement de Moltke. — Le grand État-Major : Podbielski, Bronsart, von Schellendorf, Brandenstein, Verdy du Vernois. — Les commandants d'armée et de corps d'armée.

Appelé aux fonctions de chef d'état-major de l'armée prussienne en 1857, le général de Moltke s'était consacré à l'étude des opérations éventuelles contre la France. De 1857 à 1870, douze mémoires furent rédigés par lui dans ce but. Le plan d'ensemble fut arrêté dans l'hiver 1868-1869 et les travaux qui en étaient la conséquence furent immédiatement entrepris au grand état-major prussien.

Ce projet examinait d'abord les forces respectives de la France et de l'Allemagne et reconnaissait que la supériorité numérique était acquise aux deux Confédérations. Ce fait était établi avec une précision qui dénotait une connaissance approfondie de nos ressources.

Après l'étude de nos forces, venait celle des opérations que nous pouvions tenter. Moltke étudiait d'abord l'hypothèse d'une agression contre les États du Sud, et pensait que la meilleure manière d'y parer était de concentrer toutes les forces allemandes sur le Rhin moyen. On menacerait ainsi le flanc gauche d'une armée française pénétrant en Allemagne, et on la forcerait à s'arrêter. Cette proposition fut acceptée dès 1868 par les représentants des États du Sud.

La seconde éventualité était une violation de la neutralité belge par l'armée française. Moltke était d'avis que cette opération présenterait pour elle beaucoup plus d'inconvénients que d'avantages. On pouvait, d'ailleurs, y répondre par une concentration sur la basse Moselle et par une menace sur notre flanc droit.

Mo ltep ensait que l'armée française se rassemblerait d'abord sur la ligne Metz-Strasbourg et qu'elle se dirigerait ensuite sur la ligne du Mein, afin de séparer les États du Sud de ceux du Nord. Le meilleur moyen pour s'y opposer était de concentrer toutes les forces disponibles dans le Palatinat bavarois. Si, d'ailleurs, les Français voulaient pleinement utiliser leur réseau ferré, ils auraient, selon Moltke, deux centres de débarquement, Strasbourg et Metz, séparés par les

Vosges. Dès lors, l'occupation du Palatinat assurait à l'armée allemande la possession d'une ligne d'opération intérieure. Cette région était donc indiquée à tous égards comme la zone de concentration la plus favorable.

Moltke admettait que l'on pourrait pousser les rassemblements jusque dans le voisinage immédiat de la frontière française. Il s'appuyait sur ce que la France n'avait qu'un système de mobilisation mal étudié, non expérimenté, et qui exigerait un temps plus considérable que celui de l'Allemagne. Il savait, par des indiscrétions dont la source n'a pas été connue, que Napoléon III et le maréchal Niel avaient étudié secrètement le moyen de rassembler 150,000 hommes à Metz le huitième jour. Si cette armée prenait l'offensive, Moltke comptait opérer les débarquements plus en arrière, sur le Rhin. De Metz au Rhin il y a six marches, et en arrivant vers le quatorzième ou le quinzième jour sur le fleuve, les Français se heurteraient à des forces déjà supérieures et bientôt doubles : 300,000 combattants le dix-huitième jour. Moltke, après mûr examen, ne considérait pas cette éventualité comme probable et fixait les points de débarquement dans la région même de concentration. La mobilisation et les moyens de transport des deux armées opposées lui permettaient donc de choisir le Palatinat bavarois comme zone des rassemblements.

Ces diverses conclusions une fois établies, il ne restait qu'à déterminer le groupement des forces. L'importance des masses mises sur pied de guerre nécessitait la création de plusieurs armées. La composition et l'effectif de chacune d'elles dépendaient du rôle qui lui était assigné, des garnisons du temps de paix et des voies ferrées. Moltke se proposait d'en constituer trois, plus une réserve destinée à renforcer plus tard la IIe armée qui se trouvait au centre du dispositif. La concentration générale aurait lieu dans le saillant que forme le territoire allemand, entre la Belgique et la frontière française. La Ire armée se rassemblerait autour de Wittlich, la IIe vers Neunkirchen et Hombourg, la IIIe au nord de la Lauter. L'offensive se produirait le dix-neuvième jour avec 380,000 hommes environ; le vingt-cinquième, avec 480,000.

Une dernière disposition assurait les côtes de la Baltique contre un débarquement que Moltke ne redoutait du reste qu'au début des opérations et dont l'invasion de la France devait préserver le territoire allemand mieux que tout autre procédé.

En somme, le projet d'opérations de Moltke assignait aux forces allemandes, comme premier objectif, la principale armée ennemie qu'elles devront attaquer là où elles la trouveront. Puis l'on exécuterait une vaste conversion à gauche, la Ire armée servant de pivot, et l'on marcherait sur Paris en cherchant à refouler l'armée française vers la frontière du Nord et à la couper ainsi du centre du pays (1).

Établi en 1869, ce plan d'opérations, très logique et très simple, s'est déroulé deux ans plus tard à peu près tel qu'il avait été prévu. Ce résultat est dû, moins il est vrai, à la perfection de la conception, qu'à la supériorité des forces, de l'armement d'artillerie, de l'instruction tactique de l'armée allemande et surtout à la faiblesse de l'adversaire.

Moltke disait lui-même avec raison : « Il n'est pas possible d'arrêter avec quelque certitude un plan d'opérations embrassant les événements au delà de la première rencontre avec le gros des forces ennemies. Un homme étranger à toute notion d'art militaire croit seul voir, dans le développement d'une campagne, l'exécution d'un plan arrêté dès le principe dans tous ses détails et fidèlement suivi jusqu'à la fin. Assurément, le général en chef, en dépit des alternatives les plus diverses, a toujours devant les yeux le but essentiel qu'il poursuit, mais il ne peut préciser à l'avance, d'une façon certaine, les voies et moyens qu'il emploiera pour l'atteindre (2) ».

(1) *Correspondance militaire du maréchal de Moltke*, t. I, Mémoire n° 18 (Traduction) ; *Historique du grand État-major prussien*, t. I, p. 71.

(2) *Ibid*. Cf. maréchal DE MOLTKE, *la Guerre de 1870*, p. 10.

*
* *

L'ordre de mobilisation est lancé dans la nuit du 15 au 16 juillet pour la Confédération du Nord par un télégramme portant cette simple phrase : « Mobilisation conforme au plan ; le 16 juillet est le premier jour de la mobilisation (1). » A leur tour et sans aucun retard, les États du Sud, dont Gramont espérait la neutralité, mettent leurs troupes sur le pied de guerre. L'Allemagne tout entière, « réconciliée et unie, selon l'expression du roi Guillaume, comme jamais elle ne l'avait été, se leva contre son vieil et traditionnel adversaire (2) ».

Les forces allemandes immédiatement disponibles s'élèvent à 462,300 combattants pour l'infanterie, 56,800 sabres, 1,584 bouches à feu. Les contingents dits de garnison et de remplacement ont un effectif de plus de 300,000 hommes permettant de combler, et au delà, tous les vides créés par la guerre. Le total des rationnaires est de près de 1,200,000 hommes, c'est-à-dire supérieur au nôtre de plus du double (3).

(1) Prince DE HOHENLOHE, *Lettres sur la stratégie*, t. I, p. 262. — « Toutes les dispositions à prendre préalablement, acceptées par le roi, étaient préparées dans les bureaux de l'état-major général ; il n'y avait qu'à mettre la date à certaines pièces. » (VERDY DU VERNOIS, *Im grossen Hauptquartier*, 1870, p. 9 sqq.)

(2) CHUQUET, *la Guerre 1870-71*, p. 31.

(3) *Historique du grand État-major prussien*, t. I, p. 64-65.

Les contingents allemands se fractionnent en seize corps, complètement organisés dès le temps de paix avec tous leurs services et leurs accessoires : la Garde, douze corps fournis par la Confédération du Nord, deux corps bavarois, un corps composé d'une division badoise et d'une division würtembergeoise. Trois armées sont constituées : Ire, général von Steinmetz, deux corps d'armée et une division de cavalerie (1) ; IIe, prince Frédéric-Charles, Garde, trois corps, deux divisions de cavalerie (2); IIIe, prince royal de Prusse, cinq corps et une division de cavalerie (3). Il y a, en outre, une réserve de deux corps d'armée. Trois corps d'armée, deux divisions de cavalerie, une division d'infanterie, restent provisoirement sur le territoire, sans affectation déterminée. Enfin, une division d'infanterie et quatre de landwehr sont chargées de la protection des côtes.

Le corps d'officiers allemand est remarquable par son homogénéité, sa cohésion, son instruction technique. Les sous-officiers sont excellents en général. Le soldat allemand est discipliné,

(1) VIIe, VIIIe corps, 1re division de cavalerie (60,000 hommes environ).

(2) IIIe, IVe, Xe corps, Garde, 5e et 6e divisions de cavalerie (130,000 hommes environ).

(3) Ve, XIe corps, Ier et IIe corps bavarois, corps mixte badois et wurtembergeois, 2e division de cavalerie (170,000 hommes environ).

dévoué, réfléchi, mais il est lourd ; il se bat sans enthousiasme. Au total, il est loin de valoir le soldat français (1).

Tandis qu'en France on confond la mobilisation et les transports stratégiques à la frontière par voie ferrée, ces deux opérations restent bien distinctes en Allemagne, où la seconde ne commence qu'après l'entière exécution de la première dans les centres de garnison. Tous les détails en ont été étudiés, approfondis et réglés dès le temps de paix. Malgré quelques à-coups, mobilisation et concentration s'effectuent dans le plus grand ordre.

Le lendemain de l'envoi de l'ordre de mobilisation, le 17 juillet 1870, les tableaux de marche et de transport par voie ferrée sont envoyés de Berlin aux commandants des corps d'armée. Ils prescrivent la concentration des trois armées sur la frontière de la Sarre et de la Lauter, à la date du 3 août. La Ire armée doit se rassembler sur la ligne Sarrelouis-Merzig ; la IIe vers Neunkirchen, Hombourg ; la IIIe vers Landau, Carlsruhe, sur les deux rives du Rhin. Les deux corps de réserve reçoivent l'ordre de se réunir à Deux-Ponts et Kaiserslautern, derrière la IIe armée.

Quelques dispositions furent prises pour pro-

(1) Jugement d'un officier prussien cité par le général DERRÉCAGAIX, *la Guerre moderne*, t. II, p. 78.

téger cette concentration contre les entreprises possibles des Français. De Trèves à Sarrebruck, jusqu'au 25 juillet, cette mission délicate fut remplie par trois régiments d'infanterie et deux de cavalerie. A partir du 25, ils furent renforcés par un régiment de cavalerie qui s'établit à Blieskastel. Dans le Palatinat, la frontière fut observée, du 16 au 19 juillet, de Hombourg à Lauterbourg, par trois bataillons d'infanterie et par cinq escadrons de cavalerie. Un sixième escadron les rejoignit le 19. Ces troupes étaient soutenues par les garnisons de Landau et de Germersheim, comprenant une brigade d'infanterie et des détachements d'artillerie et du génie.

Cette *couverture* était beaucoup trop faible surtout en raison des faibles distances qui séparaient les zones de rassemblement de la frontière française. Même renforcée, à partir du 23 juillet, par la 4e division d'infanterie bavaroise, elle était encore insuffisante. Le général von Hennecken a démontré, dans une étude publiée en 1871, que si, le 20 juillet, le 2e corps et la Garde rassemblés à Saint-Avold eussent traversé la frontière pour se diriger sur Mayence, pendant que les troupes de Strasbourg se seraient portées sur Landau et Germersheim, la réunion des armées allemandes sur la rive gauche du Rhin devenait impossible (1).

(1) Général BONNAL, *la Manœuvre de Saint-Privat*, t. I, p. 92.

La rive droite du Rhin, moins menacée, fut surveillée du 20 au 23, de la Lauter à la Murg, par deux régiments d'infanterie, un escadron et deux batteries. A partir du 23, la division badoise fut concentrée entre Carlsruhe et Mörsch, et renforcée par dix escadrons würtembergeois.

Cette situation précaire se modifia à dater du 25 juillet. Le 24, la mobilisation est terminée pour les premières troupes. La concentration commence aussitôt par douze voies ferrées indépendantes : neuf pour l'Allemagne du Nord, trois pour les États du Sud. Dans l'intervalle, le grand quartier général allemand a reçu les renseignements les plus circonstanciés sur l'ordre de bataille de l'armée du Rhin et sur ses points de débarquement. On sait que les corps d'armée français ont été transportés à la frontière avec leurs effectifs de paix et sans avoir terminé leur mobilisation. On en conclut que les Français, profitant de leur supériorité numérique momentanée, vont tenter peut-être une invasion des pays rhénans et jeter le trouble dans la concentration allemande (1).

La faiblesse de la couverture allemande ne permet qu'un remède : reculer la zone de concentration de la IIe armée. Moltke s'y décide le 23 juillet et fixe les nouveaux points de débar-

(1) *Correspondance du maréchal de Moltke*, t. I, nos 30, 31, 34, 35.

quement dans la région Mayence-Mannheim, sur la rive droite du Rhin (1). Cette modification rejette au 7 août, au lieu du 3, la date à laquelle la IIe armée sera prête à commencer les opérations. Malgré l'immobilité des Français, Moltke ne peut se résoudre encore à croire qu'ils resteront sur la défensive. Le 28 juillet, il examine la situation dans l'hypothèse où ils franchiraient la frontière à cette date même. A son avis, une offensive de leur part n'aurait plus à ce moment aucune chance de succès (2).

Cette conclusion était empreinte d'optimisme. Jusqu'au 2 août, l'armée française aurait pu obtenir des résultats matériels et moraux importants, à condition de limiter ses visées (3).

*
* *

Les armées allemandes ont pour chef nominal Guillaume Ier, roi de Prusse. « La grandeur d'âme du roi, cependant si simple et si bon, ses célèbres qualités de chef d'armée, l'énergie qu'il mettait dans l'exécution de ce qui lui paraissait être le vrai, enfin les succès qu'il avait obtenus dans la dernière guerre, donnaient à toute l'armée alle-

(1) *Historique du grand état-major prussien*, t. I, p. 87.
(2) *Correspondance du maréchal de Moltke*, t. I, n° 71.
(3) V. *infrà*, p. 119.

mande la confiance la plus absolue sur la façon dont il dirigerait la guerre actuelle (1). »

En réalité, le commandement effectif est exercé par le général de Moltke sous le titre de chef d'état-major général. « Les qualités de son caractère, son intelligence très aiguë et très générale, l'énergie qu'il mettait dans l'exécution de ses plans, jointe à une grande simplicité, sa rusticité même en ce qui concernait sa propre personne, formaient un ensemble qui ne pouvait manquer d'agir sur son entourage. Pendant toute la campagne, nous nous trouvions sans cesse sous sa puissante influence morale, et sa bonté pour chacun de nous ajoutait un sentiment d'affection personnelle à l'estime naturelle que nous éprouvions pour lui (2). »

Calculateur émérite, taciturne, solitaire, acharné au travail et l'imposant à son entourage, habile à discerner les forces et les faiblesses de ses adversaires, patient à préparer longuement une campagne et à laisser le moins possible au hasard, créant des collaborateurs façonnés à son image et pénétrés de sa doctrine, Moltke est certainement, après Napoléon, le plus grand homme de guerre des temps modernes. Il a, sur l'empereur, la supériorité d'avoir compris la nécessité de la division du travail entre le chef

(1) Verdy du Vernois, *loc. cit.*, p. 19.
(2) *Ibid.*, p. 24.

suprême et ses subordonnés immédiats. Il lui est bien inférieur en ce qui concerne les combinaisons stratégiques et la grande tactique. Il manque de l'inspiration des grands capitaines. C'est un homme de talent, ce n'est point un artiste.

Le souverain est âgé de soixante-treize ans, le généralissime de soixante-dix. Tous deux sont encore très verts, mais ne possèdent plus les qualités physiques indispensables à l'homme de guerre. A l'inverse de Napoléon qui, en pleine force de l'âge, partageait la vie rude de ses soldats, il faut au roi Guillaume et à Moltke des ménagements et du confort. Le 30 juillet, quelques jours après la déclaration de guerre, alors que l'on a redouté une offensive brusquée de la part des Français, le roi et son chef d'état-major sont encore à Berlin. Ils se rendent à Mayence, avec le grand quartier général, le 31, et y séjournent du 2 au 7 août. Deux grandes batailles se livreront à Frœschwiller et à Forbach sans qu'ils y assistent; la seconde s'engagera contrairement à leurs intentions. Les commandants d'armée suivront cet exemple et ne rejoindront leurs troupes que le 30 juillet. Une offensive française eût donc trouvé les Allemands dépourvus de leurs chefs suprêmes et de leurs états-majors. Dans ces conditions, le moindre échec eût été suivi de graves conséquences. Des dissentiments entre deux commandants d'armée, Frédéric-Charles et

Steinmetz, prendront un caractère aigu, en raison de l'éloignement du généralissime. Steinmetz désobéira même aux instructions envoyées de Mayence, et cette manifestation d'indiscipline ne pourra pas être réprimée sur-le-champ.

Moltke a inauguré une méthode de commandement toute différente de celle de Napoléon. L'empereur, grâce à son merveilleux génie, réglait à la fois l'ensemble et les détails, et ne demandait à ses maréchaux que de la bravoure et une soumission à peu près aveugle à ses ordres. A la Grande Armée, point d'initiative ; Berthier lui-même n'était guère qu'un transmetteur d'ordres. Les inconvénients du système se firent sentir dès que les maréchaux furent loin de Napoléon et ne purent plus recevoir son impulsion. Moltke comprit que la guerre moderne, par les effectifs considérables mis en jeu, par les distances qui séparent le chef suprême de ses subordonnés, exige impérieusement des procédés de commandement nouveaux.

Le chef d'état-major général ordonne, au nom du roi, au moyen d'instructions très larges dites *directives,* qui indiquent seulement la situation générale, le but de l'opération, l'ensemble de la manœuvre. Systématiquement, le commandement s'abstient de s'ingérer dans l'exécution, qui est laissée à la disposition des commandants d'armée et des commandants de corps d'armée.

Chacun conserve dans sa sphère toute l'initiative à laquelle il a droit pour atteindre le but qui lui a été fixé. La méthode entretient la vie, la réflexion, l'action à tous les échelons de la hiérarchie. A Moltke revient sans contredit le mérite de l'avoir imaginée et appliquée.

Les chefs allemands ont d'ailleurs tous, au plus haut degré, le sentiment de la solidarité. Ils savent que le succès dépend pour une grande part de la collaboration consciente de toutes les énergies convergeant vers un but commun. Les princes de la famille royale pourvus de commandements, donnent à tous l'exemple du respect des supérieurs, de la discipline, de la ponctualité et du zèle dans l'accomplissement du devoir militaire.

Leurs états-majors, soigneusement recrutés par une rigoureuse sélection et formés par de Moltke, sont des aides précieux et éclairés pour le commandement. La plupart des généraux sont du reste d'anciens officiers de l'Académie de guerre et ont servi eux-mêmes dans l'état-major. Ainsi règnent dans l'armée allemande une doctrine commune et une confiance réciproque faite de la certitude qu'une situation de guerre déterminée sera envisagée partout de la même manière. C'est précisément cette unité de doctrine qui permet au généralissime de ne donner que des instructions très générales et de laisser à chaque subordonné le soin de choisir les moyens d'exécution. Moltke est certain d'avance que tous agiront selon ses vues.

Cette méthode de commandement est excellente; dans l'application, elle aura des résultats féconds.

*
* *

Moltke a su s'entourer de collaborateurs de premier ordre. Le « quartier-maître général, » en d'autres termes le sous-chef d'état-major général, est le lieutenant-général de Podbielski. Il était impossible, assure un témoin bien informé, « de trouver un adjoint plus sûr et un remplaçant éventuel plus capable (1). » Il déchargeait Moltke de toutes les questions de détail et s'occupait particulièrement du délicat service de l'arrière et des étapes.

Trois officiers supérieurs du plus grand mérite, Bronsart von Schellendorf, Brandenstein, Verdy du Vernois, unis par d'étroites relations d'amitié, habitués dès le temps de paix à traiter ensemble les questions d'ordre militaire, sont placés à la tête des diverses sections du grand état-major allemand. Bronsart von Schellendorf avait la direction du bureau des opérations. « Tout ce

(1) Bronsart von Schellendorf, *le Service d'état-major*, t. II, p. 54.

qu'il faisait était marqué au coin de l'intelligence et de la prudence ; de plus, il était actif, infatigable, et l'on pouvait absolument compter sur lui dans tout ce qu'il entreprenait (1). » Brandenstein était chargé du service des chemins de fer et des voies de communication de toute espèce. Il possédait une facilité de travail extraordinaire. Le plan de transport était en grande partie son œuvre ; ce travail était d'autant plus méritoire qu'à cette époque on n'avait pas encore l'expérience du mouvement par chemins de fer de masses aussi considérables. Verdy du Vernois était spécialement chargé du service des renseignements et des questions relatives à l'armée française. Ces trois chefs de section, les « demi-dieux, » comme on les appelait, étaient arrivés à une parfaite unité de vues en ce qui concernait les opérations militaires. « Nos relations d'amitié et de service, écrit Verdy du Vernois, nous furent essentiellement utiles pour nos travaux au grand quartier général. Ainsi, si l'un de nous avait à interrompre la rédaction d'un ordre destiné à une armée quelconque, il était immédiatement remplacé par un des deux autres, sans qu'on pût supposer que le rédacteur avait été changé (2). »

Maintes fois, Bronsart von Schellendorf, Bran-

(1) Verdy du Vernois, *loc. cit.*, p. 28.
(2) *Ibid.*, p. 27.

denstein et Verdy du Vernois furent envoyés, par Moltke, en mission auprès des commandants d'armée. Bien au courant de la situation générale et des projets du généralissime, les chefs de section devenaient de véritables *missi dominici*, transmettant la pensée de Moltke et la développant au besoin.

« L'état-major général, sous la direction de Moltke, était, suivant l'expression d'un contemporain, tout à fait la pensée de Moltke. Il y régnait une objectivité qu'on ne pouvait assez admirer. Toutes ces questions qui mettaient en jeu la vie de centaines de mille hommes, le sort de l'Allemagne et de la France, étaient traitées avec le même calme avec lequel on prend une décision au jeu de guerre, dans une partie d'échecs ou de whist (1) ».

Trois officiers supérieurs, les majors von Holleben, Blume et Krause et six officiers subalternes complétaient l'état-major du grand quartier général et étaient répartis entre les divers bureaux (2).

Le service des renseignements était parfaitement organisé. Dès le 24 juillet, le major Krause pouvait établir un ordre de bataille de l'armée française « qui fut reconnu dans la suite comme étant si complètement exact, qu'il n'exigea plus

(1) *Mémoires du prince Kraft Hohenlohe* (Supplément au journal *le Temps* du 4 novembre 1906.)

(2) Verdy du Vernois, *loc. cit.*, p. 29.

que quelques rectifications de peu d'importance » (1) ; le 3 août, Moltke adressait aux commandants d'armée un croquis représentant très exactement les emplacements des corps ennemis à la frontière (2).

« Il n'y eut, à l'état-major du général de Moltke, pendant toute la campagne, qui dura plus de six mois, pas le moindre nuage entre les officiers. Cet état-major ne comprenait que des amis remplissant chacun leur devoir avec zèle, sans envie et sans jalousie. Ce qui dénote qu'il était heureusement composé, c'est que tous nous subissions le charme qu'exerçait le grand homme qui nous commandait. La supériorité de son intelligence supprimait toute rivalité entre nous. La fidélité avec laquelle il remplissait son devoir, son impartialité, son désintéressement, son calme qui ne l'abandonnait jamais, même dans les circonstances les plus critiques, sa bonté, telle qu'il n'eut jamais un mot d'impatience sur les lèvres, toutes ces qualités, mises en pleine lumière par ses succès appartenant maintenant à l'histoire, avaient une puissante action sur son entourage. A cette époque, être adjoint à l'œuvre d'un tel homme était un bonheur et un honneur dont on s'efforçait de se rendre digne, par l'accomplisse-

(1) *Historique du grand état-major prussien*, t. I, p. 85.

(2) *Correspondance militaire du maréchal de Moltke*, t. I, p. 242.

ment intégral de son devoir et une soumission absolue. Ainsi, on peut dire que l'état-major de de Moltke était pénétré au plus haut point de son esprit (1). »

L'intendance et le service télégraphique étaient représentés au grand quartier général par un *intendant général* et un *chef de la télégraphie de campagne* qui concentraient entre leurs mains tout ce qui était relatif à l'ensemble de ces services. Le général von Stosch, intendant général de l'armée, avait exercé, pendant la campagne de 1866, les fonctions de quartier-maître en chef d'une armée et avait appartenu longtemps au service d'état-major ; la personnalité de cet officier général, d'une intelligence et d'une énergie rares, était un sûr garant que tout ce qu'il était possible de faire serait exécuté, en dépit des difficultés qui pourraient se présenter (2). Le chef de la télégraphie de campagne, le colonel Meydam, ancien officier d'état-major, était un travailleur acharné : c'était à peine s'il avait besoin de la moindre indication du quartier-maître général pour établir et faire fonctionner les lignes télégraphiques qui reliaient le grand quartier général aux quartiers généraux des différentes armées (3).

Le ministre de la guerre, général von Roon,

(1) Blume, *Souvenirs sur de Moltke.*
(2) Verdy du Vernois, *loc. cit.*, p. 32.
(3) Bronsart von Schellendorf, *loc. cit.*, p. 55.

avec quelques officiers et fonctionnaires formant son état-major, faisait aussi partie du grand quartier général. Il suivait de très près la marche des opérations militaires et se trouvait ainsi en mesure d'assurer, en ce qui le concernait, l'exécution des décisions prises par le commandant en chef.

Le général von Steinmetz, commandant la Ire armée, le « lion de Nachod », comme on l'appelait en souvenir de l'énergie qu'il avait déployée le 27 juin 1866, avait de grandes qualités militaires. Bien qu'âgé de 73 ans, il avait conservé toute sa vigueur physique et intellectuelle. Très autoritaire et irritable, dur pour lui-même et pour ses subordonnés, il ne se soumettait qu'avec difficulté à l'autorité supérieure. On lui avait donné, pour le compléter, un chef d'état-major très distingué, le général von Sperling, dont le rôle fut un peu effacé auprès d'un chef aussi absorbant que Steinmetz (1).

Le prince Frédéric-Charles, placé à la tête de la IIe armée, était considéré comme un général de grande valeur. « Il avait concentré toute son activité dans l'accomplissement de ses devoirs de soldat ; il s'était, par un travail personnel incessant, préparé aux fonctions qui lui incombèrent dans le cours de son existence et qu'il remplit si glorieusement (2). » Son chef d'état-major, le

(1) Verdy du Vernois, *loc. cit.*, p. 23.
(2) *Ibid.*, p. 20.

colonel Stiehle, « était connu de tous comme un officier d'état-major des plus éminents (1). »

Le prince royal Frédéric-Guillaume, commandant la IIIe armée, avait un chef d'état-major remarquable à tous égards, le général von Blumenthal, qui avait déjà été en 1866 son principal collaborateur et dont la devise, qu'on a souvent aussi attribuée à de Moltke, était : « D'abord peser, puis oser (2). »

Parmi les commandants de corps d'armée, il en est d'excellents, comme Alvensleben, Gœben, Bose, Kirchbach. A d'autres on a pris soin d'adjoindre des chefs d'état-major distingués. Tous ces hommes ont beaucoup moins fait la guerre que les généraux français; par contre, ils l'ont infiniment plus étudiée. Ils ont approfondi les campagnes de l'Empire que nous avons oubliées; ils ont dégagé les principes de la stratégie napoléonienne tombée en désuétude dans notre armée. Ils se sont constamment exercés à la conduite des troupes, soit aux grandes manœuvres, soit dans des voyages d'état-major, soit dans des exercices sur la carte. Ils se sont préparés à la guerre avec une activité incessante. Certains d'entre eux seront audacieux jusqu'à l'imprudence; aucun, pour ainsi dire, ne montrera cette pusillanimité que donne l'insuffisance technique. Ainsi, le

(1) Verdy du Vernois, *loc. cit.*, p. 20.
(2) *Ibid.*

grand État-major et le haut commandement allemands sont, à n'en pas douter, les deux principaux éléments de la supériorité de l'armée ennemie.

CHAPITRE IV

SARREBRUCK

Les perplexités de l'empereur. — Projet de reconnaissance offensive sur Sarrebrück. — Conférence de Forbach. — Instructions de Frossard. — Les doctrines en vigueur dans l'armée française. — Influence exagérée attribuée au terrain. — La guerre de positions. — Exécution défectueuse des marches. — Absence d'initiative. — Engagement de Sarrebrück. — L'offensive possible. — Ses conséquences probables. — Mission de Verdy du Vernois. — Ordres donnés à la IIIe armée.

Au moment de l'arrivée de l'empereur à Metz, deux courants d'opinion régnaient dans l'armée. Quelques généraux, sans se préoccuper des déficits de tout genre, se prononçaient pour une offensive immédiate que conseillaient à la fois, déclaraient-ils, « le caractère du soldat français et celui de la nation » et qu'attendaient, peut-être avec impatience, croyait-on, des puissances qui nous étaient très sympathiques, sinon prêtes à joindre leurs armées à la nôtre, si les premiers combats nous étaient favorables (1). La majorité jugeait au contraire qu'il y avait tout à gagner en temporisant, de façon à n'aborder l'adversaire

(1) Colonel D'ANDLAU, ~~loc. cit.~~, p. 14, 16.

que lorsqu'on aurait remédié à toutes les difficultés de l'organisation. Quant aux troupes, elles se montraient très désireuses de sortir de l'inaction et de marcher à l'ennemi (1).

Dans le pays, l'impatience commençait à se manifester. Elle se traduisait dans les articles des différents organes de la presse. Sous l'impression des promesses qui avaient été faites, on croyait partout qu'en huit jours nous devions réunir 500,000 hommes sur la frontière avec une avance considérable sur les Prussiens. On s'étonnait que de pareils avantages ne fussent pas mis à profit, et que le loisir fût laissé à l'ennemi de s'organiser, quand nous devions être prêts à l'attaquer (2).

Sous l'influence simultanée de ces considérations, l'empereur hésita entre diverses solutions — dont l'une fut l'attaque brusquée de Sarrelouis (3), — pour se déterminer enfin à rester sur la défensive, jusqu'au moment où les 230,000 hommes dont il disposait eussent reçu tout au moins le matériel qui leur était indispensable. Il espérait que quatre à cinq jours y suffiraient et que, pendant ce laps de temps, l'effectif de l'armée augmenterait par l'arrivée de 38,000 réservistes que lui annonçait le ministre de la

(1) Colonel D'ANDLAU, *loc. cit.*, p. 26.
(2) *Ibid.*
(3) Carnet de notes du général Coffinières de Nordeck (Archives de la guerre).

guerre (1). Il pensait que l'armée pourrait prendre l'offensive du 4 au 5 août.

Mais Napoléon III voulait aussi donner satisfaction à l'opinion publique inquiète et à une partie de l'armée mécontente de cette inaction prolongée. Il importait également de faire illusion à l'Autriche et à l'Italie, et de ne pas les laisser sous l'impression d'une mobilisation de durée plus longue que celle qu'on leur avait annoncée (2).

Tout en conservant donc, d'une manière générale, l'attitude défensive, l'empereur jugea utile d'entreprendre une opération dont le succès fût de nature à hâter et à favoriser l'issue des négociations diplomatiques entamées avec ces deux puissances. Or, le plan de l'archiduc Albert préconisait la prise de Sarrebrück le quinzième jour, et le *Mémoire militaire* du général Frossard prévoyait également cette opération.

Le 29 juillet, l'empereur se rendit à Saint-Avold pour conférer de ces projets avec le maréchal Bazaine et le général Frossard. Un mouvement offensif sur Sarrebrück fut décidé à l'issue de cet entretien (3). Il devait être précédé d'une

(1) Le ministre de la guerre au major général, 29 et 30 juillet (Archives de la guerre).

(2) DARIMON, *Notes sur la guerre de 1870*, p. 167.

(3) Le major général au général Frossard, Metz, 30 juillet, une heure matin (Archives de la guerre); l'empereur au général Frossard, Metz, 30 juillet *(Ibid.)*; le général Frossard au major général, Saint-Avold, 30 juillet *(Ibid.)*.

marche générale en avant vers la frontière, combinée avec une concentration des corps de gauche vers la voie ferrée de Metz à Forbach. De la sorte, dix divisions seraient groupées entre cette dernière localité et Bouzonville, peut-être d'après certaines dispositions du plan de l'archiduc Albert. Dans la soirée du 30 juillet, le major général expédie les ordres pour l'opération qui est fixée au 2 août et qui sera exécutée par le 2e corps (Frossard) appuyé : à droite par deux divisions du 5e (de Failly), marchant de Sarreguemines sur Sarrebrück par la rive droite de la Sarre en amont; à gauche par deux divisions du 3e (Bazaine), qui franchiront la rivière en aval de la ville (1). Le maréchal Bazaine aura la direction supérieure de toutes les troupes, bien que, depuis l'arrivée de l'empereur, il n'exerce plus le commandement provisoire de l'armée, et que l'autorité qu'on lui confie pour quelques heures soit mal définie et, dès lors, illusoire.

On ne pense pas d'ailleurs, au grand quartier général français, qu'un événement imprévu puisse venir contrecarrer l'opération projetée. On est convaincu que les préparatifs de l'ennemi sont loin d'être terminés; on espère encore porter la guerre sur son territoire quand l'organisation de l'armée sera suffisante. On ne pense pas que

(1) Ordres de l'empereur du 30 juillet (Archives de la guerre).

l'adversaire puisse prendre l'initiative des opérations.

« Ce sera une rude tâche de faire vivre 300,000 hommes en pays ennemi, dans une mauvaise année, écrit le major général, le 1er août, au ministre de la guerre... Ayez soin que l'artillerie forme promptement ses équipages de siège à Metz et à Strasbourg. Après le départ de l'armée, continuez à bonder Metz et Strasbourg, points capitaux de notre base d'opérations. Ne négligez pas Bitche qui peut devenir un point de ravitaillement secondaire mais important, si nous opérons dans la Bavière rhénane... En résumé, hâtons-nous, car les renseignements que je reçois indiquent chez l'ennemi des dispositions offensives, bien qu'il soit loin d'être prêt... De part et d'autre, on se prépare à une guerre sérieuse (1). »

* * *

Le 31 juillet, à 11 heures du matin, les généraux Lebrun, aide-major général; Frossard, commandant le 2e corps ; de Failly, le 5e ; Soleille et Coffinières, l'artillerie et le génie de l'armée, se réunirent en conférence à Forbach, sous la présidence du maréchal Bazaine, pour régler les détails de l'opération sur Sarrebrück.

(1) Archives de la guerre.

Le maréchal Bazaine exprima l'avis « qu'il ne fallait pas l'entreprendre sur une grande échelle, puisque nous n'étions pas complètement organisés pour en poursuivre les résultats favorables, et que c'était provoquer l'ennemi, qui se concentrait depuis une dizaine de jours, à prendre l'offensive sur nos corps disséminés (1). » Il préférait une « opération sérieuse sur Deux-Ponts ou sur Trèves, réunissant tous nos moyens afin de porter la guerre chez l'ennemi et après avoir enlevé Sarrelouis (2). » On lui objecta que « les places se masquaient et tombaient par suite des traités; qu'agir autrement serait faire la guerre comme du temps de Turenne (3) ».

La discussion dura longtemps et l'on finit par adopter un parti timide, ainsi qu'il arrive presque toujours dans ces sortes de conseils de guerre. On décida que l'on se bornerait à occuper les hauteurs de la rive gauche de la Sarre en face de Sarrebrück. La plus grande partie de la ville et la gare étant situées sur la rive droite, le résultat ne pouvait être que de faible importance. Néanmoins l'empereur approuva, le soir même, la décision prise (4).

(1) Maréchal Bazaine, *Épisodes de la guerre de 1870*, p. 12.

(2) *Ibid.*

(3) *Ibid.*

(4) Le major général au maréchal Bazaine, 31 juillet (Archives de la guerre).

Cependant les négociations se poursuivaient avec l'Autriche et l'Italie. Désireux d'éviter un échec qui les eût compromises, Napoléon III ajouta encore, aux unités mises à la disposition de Bazaine, deux divisions du 3e corps et une du 4e (1). L'effectif total était de beaucoup hors de proportion avec le mince résultat que l'on se proposait d'obtenir et avec la faiblesse numérique des forces adverses qui occupaient les positions de la rive gauche de la Sarre.

Bien que le maréchal Bazaine eût la direction supérieure de toutes les troupes appelées à participer à l'opération, il ne donna d'instructions ni au général Frossard, ni au général de Failly. Il ne fixa même pas l'heure à laquelle elle devait commencer ; il s'en rapporta à cet égard au commandant du 2e corps (2).

Celui-ci, dans son ordre d'opérations, entre dans les détails d'exécution les plus circonstanciés qui devaient être laissés à l'initiative de ses subordonnés. Tout y est réglé d'avance, comme s'il s'agissait d'un exercice du temps de paix, heure par heure, point par point, abstraction faite de la volonté adverse. Par contre, il n'y est fait mention ni d'un objectif bien déter-

(1) Note autographe du major général (Archives de la guerre).

(2) Le maréchal Bazaine au général Frossard, Saint-Avold, 1er août (Archives de la guerre); le général Frossard au maréchal Bazaine, Forbach, 1er août *(Ibid.)*.

miné, ni de l'ennemi dont on connaît une partie des emplacements, ni du rôle des troupes voisines, ni enfin de la mission attribuée à la division de cavalerie du corps d'armée. Pourtant, l'empereur et le général Frossard sont convaincus que l'on aura affaire à des forces considérables et que le combat sera sérieux (1).

Le secret indispensable au succès de l'opération n'est même pas gardé, ainsi que le prouve ce récit d'un témoin oculaire :

« Dans l'après-midi du 1er août, vers 3 heures, le général Frossard vient visiter la brigade Fauvart-Bastoul. Après avoir traversé le camp du 66e, il s'arrête quelques minutes dans le verger qui touche, de ce côté, aux premières maisons de Spicheren. Voyant plusieurs officiers et soldats le suivre respectueusement à distance, il les réunit autour de lui et leur adresse quelques paroles de satisfaction et d'encouragement.

« Bientôt, ajoute-t-il, en montrant du doigt « la direction de Sarrebrück, dès demain peut-« être, nous allons franchir la frontière ; je sais « quelle est votre impatience à cet égard... » Une acclamation générale couvre ces derniers mots et le général repart pour Forbach.

« En rompant le cercle qui s'était rapidement formé autour de nous, Le Flô me fait remarquer

(1) Général Frossard, *Rapport sur les opérations du 2e corps de l'armée du Rhin*, p. 16.

qu'aux soldats qui nous entourent se sont mêlés un certain nombre d'habitants. « J'aurais préféré, « me dit-il, à voix basse, que le général n'an-« nonçât pas ainsi en public notre prochaine « marche en avant; l'ennemi l'apprendra tou-« jours assez tôt (1). »

Les instructions données par le maréchal Bazaine et le général de Failly aux troupes placées sous leur commandement direct contiennent les mêmes défectuosités que celles du général Frossard. Les unes et les autres révèlent, en outre, dans l'esprit du haut commandement français, une conception erronée de la guerre, conception qu'il importe de bien faire ressortir parce qu'elle a exercé une influence considérable et néfaste sur les opérations de la première période de la campagne.

Dans toutes les guerres précédentes, nos troupes s'étaient fait remarquer par de précieuses qualités offensives, qui étaient comme leur caractéristique. « Soldats, disait Napoléon III au début de la campagne d'Italie, je ne crains que votre trop grande ardeur ». « On n'a jamais réussi à être supérieur aux Français sur le terrain de la *virtuosité* », écrivait de Moltke un an plus tard (2).

(1) Général DEVAUREIX, *Souvenirs inédits et observations sur la campagne de 1870* (Archives de la guerre).

(2) *Moltkes taktisch-strategische Aufsätze aus den Jahren 1857-1871.*

L'adoption, en 1866, du fusil Chassepot, à tir relativement rapide, vint modifier ces heureuses tendances. Les doctrines officielles, au lieu de modifier nos procédés tactiques, de rendre nos formations moins vulnérables en présence d'une infanterie adverse munie du fusil à aiguille, attribuèrent au feu une suprématie presque sans réserve sur le mouvement, et préconisèrent bientôt la supériorité de la défensive sur l'offensive. Le règlement disait formellement : « Aujourd'hui, avec les armes nouvelles, l'avantage appartient à la défensive. »

« A la suite des conférences régimentaires, instituées en 1868 par le maréchal Niel, dit le général Devaureix....., il était de bon ton, dans certaines sphères du commandement, de ne plus envisager la tactique que comme une branche de la fortification, comme l'art de s'abriter, le plus longtemps possible, des feux meurtriers du fusil à tir rapide. D'après cette nouvelle école, la victoire devait appartenir au général qui saurait le mieux ménager ses troupes par l'emploi des tranchées-abris (1). » On fit ainsi « des applications du règlement peu en harmonie avec les aptitudes spéciales à notre race, bien plus portée à une offensive hardie qu'à une défensive inerte, et par là on devait para-

(1) Général Devaureix, *Souvenirs inédits*.

lyser l'entrain et l'initiative de nos soldats (1). »

Coïncidence pénible, tandis que nous abandonnions ainsi notre tactique traditionnelle, le prince Frédéric-Charles, la recommandait aux troupes allemandes comme le meilleur moyen de nous vaincre.

Il n'y a pas lieu d'être surpris de ces idées. Elles se sont renouvelées à chaque perfectionnement des armes de guerre, et chaque fois l'histoire les a démontrées fausses.

Mais leur influence, dépassant le domaine de la tactique du champ de bataille, s'était étendue à la conduite même des grandes opérations de la guerre. De ce que les feux avaient acquis au combat « une action prépondérante », on déduisit qu'il y avait lieu de rechercher les positions les plus propices à leur emploi, de façon à se placer dans les conditions les plus favorables. De ce fait, le terrain devint l'élément prédominant; on oublia le rôle capital du mouvement, de la manœuvre, qui a toujours raison d'un ennemi inerte. On ramena « l'art de la guerre à l'occupation de bonnes positions défensives (2) ». La tactique se réduisit bientôt à l'étude des *positions*, puis, insensiblement, on en vint à perdre la notion

(1) Général MONTAUDON, *loc. cit.*, p. 30.

(2) Lieutenant-colonel PATRY, *la Guerre telle qu'elle est*, p. 47. Cf. général THOUMAS, *les Transformations de l'armée française*, t. II, p. 638.

même des forces à y mettre en action; on attribua au sol une valeur propre et l'on concéda à des points géographiques des vertus intrinsèques dont la principale consistait dans le relief. On reprit ainsi, inconsciemment peut-être, les doctrines du dix-huitième siècle, vulgarisées par Lloyd, et que les adversaires de Napoléon avaient appliquées, de 1792 à 1813, avec un insuccès constant. Les expressions vides « d'excellentes positions militaires », de « clefs de pays », de « points stratégiques », de « contrées dominantes » revinrent en faveur et, avec elles, une conception de la guerre dite « méthodique », telle qu'on la pratiquait avant Frédéric II.

A cette époque, on basait tout un plan de campagne sur le relief et, comme le dit ironiquement Clausewitz, on eût volontiers placé une armée sur le Saint-Gothard parce qu'on y commandait à la fois l'Italie, la Suisse et le bassin du Rhône.

Presque tous les généraux français de 1870 étaient plus ou moins imbus de ces doctrines erronées (1); un des meilleurs divisionnaires de l'armée du Rhin, le général Ducrot lui-même,

(1) V. maréchal Bazaine, *Épisodes de la guerre de 1870*, introduction, p. III, IV, XXIX, et 18, 34, 314; lettre du maréchal de Mac-Mahon au général de Failly, du 6 août 1870 (Archives de la guerre); général Frossard, *Mémoire militaire rédigé en 1867 en vue d'une guerre avec l'Allemagne*; général de Failly, *Marches et opérations du 5e corps de l'armée du Rhin, passim*; général de Palikao, *Un ministère de la guerre de vingt-quatre jours, passim*; général de Wimpffen, *Sedan, passim*.

malgré sa vive clairvoyance et ses qualités militaires éminentes, n'y avait pas échappé.

« Ce qu'il faut, écrit-il au général Frossard le 19 septembre 1867, c'est être toujours en mesure de prendre une vigoureuse et rapide offensive sur la rive droite du Rhin, ayant pour premier objectif la magnifique position d'Heidelberg, qui deviendrait le pivot de toutes nos opérations ultérieures... Plus j'étudie cette position de Seltz, plus je suis convaincu de sa haute importance... Une armée passant le Rhin entre Strasbourg et Seltz, peut occuper, le même jour, l'excellente position de Bruchsal... (1) ».

Ainsi, ce n'est point pour marcher au-devant de l'armée ennemie que Ducrot veut franchir le Rhin, c'est pour atteindre un objectif géographique ; pour s'emparer de « positions » que l'adversaire n'occupe pas, qu'il n'attaquera pas, et auxquelles on attribue une importance que rien ne justifie. Combien plus fécond était le principe de Napoléon, repris par le maréchal de Moltke : « Rechercher la principale armée ennemie et la combattre (2) ! »

Les effets de ces théories surannées ne tarderont pas à se manifester ; une étude approfondie de la première partie de la guerre les fait constater, pour ainsi dire, à chaque pas. A l'armée

(1) *Vie militaire du général Ducrot*, t. II, p. 181.
(2) Voir *suprà*, p. 76.

du Rhin, « coucher sur ses positions » sera considéré comme l'égal du succès. Nous nous immobiliserons en plastrons inertes sur de « belles positions », le 6 août à Frœschwiller et à Forbach; le 16 août à Rezonville; le 18 août à Saint-Privat; le 1er septembre à Sedan, tandis que l'ennemi manœuvrera et combinera, avec l'attaque de front, un mouvement de flanc qui lui assurera le succès.

*
* *

Si nous avons oublié les véritables principes de la guerre, nous ne savons plus davantage faire mouvoir de grandes unités. Il y en a des exemples à chaque page, pour ainsi dire, de cette malheureuse campagne. Pour n'en citer qu'un seul, le mouvement de la Garde, le 4 août, s'effectua dans des conditions déplorables. « A 5 heures du matin, dit le général de France commandant la 2e brigade de la division de çavalerie, on fut prêt, les chevaux sellés et bridés et cependant on ne se mit en marche qu'à 3 heures de l'après-midi (1) ». Il fallut, à la brigade du Fretay, neuf heures pour parcourir cinq lieues, « tant la route était encombrée (2) », et elle n'arriva au bivouac que pendant la nuit (3).

(1) Résumé inédit de la campagne (Archives de la guerre).
(2) Journal de marche de la brigade *(Ibid.)*.
(3) Journal de marche de la division de cavalerie de la Garde *(Ibid.)*.

L'empereur écrivit, à ce sujet, au général Bourbaki une lettre autographe destinée à mettre un terme à ces regrettables errements : « Général, il m'est revenu que le départ de la Garde, aujourd'hui, s'est fait sans calculer le temps que la queue de colonne doit attendre pour se mettre en route. Il en est résulté que des hommes, qui étaient montés à cheval dès le matin, étaient encore le soir à une petite distance de Metz, sans que les hommes et les chevaux aient pu boire et manger. N'oubliez pas que l'heure de départ ne doit pas être la même pour toutes les fractions d'une colonne. Rien ne fatigue et ne décourage plus les troupes que de rester plusieurs heures sur pied, immobiles, au lieu du rendez-vous, surtout lorsque, les ayant réunies inutilement trop tôt, on les a privées du moyen de manger la soupe avant le départ.

« Vous veillerez à ce que ceci ne se renouvelle plus (1). »

Ces circonstances défectueuses dans l'exécution des marches se reproduisaient fréquemment. Pour de faibles distances parcourues, la fatigue est considérable, par suite des heures de départ tardives en plein été, des croisements de colonnes, des à-coups répétés, des longues attentes d'unités qui ont pris les armes trop tôt, de la lourde

(1) Archives de la guerre.

charge du soldat, de la préoccupation de ne quitter un débouché de la frontière qu'après l'arrivée d'une autre troupe chargée de le garder.

On campe en masse comme en Algérie, comme au Mexique, à l'issue de la marche, au lieu de cantonner en profondeur dans les localités, le long de la route, comme sous le premier Empire. D'où la nécessité de faire serrer le soir tous les éléments sur la tête de colonne et l'obligation, pour les dernières fractions, de ne se mettre en route que tardivement, le lendemain, quand toutes les unités précédentes se seront écoulées. De là, aussi, l'impossibilité d'exécuter des étapes d'une certaine longueur.

Une autre cause interviendra puissamment aussi pour paralyser les mouvements de l'armée du Rhin, dans les circonstances critiques : une centralisation excessive, entraînant avec elle l'absence presque totale d'initiative chez les sous-ordres (1). C'est peut-être le seul héritage qu'aient laissé intact les armées du premier Empire. En temps de paix, les questions les plus simples viennent aboutir au ministère, et les inconvénients de ce système ont eu une grave répercussion sur la mobilisation (2). En campagne, on

(1) *Journal d'un officier de l'armée du Rhin*, p. 27. Cf. lieutenant-colonel Patry, *loc. cit.*, p. 61 ; général Trochu, *Œuvres posthumes*, t. II, p. 125.

(2) Voir *suprà*, p. 41 et suiv.

attendra pour agir, du haut en bas de l'échelle hiérarchique, que l'impulsion soit donnée par le général en chef; la subordination aveugle, l'obéissance passive absolue et inintelligente deviendront des dogmes intangibles, et les conséquences de cette inertie seront déplorables en présence d'un adversaire actif, ardent, chez lequel l'initiative, la solidarité et le courage des responsabilités sont érigés en principe.

« Dans l'armée allemande, dit très justement le général russe de Woyde, les projets et les résolutions du commandement suprême ne furent pas seulement mis simplement à exécution par les chefs en sous-ordre, mais ils furent encore développés. Dans cette armée, il se manifesta une activité qui, parfois, produisit des résultats favorables auxquels les Allemands étaient tout à fait loin de s'attendre. Les chefs en sous-ordre surent également réparer les fautes qui furent assez souvent commises par le commandement supérieur.

« Dans l'armée française, il régnait une centralisation élevée à la hauteur d'un système, centralisation qui écrasait tout et cherchait à réserver au commandement supérieur le droit de prendre, toujours et partout, toutes les dispositions nécessaires. Il en résulta que souvent le commandement supérieur ne prit pas ses mesures en temps opportun, et laissa alors, d'une part, sans instructions, les chefs en sous-ordre, tandis que, d'autre part, il refusa de leur attribuer le droit de prendre l'initiative.

« Du côté des Allemands, l'activité des chefs en sous-ordre joua le rôle d'un *multiplicateur* qui augmenta la force de traction du commandement supérieur et, au contraire, l'activité ou plutôt l'inaction des chefs français joua le rôle d'un *diviseur* qui affaiblit les efforts, d'ailleurs insignifiants, que fit leur commandement supérieur (1). »

Les événements allaient bientôt mettre en présence les deux systèmes, faire éclater la supériorité des procédés de guerre des Allemands et révéler en même temps, avec toute leur gravité, les doctrines erronées qui régnaient dans l'armée française en matière de direction, de stratégie et de tactique.

*
* *

Le 2 août au matin, trois compagnies prussiennes seulement, et deux escadrons, étaient répartis entre Sarrebrück et les hauteurs qui dominent la ville immédiatement au sud. Après une résistance des plus honorables aux forces extrêmement supérieures de la division Bataille, soutenues en seconde ligne par le reste du corps du général Frossard, l'ennemi se replia sur la

(1) Général DE WOYDE, *Causes des succès et des revers dans la guerre de 1870*, t. II, chap. IX.

rive droite de la Sarre, tandis que nos troupes s'établissaient sur les positions si aisément conquises. L'action, commencée vers dix heures du matin, était terminée à midi, sans qu'on pénétrât dans Sarrebrück. Bien plus, on ne prit aucune mesure pour s'assurer de la possession des ponts; on ne fit aucune tentative pour couper les voies ferrées et le télégraphe; on ne fit même pas fouiller la ville par quelques patrouilles. Le général commandant l'artillerie du 2e corps d'armée donne, de cette attitude, une explication singulière : « La possibilité que les trois ponts eussent été à l'avance minés par les Prussiens (1). »

L'empereur, persuadé que la lutte serait plus sérieuse, avait tenu à assister au combat. Il fut très surpris de n'avoir rencontré qu'une si faible résistance et de n'avoir aperçu, sur la rive droite de la Sarre, que des détachements ennemis de peu d'importance. Des officiers qui n'avaient pas été témoins des faits et qui n'en savaient autre chose, sinon que nous avions chassé les Prussiens de leur position, s'empressèrent de télégraphier à Paris, à l'insu de l'empereur, que nous venions de remporter une victoire éclatante. Le *Journal officiel* du 3 août relata cette affaire insignifiante en termes fort exagérés.

Le souverain fut très étonné de ne pas trouver

(1) Rapport du général commandant l'artillerie du 2e corps (Archives de la guerre).

le maréchal Bazaine sur le théâtre de l'action. Il demanda de ses nouvelles, et l'on ne put que lui apprendre vaguement qu'il avait quitté Forbach dans la matinée pour se diriger, avec quelques troupes, à travers bois, vers un village situé à quelques kilomètres en aval de Sarrebrück. Le général Lebrun partit aussitôt à sa recherche, mais revint sans avoir pu le trouver.

L'absence du maréchal Bazaine, qui avait la direction supérieure de toutes les forces engagées, fut diversement interprétée dans l'armée. Les uns l'attribuèrent à un sentiment d'hostilité envers le général Frossard ; d'autres à la présence de l'empereur et du major général qui annulait en fait le commandement qui lui avait été confié ; d'autres enfin déclarèrent qu'il avait tenu à s'assurer en personne que les Prussiens ne débouchaient pas de Sarrelouis (1). C'est cette dernière version qu'a donnée le maréchal après la guerre, en affirmant d'ailleurs qu'il ignorait l'intention du souverain (2).

Quoi qu'il en soit, suivant une observation d'un écrivain militaire allemand, le combat de Sarrebrück avait « essentiellement amélioré la situation des corps français. En dehors de ce fait que la ville même ne pouvait plus, dès lors, être

(1) Général Lebrun, *loc. cit.*, p. 224.
(2) Maréchal Bazaine, *Épisodes de la guerre de 1870*, p. 16 et 17.

maintenue par les troupes prussiennes, on avait désormais, de ce côté, des vues sur la Sarre et surtout on possédait une position qui, suffisamment occupée, défiait toute attaque de front (1) ».

Si l'on voulait rester sur la défensive, l'occupation de cette position par un corps d'avant-garde, le 2e, empêchait l'ennemi de masser à l'improviste ses forces dans la vallée de la Sarre pour en forcer le passage, et l'obligeait à manifester ses intentions. Cette avant-garde, après avoir reconnu les projets de l'adversaire, provoqué son déploiement et gagné du temps, pouvait rompre le combat et commencer sa retraite sans être sensiblement inquiétée.

Il y avait mieux à faire encore. Des renseignements qui lui étaient parvenus dans les journées précédentes (2), le grand quartier général français pouvait, semble-t-il, tirer les conclusions suivantes :

1° Les forces allemandes paraissent constituer trois masses : la première dans la région Laudau, Maxau, Germersheim ; la deuxième entre Mayence, Kreuznach, Mannheim ; la troisième sur la Sarre entre Conz, Merzig, Sarrelouis, Sarrebrück, Saint-Ingbert.

2° Des colonnes importantes de toutes armes

(1) Verdy du Vernois, *Études de guerre*, 3e fascicule, p. 305.

(2) Bulletins de renseignements du grand quartier général des 30, 31 juillet et 1er août (Archives de la guerre).

venant du nord-est sont en marche vers les défilés du Haardt et au delà vers la Sarre.

3° La troisième masse, qui se trouve entre Conz et Saint-Ingbert sur un front de 70 kilomètres environ, ne peut être soutenue à bref délai ni par la première, ni par la seconde.

4° Quand bien même elle aurait un effectif considérable, sa dissémination la met en fâcheuse posture vis-à-vis d'un adversaire concentré à l'une des extrémités de son front. Tel est le cas de l'armée française dont quatre corps d'armée peuvent converger aux environs de Sarrebrück en un jour.

Tout devait donc déterminer le grand quartier général français à prendre l'offensive le 2 août au matin avec les 2e, 3e, 4e, 5e corps débouchant sur deux lignes par Sarreguemines, Sarrebrück, Völklingen ; la Garde restant en observation momentanée devant Sarrelouis, par où l'on redoutait une irruption des Allemands sur notre territoire.

Que se serait-il passé? A la première nouvelle du combat de Sarrebrück, Steinmetz, qui devait s'arrêter sur la ligne Wadern-Losheim décida de se porter en avant et de reprendre le contact de l'adversaire « afin de faciliter le déploiement de la IIe armée sur la Sarre (1) » . Un de ses corps, le VIIIe, s'établit le 3 août au soir, à 12 kilo-

(1) *Historique du grand État-major prussien*, t. II, p. 147.

mètres seulement de Sarrebrück (1). Si nous avions franchi la Sarre le 2, il se serait heurté à nos têtes de colonnes et, en raison des dispositions impatientes de Steinmetz, une affaire générale se serait engagée le 3 ou le 4 contre la Ire armée. Steinmetz pensait en effet qu'il fallait détourner les coups que l'aversaire pourrait vouloir porter à la IIe armée encore engagée dans les défilés du Haardt, et, pour cela, « attaquer vigoureusement (2). » L'armée française, très supérieure en nombre, eût très vraisemblablement remporté un beau succès. Le maréchal de Moltke l'a reconnu en ces termes : « La Ire armée eût éprouvé une défaite (3) ». Les avant-gardes de la IIe armée eussent été hors d'état, d'ailleurs, de soutenir et même de recueillir la Ire (4).

Notre offensive au delà de la Sarre aurait eu encore un autre résultat : l'arrêt des têtes de colonnes de la IIe armée. « Si l'adversaire prenait l'offensive de suite, écrit von der Goltz, le plan n'était pas d'aller à sa rencontre, mais de concentrer tous les corps de la IIe armée à l'est des montagnes pour accepter la bataille (5). » Dans

(1) *Historique du grand État-major prussien*, t. II, p. 145.

(2) Steinmetz à Moltke, Hellenhausen, 6 août (*Correspondance du maréchal de Moltke*, p. 252-253.)

(3) *Ibid.*, Note marginale.

(4) Les avant-gardes de la IIe armée atteignaient le 3 août Konken et Mühlbach.

(5) *Die Operationen der zweiten Armee*, p. 12.

la soirée du 2 août, le grand quartier général allemand, qui ignorait encore les événements de Sarrebrück, adressa en effet à Frédéric-Charles des instructions dans ce sens (1). Le commandant de la IIe armée, informé plus tôt de l'issue du combat, manda à de Moltke que, « dans le cas où les nouvelles de l'offensive de l'ennemi se confirmeraient, il avait l'intention de réunir la IIe armée en deçà des montagnes (2). » Dans la matinée du 3 août, il prévenait le prince royal que, dans cette éventualité, « la IIe armée replierait lentement toutes ses troupes, déjà engagées dans le Haardt, et viendrait s'établir dans une position choisie à Kirchheimbolanden (3). »

Défaite de la Ire armée, arrêt et attitude passive de la IIe, telles eussent été les conséquences de notre offensive au delà de la Sarre.

Ces mécomptes n'eussent pas été imputables à la seule impatience de Steinmetz. Moltke avait négligé de lui donner des instructions précises sur le rôle de son armée (4) et, en la poussant au sud, en l'absence d'une couverture suffisante, on l'incitait à détourner sur elle l'irruption imprévue de l'adversaire. Peut-être Moltke ne fut-il pas très fixé lui-même sur ce qu'il comptait

(1) *Historique du grand État-major prussien*, t. II, p. 158.
(2) *Ibid.*, p. 159.
(3) *Ibid.*, p. 171.
(4) Cardinal von Widdern, *Die Führung der I und II Armee*, p. 116, 145.

faire de Steinmetz. En tout cas, cette omission fut des plus regrettables, surtout à l'égard d'un subordonné dont l'impétuosité était bien connue et dont le désir ardent était de remporter les premiers succès.

*
* *

Au grand quartier général allemand, à Mayence, on ignora jusqu'au 3 août, dans l'après-midi, les événements de Sarrebrück (1). Déjà, le 30 juillet, pour arrêter indirectement une offensive française éventuelle, Moltke avait prescrit au prince royal de s'avancer vers le sud, en Alsace, avec la IIIe armée, « pour chercher l'ennemi et l'attaquer (2) ». Le prince royal répondit dans la matinée du 31 que la IIIe armée ne pouvait encore prendre l'offensive, parce que certains de ses éléments n'étaient pas prêts (3). Moltke insista et demanda au prince royal, le même jour, l'époque à laquelle il jugeait que « la IIIe armée serait prête à entrer en opéra-

(1) « Que s'est-il passé hier à Sarrebrück? Ici nous n'avons que des bruits vagues, mais point de rapport officiel. » (Télégrammes du 3 août, à midi, de Moltke au commandant de la place de Sarrelouis et au commandant du VIIIe corps, *Correspondance militaire du maréchal de Moltke*, n° 98.)

(2) *Historique du grand État-major prussien*, t. I, p. 102.

(3) *Tagebücher Blumenthal*, p. 70.

tions (1). » Le général de Blumenthal indiqua le 3 août (2).

Cette réponse ne parut pas satisfaisante à Moltke. Il se demanda si la IIIe armée prendrait l'offensive le 3 août ou plus tard, et voulut envoyer un télégramme au Prince royal, afin de lui prescrire de commencer les opérations à cette date. Il y renonça toutefois, sur les instances du colonel Verdy du Vernois, qui fit observer qu'un ordre formel de ce genre froisserait sans doute le Prince royal et le général de Blumenthal. Il fut décidé finalement qu'une démarche serait faite auprès d'eux par le colonel Verdy du Vernois dès son arrivée à Mayence (3).

Cet officier supérieur se présenta au quartier général du Prince royal, à Spire, dans la soirée du 2 août, et fit connaître que « l'avis du grand quartier général était que l'armée de gauche se mît en marche sans plus tarder (4) ».

Le général de Blumenthal se montra peu satisfait de Moltke : « Je ne pus dissimuler à Verdy, écrit-il, que je tenais comme très défectueuse la direction supérieure des opérations, en particulier en ce qui concernait la IIIe armée, à qui

(1) *Correspondance militaire du maréchal de Moltke*, t. I, n° 83.
(2) *Tagebücher Blumenthal*, p. 70.
(3) Verdy du Vernois, *Im grossen Hauptquartier*, p. 50-54.
(4) *Historique du grand État-major prussien*, t. II, p. 171.

l'on n'avait rien dit de ce qu'elle avait à faire actuellement. On ne nous a donné aucune mission. Pour nous en tracer une nous-mêmes, tout en agissant dans le sens des vues du commandement suprême, il nous manque la connaissance de la situation politique et militaire, et des nouvelles précises des autres armées (1). »

Le plan d'ensemble de Moltke, que Blumenthal semble avoir ignoré, était de maintenir dans l'expectative au nord de la Sarre les Ire et IIe armées, jusqu'à ce que les progrès de la IIIe en Alsace lui permissent d'intervenir efficacement. A ce moment, les Ire et IIe armées aborderaient l'armée française de Lorraine de front, et la IIIe l'attaquerait sur son flanc droit en débouchant des Vosges, le 9 août, en amont de Sarreguemines (2).

Déjà, en vue d'une marche en avant prochaine, les corps de la IIIe armée avaient quitté leurs cantonnements pour s'établir au bivouac sur deux lignes : à Bergzabern (*4e* division bavaroise), Billigheim (V^e corps), Rohrbach (XIe corps), Pfortz et Knielingen (corps badois et würtembergeois) ; Walsheim (IIe corps bavarois, moins la *4e* division), Lingenfeld et Westheim (Ier corps bavarois). Ces mouvements ne furent complètement

(1) *Tagebücher Blumenthal*, p. 71.

(2) *Historique du grand État-major prussien*, 2e livraison, p. 164. — Cf. Von der Goltz, *loc. cit.*, p. 31.

exécutés que dans la matinée du 3 août (1).

A l'issue de son entrevue avec le colonel Verdy du Vernois, le Prince royal résolut de commencer les opérations le 4 août au matin. L'ordre de mouvement donné aux troupes le 3, à 4 heures de l'après-midi, débutait en ces termes : « Mon intention est de porter demain matin l'armée jusque sur la Lauter et de franchir cette rivière avec les troupes avancées. A cet effet, on traversera le Bienwald par quatre voies différentes. L'ennemi devra être refoulé partout où on le trouvera (2). » Les dispositions qui suivaient réglaient la marche, la direction et l'objectif de chaque colonne.

Une masse de 128 bataillons, 102 escadrons, 80 batteries, allait se déverser sur l'Alsace (3).

(1) *Historique du grand État-major prussien*, t. II, p. 172; VON HAHNKE, *Opérations de la IIIe armée*, p. 3.

(2) *Historique du grand État-major prussien*, t. II, p. 173.

(3) *Ibid.*, p. 172.

DEUXIÈME PARTIE

WISSEMBOURG

CHAPITRE PREMIER

MAC-MAHON A STRASBOURG

Entrevues de Mac-Mahon avec l'empereur et Le Bœuf. — Projet de Ducrot. — Déception de Mac-Mahon. — Les déficits des troupes du 1er corps. — Les places d'Alsace. — Mission assignée à Mac-Mahon. — Ses intentions pour la remplir. — Le 7e corps à Belfort et Colmar. — Son envoi en basse Alsace.

Le maréchal de Mac-Mahon, appelé d'Alger au commandement du 1er corps de l'armée du Rhin, arrivait à Strasbourg le 23 juillet et y établissait son quartier général.

L'empereur et le maréchal Le Bœuf, qu'il avait vus le 21 à son passage à Paris, lui avaient paru pleins de confiance. Le souverain affirmait que la campagne qui allait s'ouvrir ne serait pour le duc de Magenta « qu'une petite distraction (1) » ;

(1) Maréchal DE MAC-MAHON, *Souvenirs inédits*.

qu'il continuerait à être gouverneur de l'Algérie et ne serait remplacé que temporairement dans ces fonctions (1). Le ministre déclarait fort exagérés les rapports du colonel Stoffel et du général Ducrot (2), « qui représentaient, l'un et l'autre, l'armée allemande avec un effectif bien supérieur à celui que nous pouvions lui opposer (3). » L'empereur et le maréchal Le Bœuf ne doutaient pas d'ailleurs du succès de l'armée française, « quand même elle serait inférieure en nombre. »

« L'empereur était très calme, ajoute le maréchal, et me parla pendant quelques instants seulement plutôt de l'Algérie que de la guerre qui allait commencer. Je le quittai, étonné de la discrétion dont il usait envers moi. Je craignais que, pour une opération aussi importante, il n'eût pas un plan bien arrêté. Aussi me décidai-je à aller le retrouver le lendemain, avant mon départ.

« Dans la conversation que j'eus alors avec lui, il me fit connaître qu'il avait l'intention de franchir le Rhin au-dessous de Strasbourg, de manière à séparer le sud et le nord de l'Allemagne. Trois corps d'armée et la Garde devaient se concentrer

(1) « Je ne sais, dit le maréchal, si l'empereur éprouvait réellement ce sentiment de confiance; quant à moi, je pris mes dispositions comme si je ne devais point revenir en Algérie. » *(Souvenirs inédits.)*

(2) Maréchal de Mac-Mahon, *Souvenirs inédits.*

(3) *Ibid.*

à Metz, deux corps à Strasbourg et deux autres rester en réserve à Châlons. Il m'invita à examiner le point qui me semblerait le plus convenable pour traverser le Rhin, entre Strasbourg et Wissembourg... L'empereur ne paraissait pas douter que, dès le début, l'armée française ne culbutât les Allemands (1). »

Dès l'arrivée du maréchal à Strasbourg, le général Ducrot, qui y avait exercé le commandement provisoire, lui proposa d'établir une ou deux têtes de ponts sur la rive droite du Rhin. Il indiquait à cet effet Kehl d'abord, où l'on improviserait des ouvrages de défense « d'après un plan soigneusement étudié depuis longtemps par notre génie militaire » ; puis Vieux-Brisach. Le maréchal repoussa ces propositions en faisant observer très justement « qu'il n'avait pas d'ordre de l'empereur dans ce sens et que, d'ailleurs, il n'avait pas assez de troupes pour tenter une pareille entreprise (2) ». Elle eût été contraire aux instructions du major général, en date du 21 juillet, recommandant la défensive jusqu'à ce que l'armée se fût « complètement constituée (3). »

(1) Maréchal DE MAC-MAHON, *Souvenirs inédits.*

(2) Note de la main du général Ducrot (Archives de la guerre).

(3) Le major général au maréchal Bazaine, D. t. ch., Paris, 21 juillet (Archives de la guerre).

*
* *

Gagné par l'optimisme de l'empereur et du major général, le maréchal de Mac-Mahon ne tarda pas à éprouver de cruelles déceptions (1). A son arrivée à Strasbourg, il ne disposait encore que des garnisons habituelles des places d'Alsace; dans la soirée du 23, les premières troupes, venant d'Afrique, commençaient à débarquer à Strasbourg (2).

Les régiments ne comportent d'ailleurs que leurs effectifs du temps de paix. Les détachements de réservistes, qui doivent les compléter, ne rejoignent qu'avec lenteur; encore sont-ils souvent dépourvus d'effets de campement, de tentes, de cartouches même (3). Leur instruction laisse à désirer, il en est qui « n'ont jamais vu un chassepot (4) ».

On manque de voitures régimentaires, de ceintures de flanelle, d'aiguilles, d'obturateurs de rechange; les magasins sont hors d'état de combler ces déficits. Les fours de campagne, le matériel d'ambulance font également défaut. Point de chevaux pour atteler les colonnes de

(1) Maréchal DE MAC-MAHON, *Souvenirs inédits*.

(2) Notes dictées par le maréchal de Mac-Mahon, à Wiesbaden, en janvier 1871 (Archives de la guerre).

(3) Journal du général Soleille (Archives de la guerre).

(4) *Journal inédit* du comte DE LEUSSE, maire de Reichshoffen; Journal de marche de la brigade L'Hériller *(Ibid)*.

munitions, l'équipage de pont, les convois (1).

Les intendants ne sont pas encore sur les lieux; le personnel administratif est insuffisant; le service des subsistances aussi improvisé que le reste (2). On ne sait pas utiliser les ressources, pourtant très abondantes, du pays, malgré la bonne volonté et le patriotisme des populations. A Strasbourg, l'intendance en est encore à signer des marchés inapplicables pour le riz, le sucre, le café et le vin. Aucune mesure n'a été prise pour assurer la fourniture de la viande (3).

« Une des brigades (de la division Ducrot) revenait d'Afrique par les voies rapides, si rapides que certains hommes n'avaient pas mangé la soupe ni pris rien de chaud depuis Oran... Il y avait des régiments qui n'avaient pas leurs couvertures de campagne; les zouaves étaient venus avec les mulets de cacolet pour les cantines d'officiers; on les leur enleva et ils durent, quarante-huit heures avant de marcher à l'ennemi, acheter dans le pays des chevaux et voitures pour porter les bagages réglementaires et réguliers.

« Certains corps n'avaient pas d'aiguilles de rechange pour leurs fusils; à d'autres, il manquait le caoutchouc-obturateur de rechange. Les

(1) Le maréchal de Mac-Mahon au ministre de la guerre, Strasbourg, 29 juillet (Archives de la guerre).

(2) Notes dictées à Wiesbaden *(Ibid.)*.

(3) *Vie militaire du général Ducrot*, t. I, p. 339.

réserves n'étaient pas arrivées complètement et celles qui étaient là n'avaient jamais vu un chassepot quatre jours avant d'aller au feu.

« Les deux batteries, celle des mitrailleuses et une ou deux de réserve qui se trouvaient là, n'avaient pas un seul vétérinaire et personne pour leur donner du fourrage.

« Personne ne savait se servir des mitrailleuses, sauf un sous-officier. On tira quelques coups à blanc l'avant-veille du départ, pour voir comment se manœuvraient ces machines-là.

« Je n'en finirais pas si je voulais dire tout ce que j'ai vu et étudié pendant les premiers jours. Je commençai à être inquiet et je demandai au général Ducrot si les autres divisions étaient dans le même état. « C'est encore pire, » me répondit-il (1). »

Très rarement, les généraux ont eu sous leurs ordres en temps de paix les troupes dont ils ont le commandement. Ils ne les connaissent pas et ne sont pas connus d'elles. Parfois même, ils ignorent leur emplacement sur la frontière, tel le général Michel qui télégraphie au ministre : « Suis arrivé à Belfort; pas trouvé ma brigade, pas trouvé général de division. Que dois-je faire? Sais pas où sont mes régiments (2). »

(1) *Journal inédit* du comte DE LEUSSE.

(2) *Papiers et correspondance de la famille impériale*, t. I, p. 425.

L'organisation des divisions, des états-majors, des services, la mobilisation, la concentration se poursuivent dans ces conditions déplorables et s'enchevêtrent au milieu de décisions hâtives et fébriles, d'ordres, de contre-ordres, de complications de toute nature (1).

Le service des renseignements n'existe pas; il faut le créer de toutes pièces (2) ; mais le capitaine Jung, qui en est chargé au 1er corps, ne tardera pas à obtenir d'excellents résultats. L'état-major général n'a fourni au maréchal de Mac-Mahon aucune donnée sur les effectifs et sur l'organisation de l'armée allemande. Les officiers, les généraux même, n'ont pas de cartes de l'Alsace; par contre, le ministre en a envoyé un très grand nombre de la rive droite du Rhin, « comprenant même la Pologne (3). »

Les places fortes sont hors d'état de soutenir un siège. Les fortifications de Strasbourg sont à peu près telles qu'en 1840, en dépit des progrès de l'artillerie. Le 30 juillet, on n'y a pris encore « aucune disposition sous le rapport de la défense (4) » ; les pièces ne sont même pas sur les remparts. La garnison n'est pas constituée, le

(1) Général Jarras, *loc. cit.*, p. 59; général Lebrun, *loc. cit.*, p. 213.

(2) Le ministre de la guerre aux commandants de corps d'armée, 17 juillet (Archives de la guerre).

(3) Maréchal de Mac-Mahon, *Souvenirs inédits.*

(4) *Ibid.*

logement des poudres insuffisamment assuré, les approvisionnements de toute nature très incomplets; on manque d'abris voûtés à l'épreuve de la bombe, à 2,500 mètres seulement de Kehl (1). Le maréchal Le Bœuf vient visiter les fortifications de Strasbourg le 30 juillet et fait « une scène des plus violentes au commandant de la place »; celui-ci se contente de répondre qu'il n'a pas reçu d'instructions (2). Belfort, Neuf-Brisach, Schlestadt, Phalsbourg, Lichtenberg, La Petite-Pierre sont dans le même état d'abandon (3).

Le colonel directeur de l'artillerie à Strasbourg obtient, « non sans peine, » pour chacun de ces deux derniers forts, « un sous-officier et quatre canonniers servants (4). » Pour garder Neuf-Brisach et Fort-Mortier, on dispose de cinquante hommes à peine (5). « A Schlestadt, on ne peut rien laisser sur les remparts en fait d'armement; faute de factionnaires, tout serait volé ou dégradé (6). »

(1) *Papiers et correspondance de la famille impériale*, t. I, p. 452; le colonel directeur de l'artillerie à Strasbourg au général Soleille, 29 juillet (Archives de la guerre); prince Bibesco, *Belfort, Reims, Sedan*, p. 30.

(2) Maréchal de Mac-Mahon, *Souvenirs inédits*.

(3) Le général Forgeot au général Soleille, 1er août (Archives de la guerre).

(4) Lettre au général Soleille, 29 juillet *(Ibid.)*.

(5) Le général Ducrot au ministre de la guerre, D. t., Strasbourg, 20 juillet *(Ibid.)*.

(6) Le colonel directeur de l'artillerie à Strasbourg au général Soleille, 29 juillet *(Ibid.)*.

*
* *

Un télégramme du major général, en date du 24 juillet, plaçait sous les ordres du maréchal de Mac-Mahon, outre le 1er corps, le 7e qui devait se rassembler à Belfort, et le chargeait « de la surveillance de la frontière de Bâle à Lauterbourg et de Lauterbourg aux Vosges (1) ».

Or, d'après tous les renseignements, les troupes de la Confédération du Nord se concentraient sur le Rhin, de Mayence à Düsseldorf; les contingents des États du Sud se rassemblaient en aval de Rastatt (2).

Le maréchal « en conclut, naturellement, que l'ennemi avait l'intention d'attaquer au nord et non à l'est (3) ». La destruction du pont de Kehl le confirma dans cette supposition.

« En conséquence, il crut devoir diriger de ce côté toutes les forces dont il pouvait disposer, ne

(1) Archives de la guerre.

(2) Le 20 juillet, on signale 20,000 Prussiens à Rastatt et une grande accumulation de forces entre Mayence et Coblentz (Archives de la guerre); le 22 juillet, le capitaine Jung annonce la concentration d'un corps prussien à Landau (lettre au major général *(Ibid.)*; le 26 juillet, on apprend « d'une source autorisée » que des troupes très nombreuses se rassemblent entre Rastatt et Cologne *(Ibid.)*; le même jour, un renseignement sûr donne la composition de l'armée du prince royal et lui assigne Rastatt comme centre de gravité *(Ibid.)*.

(3) Notes dictées par le maréchal de Mac-Mahon à Wiesbaden (Archives de la guerre).

laissant dans les places d'Alsace que les dépôts des corps qui y avaient été en garnison et les gardes nationales mobiles que l'on commençait à organiser.

« Les places de Lauterbourg, Wissembourg, Haguenau avaient été depuis longtemps déclassées; elles n'avaient pas d'artillerie et étaient ouvertes sur plusieurs points. Quant aux anciennes lignes de la Lauter, elles ne présentaient pas un obstacle sérieux. Elles touchaient au nord à de vastes forêts qui permettaient à l'ennemi de dérober ses mouvements et de tourner l'armée qui aurait cherché à les défendre. Celle-ci s'exposait, en les occupant, à être jetée dans le Rhin.

« Ne pouvant défendre directement la frontière entre Wissembourg et Lauterbourg, le maréchal prit le parti de concentrer ses forces sur le versant est des Vosges, de manière à conserver ses communications avec l'armée principale établie sur le revers opposé.

« Ces dispositions ne pouvaient nuire en rien au projet que l'empereur avait exposé au maréchal avant son départ de Paris, projet qui consistait à porter la plus grande partie de l'armée française sur la rive droite du Rhin, en franchissant le fleuve sur un point qui n'était point encore déterminé, mais qui devait être choisi entre Lauterbourg et Maxau.

« L'empereur ayant approuvé ce projet, le

maréchal donna des ordres pour son exécution... (1). »

Chacune des divisions du 1er corps devait se mettre en mouvement aussitôt qu'elle serait formée. La 2e, commandée par Abel Douay, s'établit le 25 à Haguenau (2); la 1re, sous les ordres de Ducrot, se porta de Strasbourg sur Frœschwiller les 26 et 27 juillet (3). Un rideau de cavalerie surveillerait la frontière de Wissembourg à Lauterbourg et observerait le Rhin en amont de cette dernière localité jusqu'au-delà de Seltz.

Inquiet sans doute des nouvelles qu'il recevait de la concentration des forces allemandes, l'empereur jugeait utile, le 27, de rapprocher le 7e corps du 1er et même de l'amener à Strasbourg. Le maréchal de Mac-Mahon s'avancerait jusqu'à Haguenau; Neuf-Brisach et Belfort seraient occupés par la garde mobile (4).

Le major général ne vit aucun inconvénient à ce que la division Conseil-Dumesnil du corps F. Douay rejoignît le maréchal de Mac-Mahon en

(1) Notes dictées par le maréchal de Mac-Mahon à Wiesbaden (Archives de la guerre). On a cru devoir reproduire *in extenso* l'exposé des projets du maréchal de Mac-Mahon.

(2) Journal de marche de la division Douay (Archives de la guerre).

(3) *Vie militaire du général Ducrot*, t. II, p. 346.

(4) L'empereur au major général, D. t., Saint-Cloud, 27 juillet, 9 h. 30 matin (Archives de la guerre).

basse Alsace. Mais il considérait « comme essentiel » de bien garder la voie ferrée de Lyon à Strasbourg, ce dont dont il jugeait incapable la garde mobile, encore « en voie de formation (1) ».

Le projet de l'empereur était d'ailleurs irréalisable. Arrivé à Belfort dans la matinée du 28 juillet, le général F. Douay n'avait encore aucune nouvelle des divisions Liébert et Dumont et d'une de ses brigades de cavalerie. La division Conseil-Dumesnil à Colmar manquait de train régulier, de tentes, d'ustensiles de campement et ne pouvait entrer en campagne dans ces conditions (2).

La situation, on le sait, était analogue en Lorraine et obligeait l'empereur à ajourner l'offensive rêvée (3). Dans la matinée du 29, le major général télégraphiait au maréchal de Mac-Mahon : « L'empereur n'a pas l'intention de vous faire

(1) Le major général à l'empereur, D. t., Metz, 27 juillet (Archives de la guerre).

(2) Le général F. Douay au major général, D. t., Belfort, 28 juillet, 1 heure soir (*Ibid.*).

« Le général (F. Douay) éprouva une grande déception en arrivant à Belfort : ses troupes n'avaient, pour la plupart, ni tentes, ni marmites, ni ceintures de flanelle, ni cantines médicales ou vétérinaires, ni médicaments, ni forges, ni entraves à chevaux; elles étaient sans infirmiers, sans ouvriers d'administration, sans train. Quant aux magasins, ils étaient vides.

« Et cependant, l'aide-major général, répondant aux secrètes anxiétés du général, l'avait assuré, le 27 juillet, dans la gare de l'Est, que les magasins de la place de Belfort étaient abondamment pourvus! » (Prince Bibesco, *Belfort, Reims, Sedan*, p. 19.)

(3) V. *suprà*, p. 41.

mouvoir avant huit jours. Il compte sur vous pour continuer à éclairer la frontière, en vous reliant avec la division du général de Failly qui reste à Bitche (1). »

Le maréchal vit l'empereur le lendemain 30 juillet et le trouva péniblement impressionné par les déceptions et les déconvenues de toutes sortes qu'il avait éprouvées depuis son arrivée à Metz. Encore le souverain semblait-t-il mal renseigné sur les emplacements des forces adverses qu'il ne croyait pas parvenues sur la rive gauche du Rhin.

« Mais il connaissait alors la situation de son armée qui, manquant encore d'une partie de son artillerie, de ses ambulances, de transports et d'autres accessoires nécessaires, était, par le fait, dans l'impossibilité de se mettre en mouvement. Il se vit par suite obligé de renoncer à son plan d'attaque qui était de passer le Rhin, et avait la chance de séparer les deux Confédérations et d'être soutenu au début de la guerre par les armées autrichienne et italienne. Il voyait ainsi détruites toutes ses illusions... (2). » Le maréchal de Mac-Mahon le trouva très affecté.

L'état de dispersion des troupes d'Alsace échelonnées de Frœschwiller et de Haguenau jusqu'à

(1) Le major général au maréchal de Mac-Mahon, D. t. ch., Metz, 29 juillet, 10 h. 30 matin (Archives de la guerre).

(2) Maréchal DE MAC-MAHON, *Souvenirs inédits*.

Belfort continuait à préoccuper le grand quartier impérial. Reprenant le 1er août son projet du 27 juillet (1), l'empereur désirait que le 1er corps tout entier quittât Strasbourg pour se rapprocher de la frontière nord et que le 7e, moins une division maintenue à Altkirch, vînt relever le 1er à Strasbourg (2).

Le général F. Douay déclarant que ses troupes n'étaient pas encore en état de se mouvoir, le maréchal de Mac-Mahon lui répondit le 2 août « que l'empereur insistait sur l'importance de faire occuper Strasbourg par une des divisions du 7e corps (3). »

F. Douay avait reçu, sur ces entrefaites, les effets de campement qui manquaient à ses troupes; rien ne s'opposait plus, mandait-il dans la matinée du 2, à ce que les divisions Conseil-Dumesnil et Liébert fussent dirigées sur Strasbourg. Il proposait de faire partir la première par voie ferrée, la seconde par étapes. Le mouvement pourrait commencer le 4 août.

Par contre, Douay demandait avec instance l'envoi à Belfort des troupes du 7e corps restées à Lyon pour des raisons de politique inté-

(1) V. *suprà*, p. 135.

(2) Maréchal de Mac-Mahon, *Souvenirs inédits*. — Cf. le major général au général Douay, D. t., Metz, 1er août, 3 h. 20 soir (Archives de la guerre).

(3) Maréchal de Mac-Mahon, *Souvenirs inédits*.

rieure (1). Mais la brigade de Civita-Vecchia, dont le rappel était décidé (2), n'avait pas encore commencé son embarquement à destination de Lyon, que l'empereur ne voulait pas laisser sans garnison. Dès lors, la division Dumont, 3e du 7e corps, ne pouvait être dirigée de Lyon sur Belfort. En outre, on tenait à laisser des troupes en haute Alsace pour garder la voie ferrée de Strasbourg à Mulhouse et Belfort (3), et aussi pour faire face à de prétendus rassemblements ennemis signalés à plusieurs reprises dans la Forêt-Noire et vers Lœrrach (4).

Le maréchal de Mac-Mahon se contenta, dans ces conditions, de prescrire l'envoi immédiat, par voie ferrée, de la division Conseil-Dumesnil à Strasbourg et d'une brigade de la division Liébert à Colmar (5).

(1) Le général F. Douay au major général, D. t., Belfort, 2 août, 11 h. 45 matin et 8 h. 45 soir (Archives de la guerre).

(2) Le major général au ministre de la guerre, D. t., Metz, 1er août (Archives de la guerre); le ministre de la guerre au major général, D. t., 1er août, 11 h. 80 soir *(Ibid.)*.

(3) Maréchal DE MAC-MAHON, *Souvenirs inédits*.

(4) Bulletin de renseignements du 1er corps, 30 juillet (Archives de la guerre); le commandant Loizillon au colonel Lewal, Belfort, 30 juillet *(Ibid.)*; Bulletin de renseignements du 1er corps, 1er août *(Ibid.)*.

(5) Le maréchal de Mac-Mahon à l'empereur, D. t., 2 août, 4 h. 5 soir (Archives de la guerre).

CHAPITRE II

LE 1er CORPS EN BASSE ALSACE

Dispositions du 2 août. — Dissémination du 1er corps. — Quiétude de Ducrot. — Instructions de Ducrot à A. Douay. — — Situation aventurée de la division A. Douay. — Renseignements recueillis. — Inquiétudes de F. Douay. — Avertissement du major général.

L'arrivée prochaine de la division Conseil-Dumesnil à Strasbourg permettait au maréchal de Mac-Mahon de donner satisfaction à l'empereur en rapprochant ses troupes de la frontière nord de l'Alsace et de reprendre en même temps son projet de les « concentrer » sur le versant oriental des Vosges. Toutefois les dispositions qu'il adopta effectivement le 2 août étaient loin de réaliser cette concentration.

La 1re division (Ducrot), quittant Reichshoffen le 4 août, devait avoir son quartier général à Lembach et se relier par sa gauche à la division Guyot de Lespart du 5e corps qui se trouvait à Bitche.

La 1re division (A. Douay), partant de Haguenau

le 4 août, occuperait Wissembourg, en liaison par le Pigeonnier avec la précédente.

Le général Ducrot aurait le commandement supérieur des 1re et 2e divisions, ainsi que de la brigade de cavalerie légère de Septeuil. Il lui appartiendrait d'indiquer à toutes ces troupes leurs emplacements exacts et de donner des instructions au général de Septeuil.

La 3e division (Raoult) se rendrait le 3 de Strasbourg à Reichshoffen.

La 4e division (de Lartigue) se porterait le 4 de Strasbourg à Haguenau.

La brigade de cuirassiers (Michel) resterait à Brumath.

Le quartier général du 1er corps et la réserve d'artillerie seraient le 5 à Haguenau (1).

En somme, les dispositions prises par le maréchal de Mac-Mahon consistaient à déployer les divisions Ducrot et Douay sur un front de 20 kilomètres à vol d'oiseau, dans un pays montueux et boisé, à proximité immédiate de la frontière, au delà de laquelle on connaissait la présence de troupes nombreuses, à une distance moyenne d'une journée de marche du reste du corps d'armée. Fait aggravant, il n'y avait point de service de sûreté et de reconnaissance qui donnât à ces deux divisions le temps et l'espace de se con-

(1) Le maréchal de Mac-Mahon au major général, Strasbourg, 2 août (Archives de la guerre).

centrer pour recevoir éventuellement l'attaque.

Ce cordon, faible partout, était prolongé jusqu'à Bitche, par la division de Lespart du 5e corps, et les mêmes dispositions vicieuses se retrouvaient en Lorraine, dénotant partout, de la part du commandement français, un oubli complet des vrais principes de la guerre. A ces errements on ne peut trouver d'autre explication que le souci chimérique de barrer tous les chemins franchissant la frontière.

De Seltz à Bouzonville, il y aura, le 4 août, une ligne ininterrompue de postes dont la force variera d'un bataillon à une division. Mal orientées sur la situation générale, ignorant les projets du commandement, ces unités seront amenées peu à peu à attribuer une importance excessive, parfois primordiale, à la position qu'elles occupent et aux débouchés qu'elles observent. Chacune d'elles aura la conviction de barrer une trouée particulièrement dangereuse. Dès lors, elles seront rivées au terrain, pour ainsi dire; elles perdront de vue les événements décisifs qui s'accompliront dans leur voisinage, et c'est là qu'il faudra chercher, pour une grande part, l'explication de certains faits des 5 et 6 août 1870.

*
* *

Dans la soirée du 2 août, un télégramme du sous-préfet de Wissembourg, confirmé par le général Abel Douay, apprit au maréchal de Mac-Mahon « que des troupes bavaroises s'étaient emparées de la maison des douaniers à la porte de Landau, et qu'elles avaient fait le recensement des ressources d'Altenstadt (faubourg de Wissembourg), en annonçant leur intention d'occuper ce point dans les vingt-quatre heures (1) ».

En conséquence, le maréchal expédia, dans la nuit même, au général A. Douay l'ordre d'avancer d'un jour son mouvement sur Wissembourg, c'est-à-dire de l'exécuter le 3 au lieu du 4 août. Ducrot devait rejoindre Douay en route et lui « indiquer la manière » de se relier à la 1re division (2).

Le maréchal fut bientôt entièrement rassuré, vraisemblablement par les nouvelles que lui envoya Ducrot : « J'étais hier, à 5 heures du soir, au Pigeonnier; j'ai examiné très activement les environs de Wissembourg avec une bonne lunette; j'ai recueilli de nombreux renseignements, et je

(1) Le maréchal de Mac-Mahon au major général, Strasbourg, 3 août (Archives de la guerre).

(2) Le maréchal de Mac-Mahon au général A. Douay, D. t., Strasbourg, 3 août, 12 h. 10 matin *(Ibid.)*.

suis convaincu que l'ennemi n'est en force nulle part à proximité... (1). »

La menace des Bavarois paraissait à Ducrot « une pure fanfaronnade (2), » aussi jugeait-il suffisant de diriger sur Lembach son bataillon de chasseurs et le 18e de ligne ; le reste de la 1re division suivrait le lendemain 4 août.

Abel Douay fut avisé de ces constatations rassurantes et de l'opinion de Ducrot (3) ; elles donnèrent au maréchal « toute certitude que les craintes du sous-préfet de Wissembourg étaient fort exagérées (4). »

En envoyant à Douay l'ordre de se porter sur Wissembourg, le maréchal de Mac-Mahon ne lui avait fait connaître ni le but de ce mouvement, ni la ligne de conduite qu'il aurait à suivre en cas de rencontre avec l'ennemi. Les instructions que Ducrot lui adressa dans la matinée du 3 août ne faisaient pas davantage mention de ces deux questions primordiales et, par la façon dont elles débutaient, elles étaient de nature à confirmer Douay dans sa sécurité :

« Je ne pense pas que l'ennemi soit en force

(1) Le général Ducrot au général Faure, sous-chef d'état-major général du 1er corps, Reichshoffen, 3 août (Archives de la guerre).

(2) Le général Ducrot au maréchal de Mac-Mahon, D. t., Reichshoffen, 3 août, 4 heures matin *(Ibid.)*.

(3) *Ibid.*

(4) Le maréchal de Mac-Mahon au major général, Strasbourg, 3 août *(Ibid.)*.

dans nos environs, au moins à une distance assez rapprochée pour entreprendre immédiatement quelque chose de sérieux... (1). »

Toutefois, « pour parer à toutes les éventualités », Ducrot prescrivait à Douay :

D'établir la 1re brigade sur le plateau du Geissberg, la 2e sur celui du Vogelsberg, la cavalerie et l'artillerie sur les pentes sud-ouest; de faire entrer, dans la soirée même du 3, un bataillon à Wissembourg; d'envoyer, le lendemain, un régiment au Pigeonnier et à Climbach, à l'effet d'y relever le 96e de ligne de la division Ducrot; d'utiliser la brigade de cavalerie de Septeuil pour s'éclairer « soit en avant de Wissembourg, soit à droite dans la direction de Lauterbourg (2). »

Ducrot prescrivait à Douay d'examiner la situation de la manutention, de compléter l'outillage et d'organiser la fabrication du pain sans perdre un instant : « C'est de Wissembourg, disait-il, que nous devons compter tirer la majeure partie de nos subsistances (3). »

(1) « Au moment où nous écrivions ces lignes, nous étions dans le vrai, » a écrit Ducrot en 1873 (*Wissembourg*, p. 12, note 1). — En réalité, dès le 2 août, la division bavaroise Bothmer était à Bergzabern, à 10 kilomètres de Wissembourg, forte de 13 bataillons, 4 escadrons, 24 bouches à feu; le Ve corps tout entier était autour de Landau à une marche de Wissembourg.

(2) Le général Ducrot au général Douay, Reichshoffen, 3 août (Archives de la guerre).

(3) *Ibid.*

Muet sur les points essentiels, Ducrot entrait dans des détails qui eussent dû être laissés à l'initiative de Douay. Il parlait de Wissembourg en termes qui allaient entraîner son subordonné à prêter une importance exagérée à cette ville et à accepter le combat pour la défendre.

Le maréchal fut informé dans la nuit des emplacements occupés par la division Douay. « J'en fus étonné, dit-il plus tard, car je savais que le général Ducrot pensait comme moi que nous ne devions pas occuper cette ville (1). » L'ordre de mouvement du 2 août avait pourtant bien spécifié que la division A. Douay aurait sa droite à Altenstadt et occuperait Wissembourg où se trouverait l'état-major de la division (2).

Usant de la latitude qui lui avait été laissée par le maréchal, le général Ducrot avait jugé peu rationnel de placer la division Douay à Altenstadt et Wissembourg « situés au fond de la vallée de la Lauter, de tous côtés dominés par des hauteurs et débordés à droite par les épaisses forêts du Bienwald et du Mundat... Les Allemands, amenant leurs masses complètement à couvert, auraient pu prendre position sur nos lignes de

(1) Maréchal de Mac-Mahon, *Souvenirs inédits*.

(2) Il semble que les souvenirs du maréchal l'aient trahi sur ce point, car déjà, dans sa déposition à l'Enquête sur les actes du gouvernement de la Défense nationale, il avait déclaré : « ... Cette division... au lieu de se porter sur les hauteurs indiquées, resta dans la ville et dans les environs » (t. I, p. 34).

retraite, avant même que la division Douay, enfoncée dans cette sorte d'entonnoir, eût été informée seulement de leur marche et de leur présence (1) ».

Ces modifications étaient logiques ; il eût été défectueux de placer toutes les troupes dans la vallée de la Lauter, dès l'instant où une avant-garde ne tenait pas solidement les hauteurs de la rive gauche. Toutefois, elles n'amélioraient pas sensiblement la situation aventurée de la division Douay.

*
* *

Jeté à l'extrême frontière avec onze bataillons (2), trois batteries, une brigade de cavalerie ; manquant de renseignements sur l'ennemi ; ignorant la raison de son envoi à Wissembourg et le rôle qu'il devait y tenir ; dépourvu même de cartes de la région, Abel Douay ne pouvait compter sur des secours s'il venait à être attaqué, en raison de son éloignement des autres divisions du 1er corps.

Il allait se trouver, en effet, le 4 août à 15 kilomètres de Lembach (1re division), à 30 kilomètres de Reichshoffen (3e division), à 35 kilomètres de

(1) Général Ducrot, *Wissembourg*, p. 11.

(2) Un bataillon du 50e de ligne et du 16e bataillon de chasseurs étaient détachés à Soultz.

Haguenau (4e division). Ces distances exigeaient pour être franchies, 4, 8 et 9 heures, durées de trajets auxquelles il faut ajouter le temps nécessaire au général Douay pour reconnaître approximativement les forces de l'ennemi et pour prévenir les commandants de ces divisions, c'est-à-dire trois heures au minimum. La division Douay ne pouvait être secourue par la 1re qu'au bout de sept heures, par la 3e au bout de onze heures, par la 4e au bout de douze heures. Encore les 3e et 4e divisions avaient-elles une forte marche pour arriver sur le champ de bataille.

Ces délais ne sont guère moindres si l'on admet que les divisions se soient mises en mouvement d'elles-mêmes, au moment où la canonnade serait devenue violente, à supposer qu'elles l'aient entendue. Les événements ont montré d'ailleurs que la 1re division elle-même, la plus rapprochée, ne serait pas arrivée en temps utile, car le combat de Wissembourg, commencé à 8 heures du matin, amena la retraite de la division Douay vers 2 heures de l'après-midi, c'est-à-dire au bout de six heures de lutte.

Il y avait pourtant une solution qui eût évité un échec à la division. Elle consistait à prescrire à Douay de ne pas accepter la bataille s'il était attaqué par des forces supérieures en nombre, mais de se replier lentement, en combattant, sans se laisser entamer, dans une direction déterminée.

Mais la notion du combat en retraite, dont les campagnes de la Révolution et de l'Empire offrent maints exemples, semblait s'être perdue dans l'armée française de 1870. Dans ses instructions du 3 août, Ducrot n'envisageait que l'offensive ou la défensive, sans d'ailleurs prescrire à Douay l'une ou l'autre attitude.

Un emploi judicieux de la brigade de cavalerie légère de Septeuil pouvait, à défaut du combat en retraite, remédier à la situation aventurée de la division Douay. Dès le 2 août elle avait été mise à la disposition de Ducrot, commandant supérieur des 1re et 2e divisions, et pouvait, si l'ordre lui en avait été donné, lancer des reconnaissances au delà de la frontière sur les points signalés par le service des renseignements comme les centres de rassemblements ennemis. On eût été bien vite prévenu du danger qui menaçait la division Douay. Mais nous avions oublié en 1870 les principes les plus élémentaires de l'emploi de la cavalerie. D'après le maréchal de Mac-Mahon, c'était encore une des conséquences des guerres d'Afrique (1).

Ce danger, les renseignements recueillis permettaient de le prévoir, et l'on ne manque pas d'être surpris de la quiétude du maréchal de Mac-Mahon et du général Ducrot, à la veille même de la crise.

(1) Maréchal DE MAC-MAHON, *Souvenirs inédits.*

Le 28 juillet, Ducrot annonçait qu'un corps de 25,000 à 30,000 hommes « serait concentré entre Landau et Neustadt (1). » Le 29, le bulletin du grand quartier général signalait la présence à Rastatt de la division badoise qui aurait été rejointe par quatre régiments d'infanterie prussienne (2). Le même jour le capitaine Jung mandait au major général que le prince royal était arrivé à Carlsruhe et qu'une concentration de troupes prussiennes s'effectuait à Mannheim, Germersheim et Landau (3). « Dans ce moment, pour le côté que j'observe, ajoutait-il, toute l'inquiétude semble se porter sur Landau, Germersheim, Mannheim, Maxau et Rastatt (4). »

Les 1er et 2 août, les informations se précisent. Le maréchal de Mac-Mahon écrit que « des masses ennemies sont concentrées entre Landau, Maxau et Germersheim... il y a beaucoup de troupes à Pirmasens... huit régiments à Landau... Une grande concentration aurait lieu à Bergzabern. De Bergzabern à Pirmasens il y aurait peu de monde. De Pirmasens à Deux-Ponts une autre grande concentration (5) ». D'après

(1) Archives de la guerre.

(2) *Ibid.*

(3) Le capitaine Jung au major général, D. t., Strasbourg, 29 juillet, 1 h. 5 soir (Archives de la guerre).

(4) *Ibid.*

(5) Le maréchal de Mac-Mahon au major général, D. t., Strasbourg, 1er août, 7 h. 40 soir (Archives de la guerre); Bul-

des renseignements venus de Francfort et transmis par le capitaine Jung, l'armée du prince royal se compose de deux corps prussiens et des alliés et comporte un effectif de 160,000 hommes (1).

De l'ensemble de ces renseignements concordants et de source sûre, le maréchal de Mac-Mahon et le général Ducrot pouvaient conclure à l'existence de rassemblements ennemis considérables et bien supérieurs en nombre à la division Douay, à une courte marche de Wissembourg.

Le général Ducrot n'en avait-il pas eu connaissance? On serait tenté de le croire. « En résumé, écrit-il le 1er août à Abel Douay, les renseignements qui me parviennent me font supposer que l'ennemi n'a pas de très grandes forces très rapprochées de ses avant-postes et qu'il n'a nulle envie de prendre l'offensive (2). » Cet optimisme et cette erreur subsistent le 3 août ; Ducrot est convaincu que l'ennemi n'a pas de forces importantes au nord de la Lauter..., « du moins à une distance assez rapprochée pour entreprendre immédiatement quelque chose de sérieux... (3) »

letin de renseignements du 1er corps, 2 août *(Ibid.)*; le maréchal de Mac-Mahon au major général, Strasbourg, 2 août *(Ibid.)*

(1) Le capitaine Jung au major général, D. t., Strasbourg, 1er août, 6 h. 15 soir *(Ibid.)*.

(2) Le général Ducrot au général Douay, Reichshoffen, 1er août *(Ibid.)*.

(3) Le général Ducrot au général Faure et au général Douay, Reichshoffen, 3 août *(Ibid.)*.

Le maréchal de Mac-Mahon partage cette opinion et cette tranquillité, bien que certainement il ait eu connaissance des informations recueillies par le service des renseignements.

Comment expliquer cette erreur capitale?

Peut-être le maréchal supposait-il que l'armée allemande avait été, comme les corps français, transportée à la frontière sans être mobilisée au préalable ; qu'elle effectuait, comme ceux-ci, cette opération ; que, dès lors, elle n'était pas encore prête à entrer en campagne. Peut-être aussi jugeait-il très exagérées les évaluations des effectifs des troupes adverses rassemblées dans le Palatinat. Enfin, par un sentiment explicable chez le chef d'une armée toujours victorieuse depuis quinze ans, ne pouvait-il admettre que l'ennemi osât prendre l'offensive. Ni la correspondance du maréchal, ni ses *Notes dictées à Wiesbaden*, ni ses *Souvenirs inédits* ne permettent d'élucider cette question.

*
* *

Les rapports des plus perspicaces de nos officiers d'état-major montraient le vrai péril du côté de la Lauter, non du côté d'Huningue.

Le 1er août le capitaine Jung télégraphiait : « Wurtembergeois et Badois se rendent par voies rapides, depuis deux jours, vers le nord et l'ouest pour être encadrés, dit-on, entre les corps prussiens du Palatinat. A la date du 31, personne à Neustadt; à Constance, personne... (1). » Le capitaine Kessler, envoyé en mission à Saint-Louis, Huningue et Bâle, mandait que « tous les renseignements recueillis dans cette région s'accordaient à démentir les bruits de rassemblement de troupes à Lœrrach et Nöllingen... (2) ».

En réalité, il n'y avait dans la Forêt-Noire qu'un faible détachement sous les ordres du colonel von Seubert, composé de : une compagnie et un peloton de cavalerie qui battaient les rives du Rhin de Brisach à Neuenburg; deux compagnies, qui avaient été transportées le 2 août de Waldshut à Rheinfelden et qui, de là, avaient gagné Lœrrach. Afin d'en imposer aux Français, on cherchait à leur faire croire « à une grande agglomération de troupes allemandes sur ce point, en multipliant les batteries, en allumant des torches et de nombreux feux de bivouac (3) ».

Ces démonstrations, jointes aux renseignements inexacts envoyés à Belfort par des espions sans doute aux gages des Allemands, réussirent complètement. Dans la nuit du 3 au 4 août, le ma-

(1) Le capitaine Jung au major général, D. t., Strasbourg, 1er août, 6 h. 15 soir (Archives de la guerre).

(2) Bulletin de renseignements du 1er corps, 3 août (*Ibid.*).

(3) *Historique du grand État-major prussien*, t. II, p. 203.

réchal reçut du général Félix Douay des nouvelles inquiétantes : « 6,000 Wurtembergeois seraient à Kandern et à Neuenburg, et un corps considérable se dirigerait vers Lœrrach (1) ». La haute Alsace semblait menacée si des informations de source sûre étaient venues confirmer ces bruits.

Sans les attendre, le maréchal jugea nécessaire de suspendre jusqu'à nouvel ordre le mouvement de la division Conseil-Dumesnil sur Strasbourg et celui de la 1re brigade de la division Liébert sur Colmar. Il résolut en outre de laisser une brigade du 1er corps à Strasbourg et d'y rester lui-même jusqu'à ce que le mouvement de l'ennemi fût « dessiné » (2).

Ainsi, par une singulière anomalie, le maréchal était rassuré dans la direction du nord où se trouvaient pourtant des forces ennemies considérables et inquiet pour la haute Alsace, qui n'était nullement menacée.

Dans la même nuit du 3 au 4 août, vers 3 heures du matin, survint un télégramme du major général, prévenant le maréchal de Mac-Mahon de la possibilité d'une attaque dans la journée :

« On donne comme certaine la sortie de Trèves de 40,000 hommes marchant sur Thionville ou

(1) Le maréchal de Mac-Mahon au major général, D. t., Strasbourg, 4 août, 2 h. 25 matin (Archives de la guerre).

(2) *Ibid.*

sur Sarrelouis. Nous espérons une affaire sérieuse aujourd'hui ou demain matin. Tenez-vous sur vos gardes ; il est possible que les troupes qui sont devant vous fassent un mouvement offensif (1). »

Le maréchal avertit aussitôt le général Abel Douay en lui faisant de sages recommandations, dans le cas où l'attaque annoncée par le major général se produirait. « Avez-vous ce matin quelques renseignements vous faisant croire à un rassemblement nombreux devant vous? Répondez-moi immédiatement. Tenez-vous sur vos gardes, prêt à vous rallier, si vous étiez attaqué par des forces très supérieures, au général Ducrot par le Pigeonnier (2). »

Tout en prévenant Abel Douay de se tenir sur ses gardes, le maréchal ne semble pas avoir cru à un engagement sérieux pour la journée. Il annonçait en effet l'intention d'aller visiter les avant-postes de la frontière nord (3), et faisait préparer un train spécial pour se rendre à Wissembourg (4). Par modification à sa détermination de la nuit, il décidait en même temps de ne maintenir à Strasbourg qu'un seul

(1) Le major général au maréchal de Mac-Mahon, D. t., Metz, 4 août, 2 h. 30 matin (Archives de la guerre).

(2) Le maréchal de Mac-Mahon au général Douay, D. t., Strasbourg, 4 août, 5 h. 27 matin *(Ibid.)*.

(3) Le maréchal de Mac-Mahon au général Douay, D. t., Strasbourg, 4 août, 7 h. 48 matin *(Ibid.)*.

(4) Maréchal DE MAC-MAHON, *Souvenirs inédits*.

régiment et de transférer son quartier général à Haguenau (1).

La quiétude était donc à peu près complète à Strasbourg, le 4 août au matin, au moment même où l'armée du Prince royal de Prusse franchissait la frontière de la Lauter et pénétrait en Alsace.

(1) Le maréchal de Mac-Mahon au major général, D. t., Strasbourg, 4 août, 7 h. 48 matin (Archives de la guerre).

CHAPITRE III (1)

COMBAT DE WISSEMBOURG

Wissembourg en 1870. — Positions de la division Douay. — Reconnaissance de la matinée. — Attaque imprévue de la division bavaroise Bothmer. — Les turcos sur la Lauter. — Douay ordonne la retraite. — Pellé succède à Douay, mortellement blessé. — Les turcos se replient sur leur camp. — Situation critique des troupes du Geissberg. — Défense du château du Geissberg. — Prise de Wissembourg. — Le commandement français. — Arguments du général Robert. — Inertie des 78ᵉ et 96ᵉ de ligne. — Les opérations des Allemands.

Wissembourg était en 1870 une petite place d'environ 6,000 habitants, déclassée depuis trois ans, mais possédant encore ses vieux remparts à vues très restreintes, organisés pour la mousqueterie seulement et constituant une enceinte complètement fermée. Un système d'écluses permettait d'introduire quelques pieds d'eau dans les fossés qui n'étaient infranchissables toutefois que

(1) Pour plus de clarté, les numéros des corps d'armée allemands seront écrits en chiffres romains; les numéros des divisions, brigades, régiments allemands, en chiffres arabes italiques; les numéros des corps d'armée, divisions, brigades, régiments français, continueront à être écrits en chiffres arabes droits.

sur le front nord où le fond vaseux était garni d'épais roseaux.

Deux crêtes dominent la ville à courte distance : au nord, celle de Schweigen ; au sud, celle du Vogelsberg, couronnée à son extrémité orientale par le château du Geissberg. Dans l'intervalle, entre Wissembourg et Altenstadt en aval, coulent la Lauter et ses nombreuses dérivations, bordées de prairies marécageuses et servant en quelque sorte de fossé à une série d'épaulements et de redoutes représentant les derniers vestiges des « lignes de Wissembourg » célèbres dans les guerres du dix-huitième siècle. Des hauteurs du Vogelsberg on domine entièrement la plaine du Rhin où les forêts du Haardt et du Bienwald forment de larges taches sombres. Le reste du pays est découvert dans son ensemble, bien que coupé de vignes et de houblonnières. Les routes de Landau, de Bitche, de Strasbourg, de Lauterbourg viennent converger à Wissembourg ; les voies ferrées venant de Landau et de Strasbourg se réunissent près d'Altenstadt.

Dans la matinée du 4 août, la division Douay campait sur les hauteurs du Vogelsberg, faisant face au nord et appuyant sa droite au château du Geissberg. La brigade de cavalerie légère de Septeuil se trouvait en arrière sur les pentes qui descendent vers le Seltzbach. Un bataillon du 74e occupait Wissembourg depuis la veille. Le 78e de ligne, chargé par le général Ducrot d'occuper Climbach, s'était mis en marche à 5 heures du matin, et son départ réduisait la division Douay à huit bataillons, sept escadrons et demi, trois batteries, une compagnie du génie; au total 5,200 fusils environ, 900 sabres, 18 bouches à feu.

La veille au soir, il n'avait été bruit à Wissembourg que de la présence de l'ennemi aux alentours. Le sous-préfet, M. Hepp, en avait informé le général Douay qui, sur la foi des renseignements reçus antérieurement, s'était montré assez sceptique (1). Toutefois, suivant les habitudes en usage dans l'armée française à cette époque, il fit partir le 4 de grand matin, sous les ordres du colonel Dastugue, une reconnaissance composée d'un bataillon de turcos, de deux escadrons de chasseurs et d'une section d'artillerie, avec ordre de se porter « sur Wissembourg et au delà de la Lauter » (2). La mission était vague et la façon dont l'opération fut exécutée en rendait d'avance le résultat insignifiant.

L'infanterie et l'artillerie prirent position sur les pentes nord du Geissberg, à mi-distance d'Altenstadt, tandis que les chasseurs, contournant Wissembourg, poussèrent jusqu'à la frontière

(1) « A vingt-quatre heures de nous, dit M. Hepp, de l'autre côté de la frontière, il y a 80,000 hommes. » (HEPP, *Wissembourg, récit d'un sous-préfet*, p. 42-45.)

(2) Journal de marche de la brigade de Septeuil (Archives de la guerre).

au sud de Schweigen, et revinrent au bout d'un temps très court sans rien signaler. En vain, les habitants du pays signalèrent-ils « la présence d'une armée de 30,000 Prussiens sortis de Landau et occupant la forêt et les hauteurs qui dominent Wissembourg sur la rive gauche de la Lauter (1) ». On ne jugea pas à propos de vérifier l'exactitude du renseignement. Le général Douay resta ainsi dans l'ignorance de ce qui se passait à un kilomètre à peine de sa division. « Que dire de la manière dont ses officiers de cavalerie avaient exécuté leurs reconnaissances (2) ? »

Vers 7 heures, le général Douay reçut le télégramme que le maréchal lui avait expédié à 5 h. 27 pour le prévenir de se tenir sur ses gardes (3). A défaut d'instructions précises, que ni le maréchal, ni Ducrot ne lui avaient données, il en conclut qu'il devait défendre ses positions, à moins d'être attaqué « par des forces très supérieures ». Il s'inspira des recommandations du maréchal pour donner des ordres à ses troupes en cas de retraite, en envoya communication à Ducrot par un télégramme qui se terminait ainsi : « Je suis absolument dépourvu de cartes qui puissent me guider (4). » Puis il pres-

(1) Historique manuscrit du 11e chasseurs (Archives de la guerre).

(2) Général Lebrun, *loc. cit.*, p. 241.

(3) V. *suprà*, p. 156.

(4) Archives de la guerre. — Une note de la main du colonel

crivit que le mouvement rétrograde, s'il avait lieu, commencerait par la 2e brigade et s'effectuerait par les crêtes et par la route de Wissembourg à Bitche (1).

*
* *

Persuadé par le rapport du commandant de la reconnaissance qu'il n'aurait pas à livrer combat dans la matinée (2), Douay était resté à son quartier général d'Oberhoffen. Des corvées de vivres et de nombreux isolés s'étaient rendus à Wissembourg, et la quiétude la plus complète régnait dans les camps français quand, vers 8 h. 15, un obus tomba sur la caserne suivi de plusieurs autres tous dirigés sur la ville (3). C'était la batterie d'avant-garde de la division bavaroise Bothmer qui, en position sur les hauteurs de Schweigen, à 1,500 mètres environ des remparts, donnait, d'une façon bien inopportune, l'alarme à la division Douay.

Au bruit du canon, toutes les troupes françaises courent aux armes. Le régiment de tirailleurs algériens, prêt le premier, descend au pas de

Robert, chef d'état-major de la division Douay, dit : « Cette dépêche paraît n'être pas parvenue. »

(1) Archives de la guerre.

(2) Note du capitaine (aujourd'hui général) Pédoya, officier d'ordonnance du général de Montmarie (Archives de la guerre).

(3) Rapport du chef de bataillon Liaud *(Ibid.)*.

course des hauteurs du Vogelsberg, dans la vallée de la Lauter. Le général de brigade Pellé place un bataillon le long de la rivière en aval de Wissembourg ; un bataillon derrière celui-ci, près de la gare ; le troisième à l'angle sud-ouest de la ville. La brigade de cavalerie de Septeuil reçoit la singulière mission de relier ces troupes à celles qui sont restées sur le Geissberg. Une batterie a suivi le mouvement des turcos et, d'une position prise au nord de la gare, elle riposte à l'artillerie adverse (1). En même temps, le bataillon du 74e qui occupe Wissembourg garnit les remparts du front nord et ouvre le feu sur l'infanterie bavaroise. Celle-ci fait, pour pénétrer dans la place, une tentative qui échoue ; les assaillants laissent leur chef et la moitié des leurs dans la vase des fossés.

Préoccupé sans motif de la sécurité de son flanc droit, le général Bothmer dissémine ses forces (2) et ne parvient pas à progresser sensiblement ni vers la Lauter, ni contre la ville. Une deuxième batterie française entre bientôt en ligne sur les hauteurs du Geissberg et rend la situation de l'artillerie bavaroise assez critique (3). Bothmer se contente d'entretenir la lutte jusqu'à

(1) Historique de la 2e division du 1er corps (Archives de la guerre).

(2) *Historique du grand État-major prussien*, t. II, p. 179.

(3) Hoffbauer, *Die deutsche Artillerie in den Schlachten und Treffen des deutsch-französischen Kriegs*, t. I, p. 17.

l'arrivée à sa gauche du Ve corps prussien (1).

Vers 10 h. 30, le combat jusqu'alors traînant, prend sur les bords de la Lauter un caractère très violent. Une partie de l'avant-garde du Ve corps débouche d'Altenstadt sur le flanc droit des tirailleurs avec l'appui d'une batterie postée derrière le remblai du chemin de fer. Le général Pellé fait rapidement face au danger. Il appelle à la gare les fractions de turcos encore disponibles, les lance à la baïonnette à trois reprises et refoule l'ennemi dans Altenstadt (2). Les Bavarois essaient de profiter de cette diversion pour gagner du terrain. Mais, en dépit de la simultanéité des deux attaques et des forces très supérieures qui leur sont opposées, les deux bataillons de turcos parviennent, grâce à des prodiges d'énergie, à se maintenir sur leurs positions.

Cependant, la ligne d'artillerie ennemie se renforce. La batterie de mitrailleuses de la division Douay tente de rétablir l'équilibre ; mais criblée d'obus dès son apparition, elle est obligée de chercher un nouvel emplacement moins exposé (3). En même temps, une brigade du XIe corps prussien, débouchant du Haardt-Wald, menace le flanc droit des troupes françaises en position sur le Geissberg.

(1) *Historique du grand État-major prussien*, t. II, p. 180.
(2) Rapport du général Pellé (Archives de la guerre).
(3) Historique manuscrit du 9e régiment d'artillerie *(Ibid.)*.

La situation s'aggravait donc à chaque instant. Douay se rendit compte, un peu tard peut-être, qu'il ne s'agissait pas seulement, de la part de l'adversaire, d'une reconnaissance offensive, mais d'une attaque sérieuse, exécutée à la fois de front et sur son flanc droit par des forces supérieures en nombre (1). La retraite s'imposait. L'ordre en fut envoyé au régiment de tirailleurs et au bataillon qui défendait Wissembourg. Leur mouvement rétrograde devait s'effectuer sous la protection des troupes qui occupaient les hauteurs du Geissberg (2). Douay venait de se rendre auprès d'une de ses batteries, quand un éclat d'obus le jeta mortellement blessé à bas de son cheval (3). Peu après, les trois batteries françaises étaient réduites au silence et forcées de se retirer momentanément du combat (4). Il était 11 heures environ.

* * *

Au moment où l'ordre de la retraite lui parvint, le général Pellé ne crut pas pouvoir s'y conformer immédiatement. Il n'avait aucune

(1) Note du général Pédoya (Archives de la guerre).

(2) Historique de la 2e division du 1er corps *(Ibid.)*.

(3) Médecin inspecteur DAUVÉ, *l'Ambulance de la division Abel Douay en 1870*, p. 10.

(4) Historique de la 2e division du 1er corps (Archives de la guerre).

carte du pays, aucune connaissance de la situation d'ensemble (1). Ses deux bataillons de turcos étaient d'ailleurs engagés à trop courte distance pour qu'il leur fût possible de rompre le combat sans l'intervention d'une troupe fraîche. Le général Pellé fit chercher le troisième bataillon qui se trouvait, presque intact heureusement, au sud-ouest de la ville.

Mais, sur ces entrefaites, l'ennemi prononce un vigoureux mouvement offensif parallèlement à la route de Wissembourg (2). Les turcos lui infligent des pertes considérables ; forcés enfin de céder sous le nombre, et sous la violence des feux d'artillerie, ils se replient sur le faubourg et la gare. Un combat corps à corps s'engage dans les maisons que nos soldats n'abandonnent qu'une à une, après une admirable résistance. Vers midi, ils sont refoulés jusqu'à la gare, mais ils ont fait payer cher à l'adversaire le terrain conquis : un bataillon prussien a perdu, à lui seul, 12 officiers et 165 hommes, dont le chef de bataillon et les quatre capitaines (3).

C'est à ce moment que le général Pellé reçoit à la fois la nouvelle de la mort de Douay et l'avis de prendre le commandement de la division,

(1) Note du général Pellé (Archives de la guerre).
(2) *Historique du grand État-major prussien*, t. II, p. 186.
(3) *Ibid.*, p. 187.

en sa qualité de plus ancien général de brigade. Lourde tâche dans ces circonstances graves. Le seul parti raisonnable est de continuer le mouvement de retraite tel qu'il a été ordonné par Douay (1). Le troisième bataillon de turcos vient se déployer au sud-ouest de la gare, sur la route de Strasbourg, et grâce à la résistance d'une fraction qui tient à la gare même avec la dernière énergie, les débris des deux premiers se replient assez facilement et regagnent le camp sans être sérieusement poursuivis (2).

« L'ennemi pouvait s'élancer à notre poursuite, dit un témoin oculaire, et nous pensions à chaque instant voir accourir sa cavalerie, que nous étions prêts d'ailleurs à bien recevoir ; notre contenance l'arrêta. Sans doute, en nous regardant marcher d'un pas ferme et dans le plus grand ordre, il comprit que ces hommes-là, sur un signe de leurs officiers, se seraient de nouveau précipités au combat sans hésitation et sans crainte. Il se contenta de nous envoyer quelques obus, quelques boites à balles, qui ne parvinrent pas à nous entamer (3). »

Arrivé au camp, le colonel Morandy fit lever

(1) Historique de la 2e division du 1er corps (Archives de la guerre).

(2) Rapport du général Pellé *(Ibid.)*; Historiques du 1er tirailleurs et de la 2e division *(Ibid.)*.

(3) A. Duruy, engagé volontaire au 1er tirailleurs, *Études d'histoire militaire*, p. 298.

les tentes, reprendre les sacs, compléter les cartouches et, ces opérations terminées, il se retira lentement sur Steinseltz (1). Son régiment avait cruellement souffert : les pertes s'élevaient à 18 officiers et 518 hommes, appartenant presque tous à deux bataillons. Une compagnie ne comptait plus le soir que 2 sous-officiers et 33 turcos ; tous ses officiers avaient été atteints, dont deux mortellement (2).

Après avoir constaté que les turcos n'étaient pas inquiétés dans leur mouvement, le général Pellé se rendit en toute hâte au Geissberg, afin d'organiser la retraite des troupes qui s'y trouvaient encore. La brigade de cavalerie de Septeuil reçut l'ordre de se préparer à charger, mais son chef déclara que le terrain ne s'y prêtait pas (3).

La situation des quatre bataillons déployés sur les hauteurs commençait à devenir difficile, en raison d'une double attaque du XIe corps dont les tirailleurs gravissaient déjà les pentes orientales du Geissberg et d'un feu d'artillerie d'une extrême violence (4). En même temps, vingt-deux compagnies du Ve corps abordaient la position par le

(1) Historique de la 2e division (Archives de la guerre).

(2) Historique du 1er tirailleurs *(Ibid.)*; Rapport du général Pellé *(Ibid.)*.

(3) Journal de marche de la brigade de Septeuil *(Ibid.)*.

(4) Historique manuscrit du 74e de ligne *(Ibid.)* ; Notes d'un officier du 50e *(Ibid.)*.

nord (1). Deux des bataillons français, qui font face au nord, parviennent cependant à gagner la ferme de Schafbusch, tandis que les trois batteries se portent au sud-ouest de Steinseltz pour couvrir la retraite de l'infanterie (2). Mais les deux autres bataillons qui font face à l'est, c'est-à-dire à la double attaque du XIe corps, sont déjà fort compromis au moment où ils s'efforcent de battre en retraite à leur tour. Deux groupes se constituent pêle-mêle; l'un, composé de deux à trois cents hommes, parvient à gagner le Schafbusch; l'autre, d'un effectif un peu supérieur, s'engouffre dans le château du Geissberg (3). On essaie vainement de dégager cette dernière fraction par un retour offensif; il faut l'abandonner sous peine d'être enveloppé. Quatre officiers sont blessés dans cette courageuse tentative.

* * *

Le château du Geissberg, qui s'élève à mi-côte sur les pentes orientales des hauteurs de ce nom, est un ensemble de constructions massives avec cour extérieure et intérieure, datant de la fin du dix-huitième siècle. La façade est, d'aspect mo-

(1) *Historique du grand État-major prussien*, t. II, p. 192.

(2) Historiques de la 2e division, du 50e de ligne, du 74e de ligne (Archives de la guerre).

(3) *Ibid.*

numental, communique par un perron élevé avec un jardin potager formant terrasse et terminé brusquement par un mur de sept à huit mètres de hauteur. Une voûte pratiquée dans la façade ouest met la cour intérieure en communication avec la cour extérieure ; celle-ci est close par un mur de six mètres percé de trois portes, deux débouchant vers le nord et une vers le sud. A cette enceinte sont adossées à l'intérieur diverses dépendances et une maison d'habitation dont la façade nord commande l'accès de la principale entrée. Le toit de cette maison est la seule partie de la face ouest d'où l'on ait vue sur la campagne. Le champ de tir est très étendu à l'est, mais au nord il est limité à 200 mètres par des houblonnières. Vers l'ouest, les bâtiments sont dominés, à 500 mètres environ, par une petite élévation dite des Trois-Peupliers (1).

Aidé d'une douzaine d'officiers, le commandant Cécile met promptement en ordre les fractions qui avaient cherché un refuge dans le château. Mais il ne tarde pas à reconnaître combien sa position est critique. Vers l'est, deux bataillons allemands sont déjà parvenus à courte distance du mur qui termine le jardin. Vers le sud, d'autres troupes ennemies accentuent de plus en plus leur mouvement débordant et refoulent faci-

(1) Le château et le terrain environnant sont encore aujourd'hui à peu près dans le même état qu'en 1870.

lement un détachement de 300 réservistes qu'un train a débarqué à Riedseltz vers 11 heures. Au nord enfin, arrive, tambour battant, le régiment des grenadiers du roi, dont les tirailleurs enlèvent, après un court combat, les houblonnières au nord du château. Toutefois, accueillis par une vive fusillade partant des ouvertures et du toit même des bâtiments, ils sont forcés de s'arrêter (1).

« Ma gauche, vers les Trois-Peupliers, était encore libre, dit le commandant Cécile. En restant là, nous ne pouvions qu'épuiser nos cartouches et après nous rendre, tandis que par une vigoureuse sortie nous pouvions, en combattant en retraite, rejoindre notre 3e bataillon ; c'est ce que je décidai de faire (2). » Cécile rassemble dans la cour intérieure le gros de son détachement; puis, à cheval, entouré de ses officiers « qui forment comme un premier rang pour enlever leurs soldats (3) », il débouche brusquement par la plus occidentale des deux portes nord. Mais les Prussiens ouvrent un feu violent : Cécile est frappé d'une balle en pleine poitrine; quatre officiers sont blessés à ses côtés. Les soldats refluent dans la cour, puis dans les bâtiments dont ils organisent la défense.

(1) *Historique du grand État-major prussien,* t. II, p. 191.
(2) Note du commandant Cécile (Archives de la guerre).
(3) Historique manuscrit du 74e de ligne *(Ibid.)*.

Bientôt ils sont étroitement investis de tous côtés. Le major de Kaisenberg, du régiment des grenadiers du roi, tente avec trois compagnies un assaut vers la face nord. Mais il est tué et presque tous ses officiers sont mis hors de combat sans que les assaillants puissent gagner le pied des murs. Deux nouvelles compagnies les renforcent; quelques fractions pénètrent dans la cour extérieure, mais sont obligées de se blottir dans l'angle nord au pied des murs. A l'ouest, d'une position dominante, quelques pelotons exécutent des feux d'ensemble, mais sans succès appréciable (1).

Les Allemands reconnurent un peu tard « qu'un résultat ne pouvait être obtenu qu'avec le concours de l'artillerie (2) ». Une batterie, puis deux autres viennent s'établir à 600 mètres au nord du château et ouvrent le feu contre les divers étages des bâtiments. Trois nouvelles batteries s'établissent un peu plus tard aux Trois-Peupliers.

Entourés de toutes parts, criblés de projectiles par le tir concentrique de trente-six bouches à feu, manquant d'ailleurs de cartouches, les vaillants défenseurs du Geissberg, au nombre de deux cents environ, se décidèrent, vers 2 h. 30, à accepter une capitulation qu'ils avaient repoussée

(1) *Historique du grand État-major prussien*, t. II, p. 192.
(2) *Ibid.*, t. II, p. 193.

jusqu'alors. Leur vigoureuse résistance avait permis aux dernières troupes françaises d'évacuer la ferme de Schafbusch, de se reformer sur la route de Strasbourg et d'entamer leur retraite sur Soultz et Haguenau (1). L'ennemi avait d'ailleurs chèrement acheté cette conquête : un seul bataillon du régiment des grenadiers du roi avait perdu 11 officiers, 9 sous-officiers et 157 hommes tués ou blessés (2).

*
* *

Le bataillon du 74e qui occupait Wissembourg, sous les ordres du commandant Liaud, n'avait plus été inquiété depuis 10 heures du matin, pendant toute la durée du combat que les Bavarois et l'avant-garde du Ve corps avaient livré sur les bords de la Lauter, en aval de la place.

« A 1 h. 30, écrit le commandant Liaud, le bruit se répandit que l'ordre était arrivé d'évacuer Wissembourg et de se replier sur la division par la route de Bitche. Je m'étonnai de n'avoir pas reçu la communication directe de cet ordre si important, et je m'inquiétai de la personne qui l'avait apporté. J'appris qu'un officier à cheval, que je crus reconnaître à son signalement pour

(1) Journal de marche de la 2e division (Archives de la guerre); Historique du 50e de ligne *(Ibid.)*.

(2) *Historique du grand État-major prussien*, t. II, p. 194.

le capitaine d'état-major de Biarre, aide de camp du général commandant la brigade, s'était présenté à la porte de Haguenau et avait chargé le sous-officier chef de poste de donner l'ordre d'évacuation. Je compris alors que la division s'était éloignée et, d'un autre côté, ne pouvant tenir longtemps dans Wissembourg contre un ennemi muni d'une artillerie formidable, et qui apparaissait à chaque instant plus nombreux, je pris aussitôt mes dispositions pour l'évacuation (1). »

Le commandant Liaud prescrivit donc aux compagnies de se réunir sur la place, avec l'intention de sortir par la porte de Haguenau. Mais on vint le prévenir à ce moment que des forces ennemies considérables en occupaient les abords. Il emmena aussitôt le gros du bataillon vers la porte de Bitche, mais il constata, en y arrivant, que toute issue lui était également fermée de ce côté. Dans ces circonstances difficiles, Liaud résolut de défendre la ville à outrance et dirigea deux compagnies sur chacune des portes. Celle de Haguenau avait été ouverte par des habitants qui croyaient à l'évacuation de la ville par les Français. Déjà l'ennemi pénétrait dans les rues adjacentes, quand une vigoureuse charge à la baïonnette le rejeta en dehors jusqu'à la gare (2).

(1) Rapport du commandant Liaud (Archives de la guerre).
(2) *Ibid.* — Voici comment l'*Historique du grand État-major*

Mais, sur ces entrefaites, une section d'artillerie prussienne est venue se mettre en batterie à courte distance de la porte de Landau dégarnie de défenseurs, et a réussi promptement à en abattre les montants. Deux pièces bavaroises s'établissent aussitôt sur le bord même du fossé et battent les approches à l'intérieur de la place. Puis quelques soldats escaladent les piliers et, à coups de hache, font tomber le pont-levis. Deux bataillons font aussitôt irruption dans la ville et parviennent, sans rencontrer d'adversaires, jusqu'à la place du Marché. Un troisième les suit (1).

Informé de ce qui se passe, le commandant Liaud accourt à la porte de Landau avec quelques fractions qu'il a pu réunir à la hâte. A peine a-t-il fait deux cents pas qu'il se trouve, au détour d'une rue, en présence d'un peloton bavarois. Le feu commence de part et d'autre; Liaud est mis hors de combat. Le capitaine adjudant-

prussien présente cet épisode : « Des détachements du *47*e s'approchant... de la porte de Haguenau, la trouvent inoccupée ; ils abaissent le pont-levis et entrent dans la place. Toutefois, comme il semblait peu probable qu'une action dût y avoir lieu tandis qu'au dehors, sur les hauteurs au sud de la gare, le combat redoublait de violence, ils se retirèrent bientôt sur cette dernière où la majeure partie du régiment se ralliait en ce moment. » (T. II, p. 188.) L'exactitude de la version du commandant Liaud nous a été confirmée sur les lieux par plusieurs habitants, témoins oculaires.

(1) Rapport du commandant Liaud (Archives de la guerre); *Historique du grand État-major prussien*, t. II, p. 189.

major Bertrand, qui prend le commandement, continue sa marche et se heurte bientôt, sur la place d'armes, à un bataillon bavarois. Il se rejette vers le nord, et trouvant la rue du rempart également occupée par l'ennemi, regagne la porte de Bitche où il organise la défense d'un groupe de maisons. Les Bavarois ne sont plus qu'à cent pas, quand le maire, porteur d'un drapeau blanc, s'interpose et engage les Français à cesser le combat, affirmant qu'on n'exigeait d'eux que l'évacuation pure et simple de la place (1).

« Le capitaine Bertrand répondit qu'il tenait encore des points importants ; il feignit d'avoir encore des munitions et il déclara qu'il entendait n'entrer en pourparlers que sur la seule question d'évacuation. L'officier supérieur bavarois ayant répondu qu'il en serait ainsi *(also)*, le capitaine Dufour fut conduit près du général pour s'entendre avec lui sur ces bases. Le général-major Maillinger, tout en rendant la plus complète justice à l'énergie de la défense, déclara, au nom du général commandant l'attaque, que Wissembourg n'étant ni une place forte, ni un poste retranché muni d'artillerie, et étant d'ailleurs enlevé d'assaut, il ne pouvait admettre une évacuation simple. Il ajouta que la garnison, cernée

(1) Rapport du commandant Liaud (Archives de la guerre).

de toutes parts et coupée depuis plusieurs heures de son corps principal, alors en pleine déroute (1), devait se constituer prisonnière de guerre (2). » Le manque de munitions, l'énorme disproportion numérique, les instances du maire, la crainte d'exposer la population aux sanglantes péripéties d'un combat de rues, décidèrent le capitaine Bertrand à se soumettre à ces dures conditions.

Avec la prise de Wissembourg se terminait la lutte. La division Douay avait perdu 60 officiers et 1,100 hommes, non compris le bataillon cerné dans la ville (3). La perte totale des Allemands s'élevait à 91 officiers et 1,460 hommes (4).

*
* *

On a vu précédemment la part de responsabilité qui incombe au maréchal de Mac-Mahon et au général Ducrot dans l'envoi à Wissembourg de la division Douay (5). L'échec qu'elle subit pouvait d'ailleurs être évité par un emploi rationnel de la brigade de cavalerie de Septeuil. On sait que celle-ci demeura à peu près inerte. Ducrot l'avait placée, il est vrai, sous les ordres immédiats de Douay auquel il avait prescrit de l'utiliser

(1) Le mot était fort exagéré.
(2) Rapport du commandant Liaud (Archives de la guerre).
(3) Historique de la 2e division *(Ibid.)*.
(4) *Historique du grand État-major prussien*, t. II, p. 197.
(5) V. *suprà*, p. 145-146.

pour s'éclairer « soit en avant de Wissembourg, soit à droite dans la direction de Lauterbourg (1) ». Il n'en appartenait pas moins à Ducrot, investi du commandement supérieur des 1re et 2e divisions, d'envoyer des reconnaissances d'officier sur les points où le service des renseignements avait signalé des rassemblements ennemis.

La nécessité d'être éclairé à grande distance devait apparaître d'autant plus impérieuse que, d'après les instructions du maréchal, les troupes de Ducrot allaient se trouver dans l'impossibilité de secourir Douay en cas d'attaque. Ducrot n'ignorait pas enfin que l'ennemi « avait beaucoup de monde à Pirmasens et à Germersheim (2) » La journée du 4 août était donc une période de crise ; elle nécessitait un service de sûreté et de reconnaissance particulièrement actif, et il semble même que le général Ducrot eût dû se tenir dès le matin, sinon à Wissembourg, du moins au Pigeonnier.

De son côté, Douay ne suppléa pas à ce manque d'ordres et ne lança pas même une patrouille au delà de la frontière. Les mesures de sûreté immédiate, dont faisaient mention et l'ordre du

(1) Le général Ducrot au général Douay, Reichshoffen, 3 août (Archives de la guerre).

(2) Note envoyée du Pigeonnier le 3 août, par Ducrot à Douay (*Vie militaire du général Ducrot*, t. II, p. 352).

1er corps du 2 août et la lettre de Ducrot du 3 août, demeurèrent lettre morte, malgré la situation aventurée où Douay allait se trouver le 4. Tout se borna à l'envoi de la reconnaissance du colonel Dastugue dans la matinée. Cette négligence, les procédés employés par cet officier supérieur, l'absence d'avant-postes, montrent, d'une façon caractéristique, que « l'armée française avait désappris la guerre à un point que ne peuvent s'imaginer ceux qui n'ont pas servi dans ses rangs à cette époque (1) ». Il ne faut pas se dissimuler que telle est la cause prépondérante de l'échec de Wissembourg et des défaites qui lui succédèrent.

Au cours du combat, la brigade de cavalerie de Septeuil resta à peu près inutilisée. Au lieu de lui confier la mission impraticable de relier le 1er régiment de tirailleurs aux troupes demeurées sur le Geissberg, il eût été rationnel d'en envoyer la plus grande partie en reconnaissance sur la Lauter, en aval d'Altenstadt, afin d'éclairer le flanc droit de la division et de discerner les mouvements de l'adversaire. Douay n'aurait pas tardé à être renseigné sur le danger qui le menaçait et aurait pu prendre, en temps utile, toutes ses dispositions pour la retraite. Il chargea, il est vrai, vers 9 heures, un escadron de hussards de

(1) Général Bonnal, *Frœschwiller*, p. 129-132.

reconnaître les abords de Schleithal. Mais cet escadron, accueilli par des coups de fusil à la lisière occidentale du Nieder-Wald, ne tenta ni de contourner la forêt par le sud, ni même de détacher une reconnaissance d'officier qui, plus fluide et plus mobile, eût réussi probablement à atteindre les hauteurs qui dominent le village et la grande route au sud et au sud-ouest. Il rebroussa chemin, quand l'occupation par l'ennemi de la lisière ouest du Nieder-Wald lui imposait, plus que jamais, l'obligation de savoir ce qui se passait à l'est, entre Schleithal et la Lauter.

L'idée qui a dicté le mouvement en avant, au début du combat, du 1er régiment de tirailleurs et d'une batterie est juste. La division était surprise, et il était très logique d'aller reconnaître à coups de fusil les forces ennemies qui manifestaient leur présence si inopinément, de façon à prendre, en toute connaissance de cause, la détermination soit de se maintenir et de repousser l'attaque, soit de se replier sur le col du Pigeonnier (1). Mais l'effectif engagé était trop considérable : la moitié de l'infanterie de la division, en y comprenant le bataillon qui occupait déjà Wissembourg. Si, en effet, l'ennemi n'exécutait qu'une reconnaissance, ainsi que le pensa d'abord

(1) Le général Pédoya au général Robert, Paris, 14 juin 1880 (Archives de la guerre).

Douay (1), il importait, pour ne pas lui faciliter sa tâche, de ne lui montrer que le moins de monde possible. Si, au contraire, il attaquait avec des forces supérieures, la prudence commandait de ne lui opposer au début qu'une avant-garde de deux bataillons au total et de réserver tout le reste pour la recueillir et se replier par échelons sur le Pigeonnier. Enfin, il convenait d'occuper Altenstadt qui couvrait le flanc droit.

Quand, vers 10 h. 30, Douay se décida à la retraite, il était encore temps de l'exécuter dans d'assez bonnes conditions (2). On connaît les causes qui la retardèrent et rendirent critique la situation de la division. Si le mouvement rétrograde avait été entamé sans délai, Douay aurait obtenu, à peu de frais, l'avantage de faire déployer la majeure partie de la IIIe armée allemande, en même temps que des renseignement très précieux pour le maréchal de Mac-Mahon. Le combat de Wissembourg n'eût été qu'une manœuvre, et la division française eût rempli le rôle d'avant-garde que Napoléon définit en ces termes : « Le devoir d'une avant-garde ne consiste pas à s'avancer ou à reculer, mais à manœuvrer... L'art d'un général d'avant-garde ou d'arrière-garde est, sans se compromettre, de

(1) Le général Robert au général Ducrot (*Wissembourg*, réponse du général Ducrot à l'état-major allemand, p. 27).

(2) Général BONNAL, *loc. cit.* p. 132-137.

contenir l'ennemi, de le retarder, de l'obliger à mettre trois ou quatre heures à faire une lieue. La tactique seule donne le moyen d'arriver à ces grands résultats (1). »

Dans une lettre adressée le 15 février 1873 au général Ducrot, le général Robert, ancien chef d'état-major de la division, dit que Douay d'abord, puis après lui Pellé, furent conduits « successivement et nécessairement » aux résolutions suivantes :

« 1° Accepter un combat qui semblait n'être d'abord qu'une forte reconnaissance poussée par l'ennemi sur notre frontière ;

« 2° Défendre au moins pendant un certain temps la place de Wissembourg, qui était pour notre position un utile point d'appui en même temps qu'un obstacle à l'ennemi, et que l'honneur nous interdisait d'ailleurs de livrer sans combat ;

« 3° Défendre par suite le passage de la Lauter et la gare du chemin de fer, et plus tard utiliser successivement, pour contenir l'attaque des colonnes ennemies, nos bonnes positions du centre et de droite ;

« 4° Maintenir l'excellent moral des troupes dans ce premier engagement des deux armées et en profiter *pour attendre, avant de battre en retraite*.

(1) *Mémoires de Napoléon.*

le moment où la grande supériorité des forces de l'ennemi (qui ne montrait que successivement ses têtes de colonnes) *nous serait complètement prouvée;*

« 7° Donner au maréchal et à vous-même (Ducrot) le temps, soit de nous envoyer des renforts si cette mesure était jugée opportune, soit du moins de venir reconnaître les forces de l'ennemi et de remédier ainsi aux dangers de cet inconnu fatal sous la pression duquel le grand quartier général nous laissait depuis plusieurs jours au sujet de la position et des lignes de concentration de l'armée allemande (1). »

On ne peut qu'approuver les raisons données par le général Robert aux premier et troisième paragraphes de cette lettre, mais les autres arguments ne sauraient être admis sans réserves. L'honneur de l'armée française n'aurait subi, en effet, aucune atteinte du fait de l'abandon volontaire d'une ancienne place forte déclassée depuis trois ans, que le général Ducrot s'était empressé de faire évacuer en prenant le commandement de la 6e division militaire (2), et que le maréchal de Mac-Mahon avait refusé de faire réoccuper le 30 juillet (3). L'acceptation du combat ne pou-

(1) *Wissembourg,* réponse du général Ducrot à l'état-major allemand, p. 27.

(2) *Ibid.,* p. 6.

(3) Maréchal DE MAC-MAHON, *Souvenirs inédits.*

vait permettre ni au maréchal ni à Ducrot d'envoyer des renforts, même s'ils avaient jugé la mesure opportune, parce que les colonnes de la 1re division étaient trop éloignées de Wissembourg pour intervenir en temps utile (1). Enfin le moral des troupes ne pouvait être maintenu qu'à la condition d'éviter un combat décisif et d'effectuer à propos une retraite méthodique, véritable manœuvre qui eût conservé les effectifs de la division Douay, tout en renseignant le maréchal de Mac-Mahon, et qui n'eût pas permis à « l'Allemagne tout entière de palpiter d'espérance (2) ».

L'étude approfondie des combats livrés sur la Lauter et sur les hauteurs du Geissberg fait ressortir les défectuosités de la tactique de l'infanterie française en 1870. Elle se présente sur le champ de bataille avec la vieille ordonnance de 1791 légèrement modifiée en 1831 et 1862. Ses évolutions sont compliquées et confuses ; elles exigent des mouvements sous le feu ; elles prévoient des formations denses à courte distance de l'ennemi. L'emploi des tirailleurs est très limité ; une compagnie seulement sur six. Enfin notre infanterie ignore la valeur des points d'appui ; elle ne sait pas utiliser le terrain. Elle manœuvre en un mot comme dans les guerres de

(1) V. *suprà*, p. 149.
(2) *Historique du grand État-major prussien*, t. II, p. 135.

la Révolution et de l'Empire, malgré les armes à tir relativement rapide (1).

Deux régiments français auraient pu porter secours à la division Douay. Le 78e de ligne, parti du Vogelsberg vers 5 heures du matin, arrivait au Pigeonnier à 8 heures, quand le canon se fit entendre à Wissembourg. Quelques instants après, un hussard vint annoncer que le combat était engagé (2). On distinguait d'ailleurs parfaitement, de cette position dominante, les mouvements de l'ennemi. Au lieu de marcher au canon, le colonel attendit passivement des ordres, sans même songer à envoyer un officier à Douay, son général de division, pour les provoquer. Si, laissant quelques compagnies au Pigeonnier, le 78e s'était mis en mouvement vers 9 heures, il serait arrivé sous Wissembourg au plus tard à 11 heures, très à propos pour permettre au général Pellé de rompre le combat sur la Lauter.

On ne saurait alléguer, pour justifier l'inertie du 78e, l'ordre qu'il avait reçu de relever un régiment de la division Ducrot, le 96e, sur ses positions du Pigeonnier et environs. Cet ordre n'avait pas envisagé, certainement, l'éventualité d'une

(1) Colonel d'Andlau, *loc. cit.*, p. 454-455. ; général Thoumas, *loc. cit.*, t. II, p. 455-456.

(2) Historique manuscrit du 78e de ligne (Archives de la guerre).

attaque. Un événement imprévu — le combat qui se livrait à Wissembourg sous les yeux mêmes du 78e de ligne — modifiait complètement la situation générale et devenait le fait prédominant de la journée, celui devant lequel devaient s'effacer toutes les autres considérations.

Le 96e de ligne qui, après avoir été relevé par le 78e, s'était rassemblé à Climbach, resta également passif en attendant des ordres qui n'arrivèrent point. A 11 heures seulement, le colonel rendit compte à Ducrot de l'engagement de Wissembourg, dont on percevait le bruit et que voyaient nettement les postes du Pigeonnier (1).

Du côté des Allemands, la direction et l'exécution sont loin d'être irréprochables. La *4e* division de cavalerie fut à tort reléguée derrière l'infanterie. Le mouvement de la division bavaroise Bothmer fut lent ; l'engagement de son artillerie défectueux, la dissémination de l'infanterie excessive. L'avant-garde du Ve corps prussien perdit beaucoup de temps à franchir la Lauter à un gué dont l'utilisation ne s'imposait nullement. L'attaque des hauteurs du Geissberg fut prématurée et mal organisée (2) ; il y aurait eu lieu d'attendre, pour l'entreprendre, l'entrée en ligne des têtes de colonnes du XIe corps sur le flanc droit

(1) Historique manuscrit du 96e de ligne (Archives de la guerre).

(2) Hofbauer, *loc. cit.*, p. 48.

des Français. L'assaut du château était inutile : il suffisait de l'investir. On comprend aussi difficilement l'ordre donné par le prince royal, vers 2 heures, de s'emparer de Wissembourg « sans plus tarder (1) ». La division Douay refoulée, la ville devait tomber à bref délai sans qu'on sacrifiât un homme pour l'enlever. La cavalerie enfin, ne poursuivit pas et ne sut même pas conserver le contact. Le quartier général de la IIIe armée ignora jusqu'à la direction de retraite suivie par les Français.

Il faut reconnaître que les officiers allemands de tous grades manifestèrent, dès cette première rencontre, un sens profond de l'initiative et de la camaraderie de combat, ainsi qu'une grande énergie. Non contents de marcher simplement au canon, les généraux se préoccupèrent encore de diriger les troupes sur le point convenable. Ils suppléèrent par ces qualités aux lacunes de la direction.

Mais il convient de remarquer, avec un éminent critique, « que le succès obtenu par la IIIe armée à Wissembourg ne répondit pas, à beaucoup près, aux forces employées et aux sacrifices subis. Un faible détachement français soutint un combat de plus de six heures contre l'armée allemande qui lui était infiniment supé-

(1) *Historique du grand État-major prussien*, t. II, p. 187.

rieure en nombre... Malgré cela, le détachement français, non sans éprouver, il est vrai, des pertes sensibles, quitta le champ de bataille sans être inquiété et alla occuper, avec une partie de ses troupes, une nouvelle position qui ne se trouvait qu'à sept kilomètres des Allemands. Étant donné leur supériorité numérique écrasante, les Allemands auraient dû, sans aucun doute, envelopper le faible détachement français et l'anéantir complètement... (1) ».

Abstraction faite des erreurs commises par le commandement, le combat de Wissembourg avait été des plus honorables pour nos armes. Quand le maréchal de Mac-Mahon, apportant sa déposition devant la Commission d'enquête parlementaire sur les actes de la Défense nationale, eut achevé le récit de la lutte soutenue par la division Douay, le comte Daru, vice-président de la commission, l'interrompit pour lui dire :

« Vous devez être bien fier, monsieur le maréchal, de raconter un tel fait d'armes, et la Commission éprouve, à l'entendre, une joie patriotique (2). »

(1) Général DE WOYDE, *Causes des succès et des revers dans la guerre de 1870*, t. I, p. 113.
(2) *Enquête*, t. I, p. 35.

CHAPITRE IV

LES CONSÉQUENCES DE WISSEMBOURG

Le maréchal de Mac-Mahon au col du Pigeonnier. — Concentration du 1er corps à Frœschwiller. — Ordres donnés à cet effet. — Observations présentées par le général Lebrun à l'empereur. — Rassemblement des corps de Lorraine. — Contre-ordre de l'empereur. — Nouvelle de l'échec de Wissembourg. — Projet d'offensive sur Hombourg. — Manœuvre possible.

Dans la matinée du 4 août, le maréchal de Mac-Mahon allait partir de Strasbourg pour son inspection des postes de la frontière, quand il apprit par un télégramme du chef de gare de Wissembourg, expédié à 8 h. 30 du matin, que l'ennemi bombardait cette ville (1). S'agissait-il d'une attaque en règle contre la division Douay ou seulement d'une reconnaissance offensive analogue à celle que l'armée française de Lorraine avait exécutée sur Sarrebrück l'avant-veille? En tout état de cause, le maréchal prévint les divisions Ducrot et Raoult de se tenir prêtes à marcher ; puis, à 9 heures, il se rendit jusqu'à Soultz

(1) Maréchal DE MAC-MAHON, *Souvenirs inédits*.

par chemin de fer. En ce point, le chef de gare fit arrêter le train, « ayant reçu avis, de Wissembourg, que le général Douay avait été attaqué par des forces très supérieures et que la voie était coupée (1). » Tandis que le maréchal lisait ce télégramme, un troisième survint annonçant, inexactement d'ailleurs, que Wissembourg était au pouvoir des Allemands (2). La communication fut alors interrompue (3).

Le maréchal fit débarquer ses chevaux et se rendit à vive allure à Lembach. En y arrivant, il apprit que le général Ducrot était parti pour Climbach. Le maréchal le rejoignit et gagna avec lui le col du Pigeonnier, admirable observatoire naturel, d'où l'on découvrait tout le champ de bataille (4). Il put voir les troupes de la division Douay « débordées de toutes parts et obligées d'évacuer le Geissberg (5) ». Fort heureusement, il constata qu'elles n'étaient pas poursuivies, car la division Ducrot, dont la tête de colonne atteignait seulement Climbach, n'aurait pu leur venir en aide. « Au reste, l'ennemi présentait des forces si considérables, qu'en aucun cas, il n'y eût eu lieu de quitter nos positions pour nous porter

(1) Maréchal DE MAC-MAHON, *Souvenirs inédits*.

(2) Wissembourg, on le sait, ne fut pris que vers 2 heures de l'après-midi.

(3) Maréchal DE MAC-MAHON, *Souvenirs inédits*.

(4) *Ibid*.

(5) Général DUCROT, *Wissembourg*, p. 16.

dans la plaine (1). » On se contenta donc d'organiser la défense éventuelle du col. Mac-Mahon et Ducrot observèrent très longuement les bivouacs de la IIIe armée allemande, qu'ils estimèrent à 80,000 hommes (2). Cette supériorité numérique détermina le maréchal à reporter en arrière les divisions Ducrot et Douay et « à concentrer tout le 1er corps sur la forte position de Frœschwiller, qui coupe les directions de Bitche et de Saverne (3) ». Après avoir entendu le compte rendu du combat, fait par le capitaine Pédoya, officier d'ordonnance du général de Montmarie, le maréchal aurait ajouté : « A eux la première manche, à nous la deuxième (4). » A 2 h. 30, il expédia un télégramme à l'empereur, pour lui faire connaître d'une manière sommaire les événements et les résolutions qu'il avait prises (5).

Quel était le motif du choix de la région de Frœschwiller pour y livrer bataille? Dans son mé-

(1) Maréchal DE MAC-MAHON, *Souvenirs inédits.*

(2) Général BONNAL, *loc. cit.*, p. 142-143. — Cette estimation fut rapportée au lieutenant Bonnal le 5 août, par un capitaine de l'état-major de la 3e division du 1er corps. — Dans un télégramme expédié à l'empereur, à 10 heures du soir, le maréchal écrivait : « Au moins deux corps d'armée. » Les prisonniers prétendent, ajoutait-il, « que c'était l'armée du prince royal composée d'un corps prussien et de deux corps d'armée du Sud. » (Archives de la guerre.)

(3) Journal de marche du 1er corps (Archives de la guerre).

(4) Notes du général Pédoya *(Ibid.)*.

(5) *(Ibid.)*.

moire rédigé en 1867 « en vue d'une guerre avec l'Allemagne », le général Frossard l'avait préconisée en ces termes : « Notre armée pourrait, sur cette position de Wœrth, soutenir une lutte contre des forces supérieures avec grandes chances de succès... Par Bitche et Niederbronn, elle donnerait la main à l'armée de l'autre versant des Vosges. De là aussi, on menace sérieusement la droite et les derrières de l'ennemi, s'il tentait de pousser sur Strasbourg (1). »

Dans la soirée, le maréchal fit expédier des ordres de concentration à Frœschwiller : aux quatre divisions d'infanterie et à la division de cavalerie du 1er corps, placées directement sous son commandement ; à la division de cuirassiers Bonnemains, mise par le major général à sa disposition et stationnée à Saverne et Phalsbourg ; à la division Conseil-Dumesnil du 7e corps, établie à Colmar (2). L'exécution des mouvements commença dans la nuit du 4 au 5 août, tandis que l'armée du prince royal bivouaquait aux environs de Wissembourg. Le maréchal écrivit enfin à l'inspecteur des forêts de Haguenau pour lui recommander de « faire des abatis, de faire sauter les ponts et de couper le chemin de fer aux abords de la forêt (3) ».

(1) Archives de la guerre.
(2) Télégrammes de 2 h. 30 soir *(Ibid).*
(3) Maréchal DE MAC-MAHON, *Souvenirs inédits.*

Le quartier général fut établi à Reichshoffen, au château du comte de Leusse, député du Bas-Rhin. A 10 heures du soir, le maréchal adressa à l'empereur un compte rendu télégraphique plus détaillé des événements de la journée, des renseignements qu'il avait recueillis, de ses projets ultérieurs, des instructions données à cet effet. « Pour reprendre l'offensive avec avantage, concluait-il, il faudrait au moins trois divisions de renfort. J'ai appelé de Colmar la division Conseil. Je n'ose encore compter sur elle (1). »

*
* *

Le 4 août, le général Lebrun, « faisant allusion aux dispositions indiquées dans le plan de campagne de l'archiduc Albert », représenta à l'empereur « que les motifs qui avaient déterminé les emplacements primitifs des corps d'armée paraissaient ne plus exister (2) ». L'espoir d'une intervention de l'Autriche en faveur de la France semblait devoir être définitivement abandonné. Lebrun lui fit observer également, assure-t-il, combien il était dangereux de laisser l'armée dispersée sur un front aussi étendu. A son avis, « il

(1) Le maréchal de Mac-Mahon à l'empereur, D. t., en partie chiffrée, Reichshoffen, 4 août, 10 heures soir (Archives de la guerre).

(2) Général LEBRUN, *loc. cit.*, p. 254.

n'était que temps de la concentrer au plus vite en deux masses compactes, sinon en une seule, afin qu'elle fût mieux prête à attaquer l'ennemi ou à lui résister (1) ».

L'idée était juste. L'empereur, convaincu, écrivit aussitôt au major général : « Pour ne pas être surpris et avoir le temps de rassembler nos troupes en cas d'attaque, il faut concentrer, autour de Boulay comme centre, Ladmirault, Bazaine et Frossard... La Garde s'établirait en arrière de Boulay... Si les Prussiens avançaient demain, on se retirerait en arrière afin de se concentrer avant une lutte... (2). »

Bien que, par un excès contraire au précédent, le rassemblement des forces fût poussé jusqu'à l'agglomération, le principe était excellent et il eût été possible d'assurer l'exécution complète des instructions de l'empereur dans la matinée du 6 août, c'est-à-dire le jour même où les premières troupes ennemies franchirent la Sarre. La bataille eût pu être livrée alors par toute l'armée de Lorraine, réunie en une seule masse. Malheureusement, le projet fut abandonné presque aussitôt, sans doute sur des renseignements, d'ailleurs inexacts, fournis par les journaux anglais, qui représentaient l'armée du général de

(1) Général LEBRUN, *loc. cit.*, p. 254.

(2) L'empereur au major général, Metz, 4 août (Archives de la guerre).

Steinmetz « dans une position centrale entre Sarrebrück et Deux-Ponts », appuyée en arrière par un corps du prince Frédéric-Charles et lui attribuaient le plan « de marcher droit sur Nancy (1) ».

Sans considérer que les Allemands n'auraient pu se diriger sur cet objectif sans avoir au préalable attaqué l'armée française rassemblée à Boulay sur le flanc droit de leur marche éventuelle, l'empereur modifia ses premières dispositions. Mais au lieu d'ordonner une nouvelle concentration générale vers Saint-Avold, il voulut à la fois faire face directement à l'armée ennemie qui lui était signalée, se garder contre un mouvement offensif venant de Sarrelouis, et être en force vis-à-vis des débouchés de Deux-Ponts. Le général de Failly reçut l'ordre de diriger sur Bitche une deuxième division de son corps d'armée, vraisemblablement pour remplir cette dernière mission. Ces deux divisions seraient sous le commandement du maréchal de Mac-Mahon.

La préoccupation de couvrir tous les passages de la frontière, et de pouvoir riposter partout à une agression devait nécessairement laisser subsister la dissémination, et avec elle la faiblesse sur toute la ligne, qui en était la conséquence inévitable. Les nouvelles instructions de l'empereur réalisaient pourtant un progrès; le corps d'armée

(1) Ordre du quartier impérial (Archives de la guerre).

du maréchal Canrobert, qui se trouvait au camp de Châlons, sans la moindre utilité, fut appelé à Nancy.

A 4 h. 20 de l'après-midi, la nouvelle d'un engagement à Wissembourg commença à se répandre à Metz (1). Quelques instants après, survint un télégramme du général de Failly annonçant que les Prussiens menaçaient Bitche; que Douay avait été obligé de battre en retraite et qu'il était grièvement blessé (2). Aussitôt, l'empereur renvoya à Metz la Garde qui avait été mise en marche sur Boulay et prescrivit à de Failly de se porter sur Bitche, non plus avec une division, mais avec tout son corps d'armée, sauf une brigade qui resterait à Sarreguemines (3).

C'est vers 6 heures que parvint à Metz le premier télégramme du maréchal de Mac-Mahon relatant l'échec de Wissembourg (4).

L'émotion fut très vive. « Au grand quartier général, où rien, d'après la correspondance du maréchal de Mac-Mahon, n'avait pu faire pressentir un si triste événement, ce fut, suivant Lebrun, une véritable stupéfaction suivie tout aussitôt d'un

(1) L'empereur au maréchal Bazaine, D. t., Metz, 4 août (Archives de la guerre).

(2) Le général de Failly au major général, D. t., 4 h. 25 soir *(Ibid.)*.

(3) Le général de Failly au général Frossard, D. t., Sarreguemines, 5 h. 50 soir *(Ibid.)*.

(4) V. *suprà*, p. 193.

besoin irrésistible de prendre une offensive décidée sur la Sarre. Il n'y avait plus à temporiser, proclamait-on, il fallait immédiatement prendre, par un coup d'audace, une revanche éclatante (1). »

Le major général soumit à l'empereur un projet dans ce sens, consistant à jeter deux ou trois corps d'armée sur Hombourg. Le souverain approuva l'opération, mais avant de l'entreprendre, il tint à consulter les généraux Soleille et Coffinières, commandant l'artillerie et le génie de l'armée, et l'intendant en chef Wolff.

L'opinion des deux premiers fut très favorable et exempte de toute réserve. L'intendant en chef présenta, au contraire, de graves objections relatives à l'alimentation des troupes qu'il ne put répondre de faire vivre, pendant plus de quarante-huit heures, dans la région située sur la rive droite de la Sarre qu'il croyait épuisée par les réquisitions de l'ennemi. Cette considération eut sur l'empereur une influence décisive et le projet fut abandonné (2).

A part la garde impériale, dont le mouvement rétrograde sur Metz fut contremandé (3), on s'en tint, au grand quartier général, à peu de chose près, aux dispositions prises dans l'après-midi,

(1) Général Lebrun, *loc. cit.*, p. 247.
(2) *(Ibid.)*.
(3) L'empereur au général Bourbaki, D. t., Metz, 4 août, 11 heures soir (Archives de la guerre).

sur la foi de renseignements de source anglaise.

Ordres et contre-ordres s'étaient succédé au grand quartier général français dans cette journée du 4 août, révélant l'agitation dans l'entourage de l'empereur et l'absence d'un plan bien arrêté, d'une pensée directrice même, chez le commandement suprême. C'étaient là de fâcheux présages pour l'avenir.

La matinée du lendemain s'écoula sans qu'une décision fût prise, bien que le combat de Wissembourg et l'invasion de l'Alsace fussent la preuve manifeste de l'erreur commise dans l'appréciation du temps nécessaire à l'ennemi pour terminer ses préparatifs. Visiblement, le moment de la crise décisive approchait.

Or, la réception au quartier impérial du rapport du maréchal de Mac-Mahon pouvait inspirer une manœuvre très opportune et très judicieuse, semble-t-il.

L'*Historique du grand État-major prussien* fait observer en effet que les Vosges apparaissaient, « dès le début de la campagne, comme un obstacle remarquable pour les deux belligérants (1) ». Si, pendant la période de concentration, les armées allemandes se trouvaient « directement en contact les unes avec les autres, entre la Nahe et la Lauter (2) », il n'en était plus ainsi depuis que la

(1) *Historique du grand État-major prussien*, t. II, p. 125.
(2) *Ibid.*

IIIe armée avait franchi la frontière d'Alsace et s'était portée dans une direction qui l'avait éloignée de plus en plus de l'axe général de la marche de la IIe armée, celle du prince Frédéric-Charles. Il en résultait qu'à la date du 4 août, les Français disposaient, pour franchir l'obstacle des Vosges septentrionales, de communications plus courtes que celles qui auraient permis à la IIe armée de se porter au secours de la IIIe. L'avantage qu'ils avaient acquis ainsi s'était encore accru par le choix qu'avait fait Mac-Mahon, le 4 août au soir, de la zone de concentration de l'armée d'Alsace à Frœschwiller, au pied même des Vosges.

Ces considérations pouvaient conduire le grand quartier général français à rester sur la défensive en Lorraine et à prescrire au maréchal de Mac-Mahon de ne pas accepter la bataille avant d'avoir reçu des renforts suffisants. Jusque-là, s'il était attaqué, il rétrograderait en combattant jusqu'à la Moder ou la Zorn, sans engager aucune affaire décisive. L'armée d'Alsace utiliserait à cet effet les coupures de la Sauer, de la Zintzel, du Rothbach que ses arrière-gardes disputeraient successivement à l'ennemi. Pendant ce temps, le maréchal appellerait à lui toutes les troupes du 7e corps stationnées en haute Alsace. L'empereur lui enverrait en outre tout le 5e corps déjà en route de Sarreguemines sur Bitche, et la majeure partie du 3e, qui franchirait les

Vosges à Ingwiller et Saverne. Le maréchal disposerait ainsi, le 7 août, de douze divisions d'infanterie (1) et de trois divisions de cavalerie (2), c'est-à-dire de forces légèrement supérieures en nombre à celles du Prince royal (3).

Cette manœuvre n'était que la répétition de celle de Hoche débouchant, en décembre 1793, sur Frœschwiller contre l'armée autrichienne fixée par Pichegru. Les campagnes de la Révolution et de l'Empire présentent de nombreux exemples d'opérations semblables aux combats en retraite qu'aurait ainsi livrés Mac-Mahon en attendant des renforts. On citera en particulier : celles de la division Masséna entre la Piave et l'Adige, du 29 septembre au 8 novembre 1796; celles du général Vukassewich en Lombardie, du 1er au 7 juin 1800; celles de la division Friant au nord de Ratisbonne, du 11 au 14 avril 1809; celles du maréchal Ney contre Benningsen les

(1) Quatre du 1er corps, trois du 5e, trois du 3e, deux du 7e.

(2) Celles des 1er, 3e et 5e corps.

	Hommes.	Chevaux.
	—	—
(3) Effectifs du 1er corps le 5 août....	42,227	8,045
— du 5e corps............	28,226	5,711
— de quatre divisions du 3e corps............	33,331	7,673
— du 7e corps............	39,996	6,059
Total..........	123,780	27,488

Effectifs de la IIIe armée le 3 août : 120,175 fantassins, 14,875 chevaux, 456 bouches à feu (VON HAHNKE, *Opérations de la IIIe armée*, p. 31).

6 et 7 juin 1807. Le plan de Napoléon, au début de la campagne de 1812, reposait également sur une série de manœuvres analogues qu'il prévoyait pour l'armée de Jérôme à son aile droite, tandis qu'il se proposait de surprendre les Russes en portant le centre de gravité de ses forces à sa gauche.

On observera, d'ailleurs, que le terrain se prêtait particulièrement à une série de combats en retraite dans le couloir compris entre l'escarpe orientale des Vosges et la forêt de Haguenau, et sillonné dans la direction générale du nord-ouest au sud-est, par plusieurs cours d'eau parallèles.

Il n'est pas douteux que des opérations de ce genre exigent de la part du chef et des troupes des qualités supérieures, mais n'était-ce pas le cas du 1er corps, et les batailles de Wissembourg et de Frœschwiller n'ont-elles pas démontré qu'il était capable de tous les efforts?

CHAPITRE V

MAC-MAHON ET DE FAILLY

Le général de Failly placé sous les ordres du maréchal de Mac-Mahon. — Premières instructions envoyées par le maréchal. — Compte rendu inexact fourni par de Failly. — Ordre formel du maréchal. — Inertie du général de Failly. — Sa tentative de justification après la guerre. — Objections à ses arguments. — Mobiles vraisemblables du général de Failly.

Dès le 4 août, le général de Failly avait été placé sous les ordres du maréchal de Mac-Mahon, et avait reçu de l'empereur l'ordre de concentrer son corps d'armée à Bitche où se trouvait déjà la 3e division (1). Sa subordination au commandant de l'armée d'Alsace lui fut d'ailleurs confirmée, de façon indubitable, par un télégramme du major général en date du 5 août, midi 50 (2).

Le maréchal de Mac-Mahon ne tarda pas à user des pouvoirs qui lui étaient conférés. Les troupes du général de Failly étaient encore en marche de Sarreguemines sur Bitche, quand le maréchal télégraphia que, par ordre de l'empereur, le 5e corps passait sous son commandement

(1) V. *suprà*, p. 197.
(2) Archives de la guerre.

et devait « le rejoindre aussitôt que possible (1) ». Néanmoins, le général de Failly crut devoir arrêter la division de L'Abadie et toute l'artillerie de réserve à Rohrbach, contrevenant ainsi à la fois aux instructions de l'empereur et à celles du maréchal de Mac-Mahon (2).

Peut-être, comme il l'a dit plus tard, considérait-il la région de Rohrbach comme une « trouée » dont la protection lui incombait (3), et que l'ennemi se proposait d'attaquer le lendemain, si l'on en croyait les habitants (4). Ainsi s'expliquerait, sans pouvoir se justifier, cette double désobéissance du général de Failly.

De nouvelles instructions très pressantes du major général lui parvinrent à Bitche le 5 août vers 5 heures, montrant combien le grand quartier impérial était préoccupé d'assurer la prompte coopération des 1er et 5e corps : « Le maréchal

(1) Général DE FAILLY, *Opérations et marches du 5e corps*, p. 11. — Ce télégramme n'existe pas aux Archives de la guerre.

(2) Dans le Journal de marche du 5e corps rédigé après la guerre, le général de Failly donne comme motif de l'arrêt de ces troupes à Rohrbach, la grande fatigue qu'elles devaient « nécessairement éprouver ». Mais, d'autre part, le Journal de marche de la division de L'Abadie, dit : « La route est facile, le temps est beau, » et ne fait aucune allusion à cette fatigue (Archives de la guerre).

(3) Général DE FAILLY, *Opérations et marches du 5e corps*, p. 14.

(4) Rapport du colonel de Salignac-Fénelon sur l'artillerie du 5e corps (Archives de la guerre) ; Journal inédit du colonel de Vanteaux *(Ibid.)*.

de Mac-Mahon télégraphie de Reichshoffen à l'empereur qu'avec votre aide, il serait en mesure de prendre l'offensive. L'Empereur vous renouvelle la recommandation de vous mettre immédiatement en communication avec le maréchal et de vous conformer à ses ordres (1). »

Un télégramme du commandant de l'armée d'Alsace parvint aussitôt après au général de Failly : « Si cela vous est possible, occupez immédiatement la position de Lemberg ; c'est de la dernière urgence (2). » Il n'eût pas été superflu de faire connaître au général de Failly les raisons qui motivaient cet ordre. Lemberg est situé à quelques kilomètres au sud de Bitche, sur la route de Rohrbach à Ingwiller, par où l'ennemi, débouchant de Deux-Ponts, pouvait se présenter sur les derrières de l'armée française qui allait livrer bataille à Frœschwiller. Il importait donc de prendre des précautions contre une manœuvre de ce genre. Peut-être le maréchal voulait-il aussi conserver Lemberg en vue d'une

(1) Le major général au général de Failly, D. t., Metz, 5 août, 4 heures soir (Archives de la guerre).

D'après ce télégramme, l'empereur aurait déjà fait cette recommandation au général de Failly. On n'en trouve aucune trace aux Archives de la guerre. Un certain nombre de télégrammes importants, concernant les rapports entre les 1er et 5e corps le 5 août, ont disparu.

(2) Journal de marche du 5e corps (Archives de la guerre). — Ce télégramme fut expédié par deux voies différentes : Niederbronn et Sarreguemines.

retraite éventuelle. Son télégramme à l'empereur, du 4 août, 2 h. 30 du soir, disait en effet : « Nous défendrons les positions, en battant en retraite, si nous y sommes forcés, sur Lemberg et Meisenthal (1). »

Ignorant les intentions du maréchal, le général de Failly crut à une erreur de nom. « Lemberg, dit-il, bien que gardant un défilé des Vosges, semblait trop au sud pour être menacé. Lembach, au contraire, pouvait permettre de couper la retraite à un ennemi venant de Wissembourg, en agissant sur ses derrières (2). »

Il se borna donc à envoyer à Lemberg le sous-chef d'état-major du 5e corps avec une escorte pour reconnaître la position, au lieu d'exécuter l'ordre formel et précis qu'il avait reçu.

A 5 h. 30 du soir, le général de Failly reçut un nouveau télégramme du maréchal de Mac-Mahon : « Faites-moi connaître immédiatement quel jour et par où vous me rallierez. Il est indispensable et urgent que nous réglions nos opérations (3). »

A 6 heures, le général de Failly répondit : « La

(1) V. *suprà*, p. 193.
(2) Journal de marche du 5e corps (Archives de la guerre).
(3) Ce télégramme existe aux Archives de la guerre, mais sans date et sans heure. Son arrivée à Bitche, le 5 août à 5 h. 30 soir, est relatée par le Journal de marche du 5e corps et par le général de Failly lui-même, dans la brochure : *Opérations et marches du 5e corps*, p. 11.

division Lespart est seule à Bitche et partira à 6 heures du matin pour vous rejoindre. Les autres divisions suivront par la route de Niederbronn aussitôt leur arrivée successivement à Bitche (1). »

Sans doute, au sens propre du terme, la division de Lespart était « seule à Bitche », mais la division Goze bivouaquait à la ferme Freudenberg, à 3 kilomètres seulement de la place. Cette réponse si peu conforme à la réalité devait tromper le maréchal ; il fut persuadé que les deux autres divisions du 5e corps étaient encore à Sarreguemines, et qu'il ne pouvait compter que sur une seule pour le lendemain (2).

On peut s'étonner, en outre, qu'invité à rejoindre le 1er corps « aussitôt que possible », le général de Failly ait fixé à 6 heures du matin, au mois d'août, le départ de la division de Lespart qui, d'ailleurs, n'avait fait aucune marche dans la journée du 5, et eût été en mesure de partir le 6 au point du jour.

Un télégramme, expédié à 9 heures du soir au maréchal de Mac-Mahon, témoigne du peu d'empressement du général de Failly à satisfaire à ses ordres et aussi d'une insuffisance militaire, qui se manifestera à plusieurs reprises.

« Renseignements pris, j'ai lieu de penser que ce n'est pas le poste de Lemberg, gare de chemin

(1) Archives de la guerre.
(2) Maréchal DE MAC-MAHON, *Souvenirs inédits.*

de fer au sud de Bitche, qu'il s'agit d'occuper. Il n'y a rien d'anormal dans cette direction. Il doit s'agir de Lembach, à 32 kilomètres est de Bitche. Faites-moi connaître l'effectif des troupes à y envoyer. Demain, à 10 heures seulement, je pourrai, par suite du mouvement de concentration qui s'opère sur Bitche, disposer en cas de départ de la division de Lespart. La réserve d'artillerie devra-t-elle marcher ainsi que le convoi auxiliaire? Il est impossible à la division Lespart de faire 32 kilomètres dans la journée, si elle doit marcher militairement. Je viens d'en faire deux fois l'expérience (1). »

Ainsi le départ de la division de Lespart, déjà tardif au mois d'août, était encore reculé de quatre heures, malgré les ordres encore plus pressants du maréchal de Mac-Mahon survenus depuis. Par une conception absolument fausse, le général de Failly voulait attendre, pour la mettre en route, que la division Goze fût venue la relever au nord de Bitche. Le souci puéril de ne pas laisser les environs de cette place inoccupés, ne fût-ce que pendant quelques heures, l'emportait donc sur les injonctions pressantes du maréchal de Mac-Mahon. Le général de Failly continuait à ne pas faire mention de la division Goze. Enfin, le chiffre de 32 kilomètres était

(1) Archives de la guerre.

inexact : les distances parcourues le 5 août par les troupes étaient sensiblement inférieures (1).

L'échelonnement des trois divisions sur la route de marche permettait de faciliter et d'accélérer le mouvement. Le général de Failly ne sut pas ou ne voulut pas en profiter. D'après ses ordres pour le 6, la division de L'Abadie ne devait faire qu'une étape de 10 kilomètres, en laissant d'ailleurs un bataillon à Rohrbach ; la division Goze maintiendrait à son tour un régiment à la ferme Freudenberg jusqu'à l'arrivée des premières troupes de L'Abadie. Il est difficile de trouver des termes permettant d'apprécier une telle ignorance de la guerre, jointe à tant d'inertie.

Les dernières hésitations du général de Failly allaient être définitivement levées, semble-t-il, par la réception, à 11 heures du soir, d'un télégramme du maréchal de Mac-Mahon expédié à 8 h. 10 (2) : « Venez à Reichshoffen avec tout votre corps d'armée le plus tôt possible; nous manquons de vivres, et si vous avez à Bitche des approvisionnements, formez un convoi spécial de

(1) Vingt-cinq kilomètres de la ferme de Wising (près Sarreguemines) à la ferme Freudenberg, pour la division Goze; 18 kilomètres de Neunkirch à Rohrbach, pour la division de L'Abadie.

(2) On ne peut s'expliquer pourquoi cette dépêche n'est parvenue qu'à 11 heures soir, tandis qu'une autre qui la précédait de dix minutes est arrivée à 8 h. 45.

vivres de toute nature, que vous mettrez au chemin de fer et qui arrivera cette nuit. Vos troupes viendront par la grande route et j'espère que vous me rallierez dans la journée de demain. Accusez-moi réception (1). » Ce télégramme ne laissait place à aucune ambiguïté.

Le général de Failly se contenta d'avancer quelque peu l'heure de départ de la division de Lespart, sans rien spécifier pour les autres troupes de son corps d'armée. Il ne répondit d'ailleurs au maréchal de Mac-Mahon que le 6, à 3 heures du matin : « Je ne puis disposer que d'une division; je la réunis et je la dirige sur Reichshoffen. Il est possible qu'elle soit obligée de s'arrêter à Niederbronn... (2). »

Ainsi de Failly persistait à s'en tenir à son télégramme de 6 heures du soir, et, malgré les ordres pressants du maréchal, il lui répétait qu'il ne disposait que d'une division, bien qu'il y en eût une autre sinon à Bitche, du moins aux environs immédiats de cette ville.

Le Journal de marche du 5e corps a tenté plus tard de justifier les actes du général de Failly :

« Pour rester en communication, autant que possible, avec le 2e corps, ainsi qu'il en a reçu l'ordre formel, le général de Failly, tout en cherchant à se conformer aux instructions du maré-

(1) Archives de la guerre.
(2) *Ibid.*

chal de Mac-Mahon, croit qu'il est de son devoir de rester maître de Bitche où il s'attend à être attaqué d'un moment à l'autre, et aussi d'attendre l'arrivée de la division de L'Abadie et de l'artillerie de réserve qu'il ne peut abandonner. Il prend donc ses mesures en conséquence, en ne conservant en position que le strict nécessaire, une division, la 1re. Il envoie l'autre, la 3e, au maréchal; la 2e (L'Abadie) est encore, comme nous l'avons vu, répartie entre Sarreguemines et Rohrbach. Le général croit donc avoir agi pour le mieux et s'être scrupuleusement conformé à ce que lui dictaient les circonstances qu'il pouvait seul apprécier en ce moment; car, d'un côté, il venait en aide au maréchal autant qu'il le pouvait, et, de l'autre, il sauvegardait l'existence de ses propres troupes (1). »

A ces arguments, à ce plaidoyer *pro domo*, on peut opposer un certain nombre d'objections.

Il est vrai que le 4 août il avait été question de laisser une division du 5e corps en liaison à Sarreguemines avec le général Frossard, mais le télégramme de l'empereur prescrivant la concentration du 5e corps à Bitche avait modifié cette obligation. Elle s'effaçait d'ailleurs le 5 août, avec les instructions nouvelles du major général

(1) Journal de marche du 5e corps, rédigé en 1872, par le colonel Clémeur, sous-chef d'état-major du 5e corps, et approuvé par le général de Failly (Archives de la guerre).

plaçant de Failly sous les ordres de Mac-Mahon. Il semble bien que de Failly l'ait entendu ainsi, car aux appels pressants et répétés du maréchal, il n'objecta pas une seule fois la nécessité de rester en communication avec le 2e corps.

Il importait peu que le 5e corps restât ou non maître de Bitche, place qui a prouvé du reste qu'elle savait se défendre seule. Il s'agissait pour lui d'aller à Reichshoffen sans retard, et rien ne devait le détourner de cette mission, ni les craintes des populations, ni des considérations géographiques ou topographiques, ni même les rapports d'espions signalant des forces ennemies vers Deux-Ponts et Pirmasens. Si la marche présentait quelque danger, il eût été facile d'y faire face au moyen d'une simple flanc-garde.

Si de Failly jugeait impossible d'amener à Reichshoffen la division de L'Abadie le 6 août, du moins devait-il donner satisfaction au maréchal de Mac-Mahon autant que la situation des troupes le permettait. Or, les divisions de Lespart et Goze, ainsi que la réserve d'artillerie, pouvaient se mettre en marche le 6 à 3 heures du matin, et rejoindre le maréchal dans la journée (1).

(1) La distance de Bitche à Reichshoffen est de 24 kilomètres. En supposant que la division de Lespart soit partie de Bitche le 6 août, à 3 heures du matin, sa tête de colonne serait arrivée sur le champ de bataille de Frœschwiller à 9 heures; la réserve d'artillerie à 10 h. 30; la division Goze, à 11 heures. On admet que

Il n'est donc pas exact de dire que le général de Failly venait en aide au maréchal « autant qu'il le pouvait (1) ».

« L'existence » des troupes du 5e corps n'était point en cause par ce mouvement sur Reichshoffen. La division L'Abadie se serait portée sur Bitche d'où elle aurait rejoint le général de Failly par Philippsbourg ou Lemberg. Quant à la brigade Lapasset laissée à Sarreguemines, elle disposait, à défaut de la route de Rohrbach, de celle de Saar-Union, Lorentzen, La Petite-Pierre. D'ailleurs, un subordonné n'a pas le droit d'invoquer un tel motif pour ne pas exécuter un ordre qu'il reçoit de son chef; ce serait la source de toutes les défaillances.

Les raisons invoquées par le Journal de marche du 5e corps semblent donc inadmissibles.

En réalité, par une erreur de doctrine sur la couverture qui abolissait en quelque sorte toute liberté de manœuvre, le général de Failly voulut à la fois venir en aide au maréchal, couvrir Bitche qui n'en avait nul besoin, garder « la position de la ferme Freudenberg (2) », qui n'avait aucun intérêt par elle-même, « protéger le che-

toute la largeur de la route eût été utilisée pour diminuer la profondeur de la colonne.

(1) Journal de marche du 5e corps (Archives de la guerre).

(2) Général DE FAILLY, *Opérations et marches du 5e corps*, p. 11.

min de fer et la trouée de Rohrbach (1) », qui n'étaient point menacés, et dont la protection ne lui incombait pas. Il voulut pourvoir à tout, au lieu de négliger les objets secondaires. Il ne sut pas les subordonner au moins à l'idée maîtresse de la situation, à la mission précise qui lui était assignée : venir le plus tôt possible, avec tout son corps d'armée, à Reichshoffen, là où tout se dénouerait, là où l'appelaient les ordres formels du maréchal. Il devait tout tenter pour s'y conformer strictement, loyalement, même si l'ennemi avait cherché à s'y opposer ; il n'y parvint pas, même en l'absence de l'adversaire.

Sans doute, on peut accuser justement le commandant du 5e corps d'inertie et même de désobéissance. Si ses troupes ne prirent aucune part à la lutte du lendemain, seul il en demeure responsable. Mais à ses actes, on peut trouver peut-être quelques circonstances atténuantes dans les doctrines surannées qui régnaient alors dans l'armée française et d'après lesquelles une trouée, une vallée, un nœud de routes, un plateau possédaient des vertus propres, une valeur intrinsèque, au détriment du mouvement et de la réunion des forces pour la bataille.

(1) Général de Failly, *loc. cit.*, p. 11.

CHAPITRE VI

LA CONCENTRATION DE L'ARMÉE D'ALSACE

Propriétés attribuées par le maréchal de Mac-Mahon à la position de Frœschwiller. — Constitution de deux armées, en Alsace et en Lorraine. — Illusions du maréchal de Mac-Mahon. — Les propositions du général Ducrot. — Description du champ de bataille. — Répartition des forces. — Absence d'organisation du terrain. — Valeur de l'armée d'Alsace.

Le 5 août, à 4 heures du matin, le maréchal de Mac-Mahon transféra son quartier général de Reichshoffen à Frœschwiller, puis, accompagné du général Ducrot et de M. de Leusse, maire de Reichshoffen (1), il alla reconnaître le terrain sur lequel il se proposait de livrer bataille et qu'il n'avait encore étudié que sur la carte (2). C'étaient les hauteurs de la rive droite de la Sauer. La position, bien qu'un peu étendue, lui parut remplir les conditions qu'il supposait. Il prit donc le parti d'y tenir en étendant son front de Neehwiller jusqu'à Morsbronn, et en

(1) M. de Leusse était en outre député du Bas-Rhin et officier de mobiles.

(2) Maréchal DE MAC-MAHON, *Souvenirs inédits; Journal inédit* du comte DE LEUSSE.

rentrant à Frœschwiller, il donna des ordres pour l'installation des troupes (1).

A 10 h. 50 du matin, il télégraphia à l'empereur :

« Je suis concentré avec mon corps d'armée à Frœschwiller, étendant ma droite jusqu'à la forêt de Haguenau (2). Si l'ennemi, se voyant menacé sur sa droite, ne dépasse pas Haguenau, je suis en bonne position ; s'il dépasse Haguenau, je suis obligé de prendre position plus au sud pour garder les défilés de La Petite-Pierre et de là à Saverne.

« S'il vous est possible de disposer d'un des corps d'armée de la Moselle, venant me rejoindre par le chemin de Bitche ou par la route de La Petite-Pierre, je serai en état de reprendre l'offensive avec avantage (3). »

Le maréchal attribuait aussi à la région qu'il avait choisie pour la concentration de l'armée d'Alsace la propriété « de couvrir le chemin de fer de Strasbourg à Bitche et les voies de communications principales qui relient le revers oriental au revers occidental des Vosges (4) ».

Les demandes de renfort du maréchal de Mac-Mahon furent vraisemblablement la cause

(1) Maréchal DE MAC-MAHON, *Souvenirs inédits.*

(2) On observera que la forêt de Haguenau est à 4 kilomètres au sud de Morsbronn.

(3) Archives de la guerre.

(4) Rapport du maréchal de Mac-Mahon à l'empereur sur la bataille de Frœschwiller *(Ibid).*

prépondérante de la détermination prise par l'empereur, de revenir à la conception de deux grandes armées qui avait été celle des premiers jours de juillet. Un télégramme du major général en date du 6 août, midi 50, apprit au maréchal de Mac-Mahon que les 1er, 5e et 7e corps étaient groupés sous ses ordres, tandis que les 2e, 3e et 4e corps étaient placés sous le commandement de Bazaine (1).

Ainsi se trouvaient constituées deux armées, une d'Alsace, une autre de Lorraine; mais leurs chefs ne furent pas pourvus d'un état-major spécial; ils continuèrent à commander directement le corps d'armée mis primitivement sous leurs ordres et ne reçurent aucune instruction relative aux opérations ou aux projets de l'empereur. La Garde, le 6e corps, une partie des réserves générales demeuraient à la disposition exclusive du souverain. Enfin, par une restriction étrange et bien difficile à limiter, le major général stipulait nettement que l'autorité des deux maréchaux ne concernait que les opérations militaires. « Organisation bâtarde, a-t-on dit justement, ne laissant aux commandants d'armée qu'une lourde responsabilité, sans aucune initiative. Elle ne pouvait faire naître que l'indécision et l'incertitude dans l'esprit des chefs (2). »

(1) Archives de la guerre.
(2) Général Montaudon, *loc. cit.*, t. II, p. 79.

*
* *

Le télégramme du 5 août mérite un examen attentif, car il révèle les illusions du maréchal et les idées erronées que se faisait, en matière de stratégie, le commandement français à cette époque. En réalité, ou bien le maréchal se méprenait gravement sur les forces de l'adversaire en jugeant que l'arrivée d'un corps d'armée de la Moselle lui suffirait pour prendre l'offensive avec avantage, ou bien il jugeait que la valeur très réelle de ses troupes était de nature à compenser leur infériorité numérique. La veille, il est vrai, de son observatoire du Pigeonnier, il avait apprécié l'effectif de l'armée du prince royal à 80,000 hommes seulement. Dès lors, l'ensemble des 1er et 5e corps, de la division Conseil-Dumesnil du 7e et de la division de cuirassiers Bonnemains, lui permettait de lutter à nombre égal (1).

Mais rien ne prouvait — et tel fut en effet le cas — que le maréchal eût aperçu tous les corps de l'armée ennemie. Son télégramme à l'empereur du 4 août, 10 heures du soir, en mentionnait trois, ce qui correspondait à un effectif supérieur; du reste, un bulletin

(1) 1er corps : 42,000 hommes; 5e corps : 28,000; division Conseil-Dumesnil : 7,600; division Bonnemains : 2,600. Total : 80,200.

de renseignements du grand quartier général en date du 30 juillet en portait le nombre à quatre (1), dont une information de source sûre, parvenue le 1er août, évaluait l'effectif total à 160,000 hommes (2).

En demandant à l'empereur le renfort d'un corps d'armée de la Moselle, le maréchal avait le sentiment exact de la manœuvre à exécuter contre l'armée du prince royal séparée par les Vosges septentrionales des autres masses allemandes. Mais, en réalité, pour qu'il pût prendre l'offensive avec avantage, il lui eût fallu l'adjonction, non pas seulement du 5e corps, mais aussi du 3e, le plus rapproché de l'Alsace par ses positions entre Saint-Avold et Sarreguemines. Encore ne devait-on pas compter le voir arriver à Niederbronn avant le 8 août.

Le télégramme du 5 août s'inspirait visiblement du mémoire du général Frossard. Comment le maréchal pouvait-il admettre, sur la foi de ce document, que le prince royal pousserait au sud de Haguenau en laissant l'armée française sur son flanc droit à Frœschwiller? Son objectif était, sans nul doute, cette armée même, et non pas un point géographique, tel que Strasbourg ou un passage quelconque des Vosges. Admettre

(1) Archives de la guerre.
(2) Le capitaine Jung au major général, 1er août (*Ibid.*).

l'hypothèse contraire, c'était montrer un oubli complet des traditions napoléoniennes et revenir aux méthodes de guerre du dix-huitième siècle. Cet état d'esprit était alors à peu près général dans nos armées.

On le retrouve dans une solution préconisée par Ducrot le 5 août, solution qui dénote une fois de plus la valeur intrinsèque et la prépondérance exagérée que l'on accordait alors au terrain.

Craignant de voir l'ennemi s'intercaler entre les 1er et 5e corps, et redoutant avec raison l'extrême disproportion des forces, Ducrot émit l'avis de concentrer à Lemberg ces deux corps d'armée et de tenir la crête des Vosges, « défiant toute attaque dans les positions formidables qu'il avait depuis longtemps étudiées (1).».

Ainsi, l'on serait « en liaison avec l'armée de l'empereur, en situation d'agir contre les communications de l'armée qui avait envahi l'Alsace, si elle continuait sa route sur Strasbourg, ou de déboucher sur le flanc de l'autre masse allemande si elle franchissait la Sarre (2) ».

Ce projet soulève plusieurs objections. Rien n'obligeait la IIIe armée allemande à venir attaquer les troupes françaises sur les positions qu'elles auraient choisies. Quelques détachements ennemis placés dans les défilés des Vosges et

(1) *Vie militaire du général Ducrot*, t. II, p. 360, 373.
(2) *Ibid.*

soutenus par une masse centrale empêcheraient le maréchal de Mac-Mahon de déboucher en Alsace. En outre, « cette partie des Vosges ne peut constituer une base d'opérations pour une armée de huit ou dix divisions, pourvue d'un important matériel roulant (1). »

Ce plan supposait encore implicitement que les deux armées ennemies ne déboucheraient pas en même temps sur les deux versants des Vosges. Si, au contraire, leur marche était simultanée, les 1er et 5e corps pouvaient se trouver en fâcheuse posture et risquer l'enveloppement.

Une seule solution était admissible le 5 août : préparer une retraite pied à pied dans la direction de Saverne en utilisant, pour ralentir la marche de l'ennemi, les coupures parallèles de la Sauer, de la Zintzel, de la Moder; n'accepter la lutte qu'après avoir été rejoint au moins par les 5e et 7e corps.

Les démarches de Ducrot demeurèrent infructueuses. Confiant « dans son heureuse étoile, et dans les excellentes troupes qui composaient le 1er corps, » le maréchal « méprisait un peu trop nos adversaires et les croyait incapables de prendre immédiatement une vigoureuse offensive (2) ».

Il ne pensait donc pas être attaqué le 6 août,

(1) Général Bonnal, *loc. cit.*, p. 183.
(2) *Vie militaire du général Ducrot*, t. II, p. 375.

ainsi qu'en témoigne un ordre du 5 ne contenant d'autre prescription qu'un « séjour » pour le lendemain et l'autorisation accordée aux troupes de se faire rallier par leurs bagages. Toutefois, l'éventualité d'une bataille ne dépendait pas de lui seul et même, ainsi que les événements l'ont prouvé, des intentions du Prince royal qui se proposait de n'engager la lutte que le 7 août. Dès lors, il importait de ne pas s'y exposer en restant immobile à Frœschwiller; « le premier principe de la guerre est qu'on ne doit livrer bataille qu'avec toutes les troupes qu'on peut réunir sur le champ d'opérations (1) ».

*
* *

Cependant, dans la journée du 5 août et dans la nuit du 5 au 6, les troupes du 1er corps, de la division Conseil-Dumesnil du 7e et de la division de cuirassiers Bonnemains, affluèrent sur le terrain qu'avait choisi le maréchal pour la lutte qui devait décider du sort de l'Alsace.

La « belle position de bataille » de Frœschwiller, préconisée par le général Frossard, s'étend sur l'un des derniers contreforts orientaux des Vosges. Elle est bordée à l'est par le cours moyen de la Sauer et se développe, sur une longueur

(1) *Mémoires de Napoléon*, t. V, p. 311.

de 7 à 8 kilomètres, de Neehwiller aux abords nord-ouest de Morsbronn. C'est une sorte de plateau ondulé qui descend à la Sauer par des pentes parfois assez raides, couvertes en maints endroits de vignes et de houblonnières.

L'aspect de ce plateau est variable du nord au sud. Au centre, entre Frœschwiller et Elsasshausen, il est parsemé de vignes, de houblonnières, de vergers, de champs de céréales, et sillonné de chemins creux bordés de haies. Les vues sont peu étendues; le terrain favorise la défense pied à pied, mais aussi les cheminements de l'adversaire. Les vignes y constituent un obstacle particulièrement difficile, tant par leurs échalas à hauteur d'homme que par l'enchevêtrement des supports horizontaux qui les relient en tous sens (1). Le village de Frœschwiller et le hameau d'Elsasshausen eussent constitué de bons points d'appui, s'ils avaient été moins exposés aux vues de la rive opposée de la Sauer. Le bourg de Woerth, situé en grande partie sur la rive droite, eût été facile à défendre s'il n'avait été commandé à courte distance. Son occupation s'imposait néanmoins, à titre de tête de pont sur la rive gauche.

Le secteur central de la position est limité

(1) Aujourd'hui il ne reste, dans cette partie centrale du plateau, que peu de vignes et de houblonnières.

au nord par le bois de Frœschwiller, au sud par le Nieder-Wald, tous deux très épais. A un kilomètre environ à l'est d'Elsasshausen, s'élève la croupe dite du Calvaire.

Au sud du Nieder-Wald, dans le secteur de droite, le terrain est moins mouvementé et plus découvert qu'au nord, les pentes qui conduisent à la Sauer sont plus douces. On y trouve la ferme Lansberg et le village de Morsbronn qu'on ne crut pas pouvoir occuper sérieusement faute d'un effectif suffisant. L'aile droite française manquait donc de point d'appui naturel, et pouvait être aisément enveloppée par le sud.

Le secteur de gauche comprend le bois de Frœschwiller et la forêt de Langensoultzbach, séparés par une clairière, en forme de vallon, large de 200 à 400 mètres. La lisière ouest de cette forêt se développe parallèlement au chemin de Frœschwiller à Neehwiller, à une distance de 500 mètres en moyenne, mais elle n'en est pas toujours vue. Ces massifs boisés permettaient à l'adversaire de masquer ses préparatifs et ses mouvements, mais empêchaient son artillerie de lui prêter un concours efficace. Neehwiller était un point d'appui médiocre par lui-même et facilement abordable par la forêt.

La vallée de la Sauer est un fossé plat, couvert de prairies, large de 600 à 1,000 mètres entre les pieds des versants opposés. Sa largeur moyenne est de 5 à 6 mètres et elle est guéable en maints endroits. Mais, gonflée par l'orage de la nuit, elle était difficilement franchissable, en dehors des ponts. Ceux de Woerth avaient été détruits, mais il restait ceux du Vieux-Moulin en amont et du Bruck-Mühl en aval. La rivière était battue, il est vrai, dans toute son étendue et à bonne portée de fusil, par les hauteurs de la rive droite ; mais ces crêtes étaient elles-mêmes sous le feu des batteries de la rive gauche qui empêchaient, en général, les défenseurs de se maintenir au sommet des pentes. Le recul qu'ils devront faire laissera la vallée en angle mort, et l'assaillant n'aura plus à surmonter que les difficultés restreintes du passage d'un faible cours d'eau, à l'abri des feux de l'ennemi.

Les avantages de la position se réduisaient, en somme, à la raideur des pentes dans les secteurs de gauche et du centre, et à la valeur de certains points d'appui pour la défense rapprochée (1). Ils étaient à peu près annihilés par la supériorité du canon allemand, par la trop grande étendue du front pour l'effectif dont disposait le maréchal, par l'absence de point d'appui à notre aile droite.

(1) L'*Historique du grand État-major prussien* a fort exagéré ces avantages. (T. III, p. 215.)

*
* *

Trois divisions du 1er corps s'échelonnèrent du nord au sud, le long du plateau.

La 1re (Ducrot), qui déboucha de Lembach le 5 dès 9 heures du matin, s'établit entre Neehwiller et Frœschwiller, et forma l'aile gauche (1). La 3e (Raoult) qui, dès la veille, avait atteint les bords de la Sauer, forma le centre, en face de Woerth, s'étendant, d'un côté, dans le bois de Frœschwiller, et de l'autre, vers Elsasshausen (2).

A l'aile droite fut disposée la 4e division (de Lartigue), arrivée de Haguenau à 3 heures du matin. La première pensée du maréchal avait été de lui faire occuper le mamelon de Gunstett, sur la rive gauche, d'où, pensait-il, elle prendrait en flanc toutes les attaques dirigées contre nos positions de la rive droite. La faiblesse des effectifs et l'incertitude du concours de la division Conseil-Dumesnil lui firent abandonner ce projet. La 4e division passa sur la rive droite et s'établit entre Elsasshausen et un mamelon au nord de Morsbronn (3).

(1) Maréchal DE MAC-MAHON, *Souvenirs inédits;* Historiques manuscrits du 13e bataillon de chasseurs et du 96e de ligne (Archives de la guerre).

(2) Journal de marche de la 3e division et de la brigade L'Hériller *(Ibid.)*.

(3) Journal du colonel d'Andigné, chef d'état-major de la

La division Pellé, affaiblie par le combat de la veille, alla bivouaquer en seconde ligne, au sud-ouest de Frœschwiller, ainsi que la brigade de Septeuil qui l'avait devancée (1).

La division de cavalerie Duhesme, du 1er corps, réduite à la brigade de cuirassiers Michel et à deux escadrons du 6e lanciers (2), se plaça au nord-ouest d'Eberbach, derrière les troupes de la division de Lartigue (3).

La réserve d'artillerie, arrivée de Haguenau après une marche de nuit, forma son camp à l'est de Reichshoffen (4).

La division de cuirassiers Bonnemains, venue de Saverne et de Phalsbourg, également par une marche de nuit, s'installa au nord-est de Reichshoffen (5).

La 1re brigade de la division Conseil-Dumesnil, du 7e corps, débarqua à Reichshoffen dans l'après-midi du 5 août et établit ses bivouacs à l'ouest d'Elsasshausen. La 2e brigade n'arrivera

division de Lartigue (Archives de la guerre); maréchal DE MAC-MAHON, *Souvenirs inédits*.

(1) Historiques de la 2e division et de la brigade de Septeuil (Archives de la guerre).

(2) La brigade légère de Septeuil était toujours avec la 2e division ; le 2e lanciers était en route de Haguenau sur Reichshoffen ; le reste du 6e lanciers était en route de Schlestadt sur Reichshoffen.

(3) Historiques des 8e et 9e cuirassiers.

(4) Historique manuscrit du 6e régiment d'artillerie (Archives de la guerre).

(5) Journal de marche de la division (*Ibid.*).

que dans la nuit du 5 au 6. L'artillerie de la division ne pourra la rejoindre qu'après la bataille (1).

Le total des forces disponibles s'élèvera, le 6 août, à 48,000 rationnaires environ (2). L'effectif de la IIIe armée était près de trois fois supérieur (3).

A la gare de Reichshoffen, le lieutenant-colonel d'Abzac, aide de camp du maréchal, et le comte de Leusse, avaient pour mission de diriger sur Frœschwiller tous les corps qui arrivaient par chemin de fer.

« La nuit se passa, dit M. de Leusse, à expédier des troupes d'hommes, je n'ose dire des soldats, des détachements de 200, 300, jusqu'à 600 hommes des réserves, conduits par des sous-officiers, arrivant sans ordre, à peine armés, des quatre coins de la France et partant pour rejoindre de nuit les régiments auxquels ils appartenaient. Que purent faire ces hommes

(1) Notes sur les opérations de la 1re division du 7e corps (Archives de la guerre).

(2) Situation d'effectif au 5 août *(Ibid.)*. On a tenu compte de l'arrivée de détachements de réservistes dans la soirée du 5 août (500 au 36e de ligne, 500 au 48e de ligne, par exemple). Le Journal de marche du 1er corps et les notes dictées par le maréchal de Mac-Mahon à Wiesbaden donnent le chiffre de 35,000 combattants, inférieur à la réalité.

(3) Voir *suprà*, p. 202. Il faut observer que dans leurs tableaux d'effectifs les Allemands comptent par combattants, tandis que nous comptons par rationnaires. Ils ne tiennent pas compte des troupes d'artillerie.

arrivant à la dernière heure et ne sachant même pas manier leur fusil, pour la plupart enlevés en quelques jours à leurs familles, jetés en wagon pendant trois ou quatre jours et arrivant le ventre vide, sans savoir à quelle compagnie ils appartenaient » (1)?

Suivant l'expression du général L'Hériller, ils furent « plutôt un embarras qu'un secours » (2).

*
* *

Suivant les errements de l'époque, l'armée d'Alsace est déployée, dès le 5 août, avant même que l'ennemi ait manifesté sa présence, sur un front de 6 kilomètres environ, parallèlement à la Sauer, toutes les réserves au centre. Les ailes ne sont appuyées ni par des troupes, ni par des localités, ni par des ouvrages de fortification passagère.

Le général Ducrot, si l'on en croit son témoignage postérieur à la guerre, « conseilla au maréchal, pour consolider les positions, de faire exécuter par les troupes certains ouvrages de campagne; mais il se heurta à une opposition presque unanime des généraux, qui jugèrent inopportun de fatiguer les soldats par de tels

(1) *Journal inédit.*

(2) Rapport du général L'Hériller sur le rôle de la 3e division le 6 août (Archives de la guerre).

travaux la veille d'une bataille (1). » Bien plus, on ne mit en état de défense ni un village, ni une lisière de bois. On ne renforça pas l'obstacle de la Sauer en détruisant les ponts. Le général de Lartigue, seul, voulut faire sauter celui de Gunstett, mais fut obligé d'y renoncer parce que les voitures du génie ne portaient pas de poudre de mine (2).

On ne se préoccupa nullement d'organiser des lignes de résistance successives, ni de préparer une contre-attaque en échelonnant des réserves derrière l'aile droite. Le maréchal pensait que les ponts et les gués de la Sauer lui permettraient de reprendre l'offensive (3). En réalité, l'opération était très aléatoire, tant que l'adversaire tiendrait les hauteurs de la rive gauche qui maîtrisent tous les passages.

Les bivouacs furent formés sans qu'on se souciât de les défiler aux vues des reconnaissances allemandes, qui, des hauteurs de la rive gauche, purent à loisir compter le nombre de nos bataillons et relever leurs emplacements (4).

Les grand'gardes n'étaient pas éloignées des camps de plus de 500 mètres en moyenne. La nombreuse cavalerie dont disposait l'armée d'Al-

(1) *Vie militaire du général Ducrot*, t. II, p. 360.
(2) Journal du colonel d'Andigné (Archives de la guerre).
(3) Maréchal DE MAC-MAHON, *Souvenirs inédits*.
(4) *Historique du 2e régiment de hussards prussien*, p. 24 et suiv.; *Historique du 6e régiment de uhlans*, p. 235 et suiv.

sace se tint en arrière de l'infanterie, presque tout entière inutilisée suivant les errements de l'époque. Il y avait pourtant le plus grand intérêt à être renseigné sur la marche des colonnes de l'armée ennemie qui avait attaqué Douay la veille; à savoir si elles se dirigeaient vers le sud ou vers l'est; à connaître leur situation le 5 au soir, afin de se rendre compte de la possibilité de recevoir des renforts avant la bataille.

L'absence d'un service de sûreté digne de ce nom détermina d'ailleurs une panique, vers 3 heures de l'après-midi. Les chevaux de la réserve d'artillerie avaient été conduits à la Sauer, en aval de Woerth, quand des hussards prussiens apparurent sur la rive opposée. Un coup de mousqueton produisit un véritable affolement qui se propagea jusqu'aux troupes campées aux abords de Frœschwiller. La division Bonnemains, qui débouchait de ce village, prit en hâte sa formation de combat. Une batterie tira quelques coups sur les hussards. Le calme se rétablit ensuite assez rapidement (1).

Un orage violent éclata dans la nuit, entre 10 et 11 heures, suivi d'une pluie torrentielle qui dura jusqu'au point du jour. Les troupes françaises, qui bivouaquaient sans avoir été auto-

(1) Journal de marche de la division Bonnemains (Archives de la guerre); Historique manuscrit du 6e régiment d'artillerie (*Ibid.*).

risées à dresser des tentes, ne purent pas prendre le repos qui leur eût été si nécessaire après les fatigues très lourdes que la plupart avaient éprouvées (1).

Par surcroît, les vivres manquaient (2), bien que l'on fût dans un pays agricole, riche, et à proximité de la voie ferrée de Strasbourg à Bitche.

Les troupes françaises se trouvaient donc dans des conditions matérielles peu favorables pour livrer bataille le lendemain, mais leur moral n'était nullement atteint.

Abstraction faite des détachements de réservistes arrivés à la dernière heure, l'armée d'Alsace était excellente. Elle comprenait six superbes régiments d'Afrique, zouaves et turcos, soldats d'élite, qui s'étaient illustrés dans toutes les guerres précédentes. Les régiments de ligne et surtout les bataillons de chasseurs leur étaient à peine inférieurs. Cavaliers et canonniers ne le cédaient en rien à leurs camarades de l'infanterie.

(1) La division Pellé avait combattu le 4 et fait une marche presque ininterrompue de Wissembourg à Frœschwiller. La division de Lartigue, la réserve d'artillerie, la brigade Michel, la division de cuirassiers Bonnemains avaient fait une marche de nuit.

(2) Le maréchal de Mac-Mahon au général de Failly, Reichshoffen, 5 août (Archives de la guerre).

Toutes ces troupes étaient remarquablement encadrées par des officiers et des sous-officiers braves, expérimentés et comptant parfois plusieurs campagnes.

Jamais, peut-être, armée ne fut plus sûre d'elle-même et plus confiante dans le succès. La force morale, accumulée en quelque sorte par les victoires des guerres précédentes, lui donnait une assurance et un mépris de l'adversaire, que tous les témoignages s'accordent à reconnaître. La confiance allait jusqu'à la présomption. On raillait les contingents allemands; on n'admettait pas que le service à court terme pût faire d'eux autre chose que des milices inaptes à faire la guerre. Sans doute, elles avaient triomphé de l'Autriche; mais qu'était un pareil adversaire comparé au soldat français, le « premier du monde », suivant une expression d'alors que nul ne songeait à mettre en doute (1). « On ne peut que rougir en songeant aux rodomontades qui se débitaient couramment dans notre armée avant qu'elle eût fait connaissance avec l'ennemi (2). »

L'échec de Wissembourg n'avait découragé personne. On l'attribuait à la supériorité numérique écrasante de l'adversaire, à la surprise, à quelque mauvaise chance. On le considérait

(1) Papiers du général Wolff (Archives de la guerre).
(2) Général Bonnal, *loc. cit.*, p. 205.

comme un accident réparable à bref délai ; on ne doutait pas d'une revanche prochaine, éclatante.

Les troupes de la division Douay elles-mêmes n'étaient nullement atteintes dans leur moral. Le matin du 5 août, on les vit arriver en très bon ordre et en une allure très fière. Aux soldats valides s'étaient joints un assez grand nombre d'hommes légèrement blessés qui n'avaient pas voulu quitter leurs rangs, surtout au 1er tirailleurs. « Un frisson d'orgueil courait parmi les spectateurs, plus émus qu'ils ne voulaient le paraître (1). »

Les troupes avaient une confiance absolue et parfaitement justifiée en leur chef, le glorieux héros de Malakoff, dont l'audace et la décision à Magenta avaient transformé en un magnifique triomphe une journée compromise, et dont le calme, l'énergie, l'opiniâtreté, le mépris de la mort devaient arracher le lendemain des cris d'admiration à tous.

Le maréchal, de son côté, « se souvenait des luttes anciennes; croyait, sur de mémorables exemples, que la valeur individuelle a toujours raison du nombre et, peu initié aux nouvelles méthodes de guerre, gardait une confiance non altérée dans la persistance de son bonheur, dans la valeur de ses soldats (2) ».

(1) Général BONNAL, *loc. cit.*, p. 205.
(2) Pierre DE LA GORCE, *Histoire du second Empire*, t. VI, p. 392.

Certes, on ne saurait approuver aujourd'hui, au point de vue stratégique et tactique, toutes les dispositions qu'il prit pour la défense de l'Alsace, dans les premiers jours d'août 1870. Mais les critiques dont elles peuvent être l'objet ne sont point personnelles au maréchal. Elles visent uniquement les idées militaires du haut commandement français, à cette époque où l'étude de la guerre n'était plus en honneur ni dans les écoles, ni dans les corps de troupes. De l'épopée impériale, l'armée n'avait retenu que les souvenirs glorieux, sans se rendre compte des véritables causes de nos victoires : le génie et la puissance de travail de Napoléon Ier. Des campagnes d'Afrique, de Crimée et d'Italie lui était venue cette conviction que toute préparation était superflue, grâce à la vaillance et à l'entrain du soldat. On se dispensait de toutes sortes de travaux intellectuels, « parce que l'instruction n'était comptée pour rien dans la distribution de l'avancement (1). » On affichait un profond dédain pour ceux qui s'y livraient, et « ce n'étaient pas les plus travailleurs qui étaient le mieux vus des chefs » (2). On raillait ceux qui parlaient de l'organisation militaire de la Prusse, et on ne leur opposait qu'un argument

(1) Général Ambert, *Après Sedan*, p. 423.

(2) Général Thoumas, *loc. cit.*, t. I, p. 9. Cf. capitaine Derrécagaix, *loc. cit.*, p. 40.

péremptoire : « Bah ! on se débrouillera toujours ! » (1).

C'est là, on ne saurait trop le répéter, qu'il faut chercher la vraie cause de nos désastres. Ils ne sont imputables ni à la discipline, ni au moral, ni même à l'armement, mais à une organisation insuffisante et surtout à l'infériorité du commandement.

(1) Colonel de Ponchalon, *Souvenirs de guerre ; France militaire* du 18 décembre 1892.

TROISIÈME PARTIE

FRŒSCHWILLER (1)

CHAPITRE PREMIER

LES PRÉLIMINAIRES DE LA BATAILLE

Renseignements recueillis par le maréchal de Mac-Mahon. — Sa lettre au général de Failly. — Conception erronée du maréchal. — Les généraux Ducrot et Raoult préconisent la retraite. — Canonnade d'une batterie prussienne. — Mouvements de la IIIe armée. — Projets du prince royal. — Reconnaissance de la matinée. — La division Bothmer se porte sur Frœschwiller.

La nuit et les premières heures de la matinée du 6 s'étaient écoulées, sans que le maréchal de Mac-Mahon eût reçu du général de Failly une

(1) En France, la légende a donné à la bataille de Frœschwiller le nom de Reichshoffen. En réalité, on ne s'est pas battu à Reichshoffen. Frœschwiller, au contraire, qui a été un des points les plus acharnés de la lutte, rappelle avec plus de raison les sanglants combats du 6 août 1870. Les Allemands ont adopté le nom de bataille de Wœrth.

réponse au dernier télégramme par lequel il lui demandait de le rejoindre le plus tôt possible avec tout son corps d'armée (1). Justement inquiet de ce retard (2), le maréchal lui renouvela, un peu après 5 heures du matin, une question posée la veille : « Faites-moi connaître immédiatement quel jour et par où vous me rallierez. Il est indispensable et urgent que nous réglions ensemble nos opérations (3). »

Des renseignements — très importants s'ils avaient été exacts — étaient parvenus, sur ces entrefaites, au quartier général de l'armée d'Alsace. D'après les rapports de la cavalerie, des avant-postes, des habitants, on avait entendu, pendant toute la nuit, de grands bruits de troupes et de voitures sur notre gauche. Le maréchal s'imagina que l'ennemi ne voulait pas lui livrer bataille; qu'il se proposait de se dérober et de se porter sur les crêtes des Vosges, faisant ainsi sa jonction avec les masses allemandes de la Sarre, et coupant en même temps à l'armée d'Alsace ses communications sur Metz (4).

(1) V. *suprà*, p. 211.

(2) Le télégramme en question avait été expédié le 5 août à 8 h. 10 soir. Le général de Failly déclare ne l'avoir reçu qu'à 11 heures. Même en admettant que la transmission ait exigé un délai aussi grand, la réponse n'eût pas dû tarder aussi longtemps.

(3) Ce télégramme fut remis, déchiffré, au général de Failly, par le capitaine de Lanouvelle, à 7 heures matin (Archives de la guerre, Journal du capitaine de Lanouvelle).

(4) Papiers du général Broye (Archives de la guerre). — Le

A 5 h. 30 du matin, sous l'influence de cette préoccupation et des idées émises la veille par Ducrot, le maréchal écrivit lui-même au général de Failly une lettre où sa pensée ne ressort pas avec toute la clarté désirable et où le projet de la concentration immédiate des 1er et 5e corps semble avoir perdu de son importance :

« Camp de Frœschwiller, 6 août, 5 h. 30 du matin.

« MON CHER GÉNÉRAL,

« Vous avez été mis sous mes ordres par l'em- « pereur. Il est de la plus grande importance « que nous concertions ensemble nos opérations. « Attaqué avant-hier près de Wissembourg par « l'armée du prince royal qui m'était très supé- « rieure, j'ai été obligé de me retirer jusque « près de Reichshoffen. Il est urgent que nous « combinions nos opérations.

« D'après des renseignements dans lesquels on « doit avoir confiance, l'ennemi ferait un mou- « vement pour se porter vers les crêtes des « Vosges et nous séparer. Si ce mouvement se « confirme, nous devons l'attaquer dans les « défilés. Si, au contraire, il occupe seulement « les positions de Wissembourg à Lembach, ayant « le gros de ses forces dans la plaine, nous com-

commandant Broye était, en 1870, aide de camp du maréchal de Mac-Mahon.

« battrons ensemble pour lui enlever ses posi-
« tions. . . . . . .

« Mettez donc en route immédiatement une « de vos divisions. Il serait à désirer qu'elle pût « coucher ce soir à Philippsbourg, occupant sur « sa gauche les positions qui commandent la « route de Neuenhoffen. Si la première hypo- « thèse se réalise, cette division se porterait « d'abord sur Neuenhoffen, et de là sur Ober- « steinbach qui serait attaqué le même jour par « quatre brigades, arrivant par des routes diffé- « rentes du camp de Reichshoffen.

« Prévenu de l'exécution de ce mouvement, « vous enverriez une division de Bitche sur Stür- « zelbronn, par la grande route de Wissembourg, « poussant en avant, si elle le rencontrait, l'en- « nemi qui se trouverait ainsi pris en flagrant « délit et enveloppé de toutes parts.

« Une brigade de la dernière division se por- « terait à Lemberg, qui est la clé des Vosges de « ce côté; elle aurait avec elle une batterie. « L'autre brigade resterait à Bitche, prête à se « porter soit sur Stürzelbronn, soit sur Phi- « lippsbourg, suivant les événements. Il serait « prudent que la brigade de Lemberg se retran- « chât. Il y a des outils à Lichtenberg et à La « Petite-Pierre (1,500 dans chaque place), qui « permettraient de faire ce travail.

« Si, au contraire, l'armée du prince royal

« est concentrée dans les environs de Lembach « et dans la plaine du Rhin, la division qui « viendra la première ne sera pas arrêtée à Phi- « lippsbourg. Vous ferez marcher par la même « route la deuxième division et une brigade de « la troisième ; la dernière brigade serait dirigée « sur Lemberg, d'où elle pourrait gagner La « Petite-Pierre, si elle était obligée de battre en « retraite.

« Répondez-moi par plusieurs voies différentes. « Je vous adresse la présente par trois voies dis- « tinctes.

« *P.-S.* — En résumé, envoyez le plus tôt « possible votre première division à Philipps- « bourg, et tenez les deux autres prêtes à mar- « cher.

« Maintenez, s'il est possible, vos communi- « cations avec Philippsbourg (1). »

Le chef de bataillon du génie Moll fut chargé de porter une des expéditions de cette lettre au général de Failly. Il partit de Frœschwiller à 5 h. 30 du matin et se rendit à Bitche par Ingwiller, Wimmenau et Lemberg, parce qu'on craignait que la route directe, par Niederbronn et

(1) Cette lettre a été publiée pour la première fois, croyons-nous, par M. Alfred Duquet qui l'a copiée lui-même sur l'original resté entre les mains du général de Failly (*Frœschwiller, Châlons, Sedan*, p. 416-418). — Le texte ci-dessus est celui du journal de marche du 5e corps, qui présente quelques différences de détail.

Philippsbourg, ne fût interceptée par l'ennemi. Il arriva à destination vers 3 heures de l'après-midi (1). Les instructions dont il était porteur furent donc sans aucune influence sur les actes du général de Failly dans la matinée du 6 août.

La lettre du maréchal de Mac-Mahon n'en présente pas moins un réel intérêt, parce qu'elle fait ressortir ses idées à ce moment de crise et ses conceptions erronées de la guerre moderne.

Elle examine deux éventualités : l'ennemi se porterait « sur les crêtes des Vosges » pour séparer le 1er corps du 5e; il se concentrerait dans la plaine du Rhin en occupant « les positions de Wissembourg à Lembach ».

La première hypothèse, envisagée aussi par Ducrot (2), n'était guère vraisemblable. Pourquoi le prince royal se serait-il jeté entre Bitche et Reichshoffen, dans la montagne, où seules les têtes de colonnes pouvaient combattre? C'était annuler sa supériorité numérique et renoncer à tirer partie de son artillerie plus nombreuse et plus puissante que celle de l'adversaire. En admettant d'ailleurs que l'ennemi opérât ainsi, les mesures prises par le maréchal étaient prématu-

(1) Journal de marche du 5e corps (Archives de la guerre); général DE FAILLY, *Opérations et marches du 5e corps*, p. 12; *Vie militaire du général Ducrot*, t. II, p. 377.

On n'a pu retrouver l'heure d'arrivée à Bitche des deux autres expéditions de cette lettre.

(2) *Vie militaire*, t. II, p. 373.

rées; elles visaient un objectif géographique; elles supposaient que les Allemands étaient à Obersteinbach, qu'ils y resteraient inertes et se laisseraient envelopper de toutes parts par les six colonnes françaises convergentes. Ces dispositions procédaient de la guerre de positions telle qu'on la faisait au dix-huitième siècle. Elles montrent, une fois de plus, combien les enseignements des campagnes napoléoniennes étaient ignorés ou oubliés.

La seconde hypothèse supposait également qu'une armée, victorieuse l'avant-veille, resterait immobile au lieu de poursuivre ses avantages et de chercher à aborder au plus tôt le gros des forces opposées. Elle faisait perdre de vue au maréchal l'idée rationnelle qu'il avait suivie jusqu'alors : la nécessité d'une prompte concentration des 1er et 5e corps à Frœschwiller, en prévision d'une bataille imminente.

*
* *

Cette bataille, les généraux Ducrot et Raoult étaient d'avis de ne point l'accepter à Frœschwiller; ils se concertèrent avec M. de Leusse pour faire une nouvelle démarche à ce sujet auprès du maréchal. Raoult, dont les troupes bordaient la Sauer en face de Wœrth et de Goersdorf, « pensait avoir de grandes masses devant lui... la position, bonne pour 50,000 hommes contre autant, était trop étendue pour 33,000 ou 34,000... il fallait battre en retraite avant que le combat s'engageât (1) ». Ducrot, à qui sa connaissance de l'Alsace et son récent commandement à Strasbourg donnaient une autorité particulière, « recommandait la retraite sur Lemberg, où l'on serait forcément renforcé par le général de Failly et d'où on pourrait défendre les défilés des Vosges et donner la main à l'armée de l'empereur (2) ».

Tous deux conjurèrent M. de Leusse de faire valoir encore une fois ces arguments au maréchal et d'obtenir qu'il refusât la lutte. « Il n'y a que vous qui puissiez enlever cette détermination, affirmaient-ils. Vous avez bien étudié avec le maréchal les lignes de retraite; vous connaissez les montagnes; il a confiance dans votre si complète connaissance du pays; il faut que vous fassiez un effort; nous vous soutiendrons (3). »

M. de Leusse, déclinant son incompétence et objectant qu'il ne pourrait réussir quand des généraux avaient échoué, Ducrot insista vivement. Il fit ressortir la gravité des circonstances; il en appela à l'amitié, à l'amour du pays; il déclara qu'il y avait là un devoir à remplir et qu'aucune

(1) *Journal inédit* du comte DE LEUSSE.
(2) *Ibid.*
(3) *Ibid.*

considération ne permettait de s'y soustraire.

M. de Leusse se décida. Il entra chez le maréchal accompagné des deux généraux et exposa la situation comme il la concevait : « La position était trop étendue ; nous avions des forces considérables devant nous. Le point où nous allions battre en retraite offrait, il est vrai, le désavantage de découvrir Strasbourg ; mais, entre Bitche et Phalsbourg, dans les montagnes abruptes, grossis de Failly, nous serions inexpugnables (1). » Il montra sur la carte les trois ou quatre routes qu'il avait indiquées la veille comme lignes de retraite ; il termina en s'excusant de sa hardiesse et en s'abritant derrière les généraux Raoult et Ducrot (2). L'argumentation était ponctuée de nombreux coups de feu venant des bords de la Sauer, mais on n'y prenait pas garde, cette fusillade durait depuis les premières heures de la matinée.

Aux raisons de M. de Leusse le maréchal objecta « qu'il ne croyait pas à une bataille ; que c'était peut-être une démonstration destinée à masquer un mouvement, et que rien ne l'étonnerait si l'ennemi, se dérobant par sa droite, allait vouloir se réunir à l'armée allemande de la Moselle (3) ; enfin qu'il attendait le général de Failly

(1) *Journal inédit* du comte DE LEUSSE.
(2) *Ibid.*
(3) V. *suprà*, p. 240.

qui devait être en route (1) ». A ce moment, le feu augmenta d'intensité, surtout vers Goersdorf; des officiers vinrent annoncer que l'on voyait beaucoup de troupes allemandes vers Gunstett et que tout faisait présager un combat sérieux.

Enfin, après une assez longue discussion, le maréchal se rangea à l'avis des deux généraux et décida que la division Raoult commencerait le mouvement de retraite. M. de Leusse fut envoyé à Reichshoffen avec un escadron de cavalerie afin de faire dégager la route et rétrograder les convois (2).

Mais avant que les ordres fussent parvenus aux troupes, la canonnade d'une batterie prussienne éclata vers 7 heures sur les hauteurs de la rive gauche de la Sauer. Jugeant qu'il était trop tard désormais pour mettre son projet à exécution, le maréchal y renonça et prit la résolution d'accepter la lutte.

Cet incident, absolument localisé, était-il de nature à modifier la décision du commandant de l'armée d'Alsace et à lui faire adopter la détermination, grave entre toutes, de livrer bataille et de subir ainsi la volonté de l'ennemi? Ne suffisait-il pas, au contraire, pour exécuter en toute liberté le mouvement prescrit, de maintenir provisoirement la division Raoult sur ses positions et

(1) *Journal inédit* du comte DE LEUSSE.
(2) *Ibid.*

de lui confier le rôle d'arrière-garde, conjointement avec les divisions de cavalerie et la réserve d'artillerie? Toutes les circonstances militaient impérieusement en faveur de cette solution.

*
* *

Suivant toute vraisemblance, la retraite de l'armée d'Alsace eût été peu inquiétée. Après le combat de Wissembourg, l'ennemi avait perdu le contact de nos troupes. Le 5 août, la IIIe armée avait continué sa marche sur Strasbourg; dans la soirée, le Ve corps prussien avait atteint Preuschdorf; le XIe était à Soultz; le IIe corps bavarois à Lembach; le Ier à Ingolsheim; les Badois et les Wurtembergeois à Aschbach (1). Des renseignements recueillis, le prince royal conclut que le gros de nos forces se trouvait à l'ouest, sur la rive droite de la Sauer (2); quelques doutes pourtant subsistaient sur l'importance de rassemblements français signalés à Haguenau (3). Dès lors le prince royal résolut de concentrer l'armée face à l'ouest dans la journée du 6, une fraction seulement observant la direc-

(1) *Historique du grand État-major prussien*, t. II, p. 200-202.

(2) Von Hahnke, *Opérations de la IIIe armée*, p. 51. — Le major von Hahnke appartenait à l'état-major du prince royal.

(3) Ce n'étaient, en réalité, que des détachements traversant cette ville.

tion du sud. Son intention était de ne livrer bataille que le 7. Les ordres furent donnés à cet effet dans la soirée du 5 (1). Le IIe corps bavarois fut invité à « porter son attention, non seulement sur la route de Bitche, mais encore sur les environs de Langensoultzbach. Si dans la matinée du lendemain, le canon se faisait entendre à Wœrth, ce corps devait faire en sorte de jeter une division contre la gauche de l'adversaire, le reste demeurant face à Bitche (2) ».

Le prince royal admettait que déjà le maréchal de Mac-Mahon avait appelé à lui tout ou partie des 5e et 7e corps (3). Si cette concentration de forces était un fait accompli, il y avait quelques avantages pour la IIIe armée à surseoir d'un jour à la bataille dans le but de faire serrer les corps de seconde ligne et de ne pas combattre après la marche assez fatigante du 5 août (4). Mais d'après certains renseignements, la jonction ne s'était pas encore effectuée. A retarder l'attaque d'un jour, on laissait au maréchal la faculté de recevoir des renforts importants, et on s'exposait à livrer bataille à des forces presque doubles de

(1) Ordre de mouvement de la IIIe armée pour la journée du 6 (*Historique du grand État-major prussien*, t. III, p. 213.)
(2) *Ibid.*, p. 214.
(3) *Ibid.*
(4) Stieler von Heydekampf, *Opérations du Ve corps prussien*, p. 37. — Cette marche avait été mal préparée par l'état-major de la IIIe armée.

celles qui étaient signalées sur la Sauer, le 6 août.

Si, faisant abstraction de cette considération dont la gravité ne dut pas lui échapper, le prince royal se décidait à différer la lutte, il importait au plus haut point d'en informer les commandants de corps d'armée, en particulier ceux du Ve corps et du IIe bavarois. Du contact étroit qui existait le 5 au soir entre leurs avant-postes et les grand'gardes françaises, des escarmouches probables qui en résulteraient, pouvaient surgir des événements imprévus et contraires aux intentions du commandant en chef.

Il était non moins nécessaire d'aviser les corps d'armée de la recommandation faite au IIe corps bavarois, pour les empêcher d'engager leur artillerie sans motifs graves. Cette précaution ne fut pas prise (1). Le bruit du canon était d'ailleurs un signal défectueux en pareil cas, parce que de nombreuses éventualités étrangères à l'hypothèse envisagée par le prince royal pouvaient amener l'échange de quelques obus, à Wœrth (2).

Le général Walter von Montbarry, commandant l'avant-garde du Ve corps, ignorait sans doute les conséquences de ses actes quand, croyant remarquer, le 6 au matin, des mouvements inusités

(1) Von Hahnke, *loc. cit.*, p. 53.

(2) Ainsi, la veille, une batterie française avait envoyé des obus à quelques cavaliers prussiens.

dans les camps français, il chargea un bataillon d'exécuter une reconnaissance offensive sur Wœrth, en le faisant appuyer par une batterie qui ouvrit le feu sur le village vers 6 h. 45. C'était, en tout cas, outre-passer ses droits. Deux batteries françaises prirent successivement pour objectif l'infanterie, puis l'artillerie prussienne. Ainsi s'engagea un échange d'obus d'une rive à l'autre de la Sauer.

Les Bavarois ne doutèrent point que ce ne fût le signal convenu. La division Bothmer qui, dans les premières heures de la matinée, s'était avancée de Pfaffenbronn par Mattstall jusqu'à Langensoultzbach, marcha sur Frœschwiller où l'on apercevait des campements français.

Ainsi le hasard voulut que la canonnade de la batterie prussienne qui n'était qu'un moyen d'investigation, fût le prélude de la bataille, bataille imprévue pour le maréchal et pour le prince royal lui-même. Fait singulier en apparence, mais très fréquent à la guerre, qui montre à quel degré les volontés les mieux arrêtées peuvent être dominées par les événements, et combien il importe de mettre d'avance, au point de vue des effectifs, du matériel, de la composition des troupes, de l'emploi des différentes armes, de l'organisation du champ de bataille, de la force morale enfin, toutes les chances de son côté.

CHAPITRE II

ENGAGEMENT DES AVANT-GARDES

La 4e division bavaroise. — Son engagement. — Sa retraite sur Lembach. — Message du général von Kirchbach. — Reprise de l'action. — Déploiement de l'artillerie du Ve corps. — Infériorité de notre artillerie. — Attaque de la 20e brigade prussienne. — Contre-attaque du 2e zouaves. — Engagement de l'avant-garde du XIe corps. — Contre-attaque du 3e zouaves. — Contre-attaque du 3e tirailleurs. — Accalmie générale vers 11 h. 30. — Considérations sur les premières attaques.

Au bruit du canon, les divisions Raoult et Ducrot prirent immédiatement les armes ; le maréchal prescrivit aux autres troupes d'agir de même. Une heure après, chacun occupait son poste de combat ou achevait de s'y rendre. L'armée d'Alsace se plaça sur deux lignes, face à l'est et au nord-est, n'ayant en réserve au centre que deux divisions : l'une, Pellé, cruellement éprouvée par le combat de l'avant-veille ; l'autre, Conseil-Dumesnil, dépourvue d'artillerie et fatiguée par une nuit passée en chemin de fer ou sur les routes.

Tandis que ces mouvements s'effectuaient, la

reconnaissance prussienne, après avoir constaté que le maréchal ne cherchait pas à se dérober, se replia sur les hauteurs de Dieffenbach (1). Cet engagement était à peine terminé, que la canonnade retentissait de nouveau sur notre gauche. C'était l'artillerie de la division Ducrot qui avait ouvert le feu sur l'avant-garde de la 4e division bavaroise débouchant de Langensoultzbach.

L'infanterie ennemie s'engagea dans la forêt à l'ouest de ce village, la traversa, non sans s'y égarer un peu, et vint en border la lisière sud. Mais toutes les tentatives qu'elle fit pour en déboucher furent vaines (2). Un instant cinq compagnies environ, se glissant le long du Soultzbach, pénétrèrent dans le bois de Frœschwiller par le saillant nord-est. Alors le commandant Jodosius entraîne à sa voix cinq compagnies du 2e tirailleurs qui s'élancent à la baïonnette sur les Bavarois. La lutte est courte mais violente. Les Bavarois s'enfuient au delà du Soultzbach et disparaissent dans les bois du Hoch-Wald (3). Les turcos, loin de pousser à fond leurs avantages, s'appliquent, sur l'ordre de leur colonel, à garder leurs positions. L'idée dominante est qu'on livre une bataille défensive ; si l'on a à faire

(1) *Historique du grand État-major prussien*, t. III, p. 219.
(2) *Ibid.*, p. 221; *Historique du 9e régiment d'infanterie bavarois*, p. 106.
(3) *Historique du grand État-major prussien*, t. III, p. 223.

un mouvement en avant pour repousser une attaque trop vive il ne faut pas, recommandent les officiers, se laisser entraîner à une poursuite trop prolongée (1).

Vers 10 heures, l'échec de la 4e division bavaroise est complet, malgré sa supériorité numérique : douze bataillons contre huit, près de 10,000 hommes contre 6,000 au plus. Elle cherche seulement à se maintenir au pied des pentes (2). Encore, n'y parvint-elle pas longtemps. Vers 10 h. 30, elle fit une tentative plus sérieuse que les précédentes pour franchir la clairière au sud de la forêt de Langensoultzbach, pendant que quelques fractions essayaient d'en déboucher par le saillant sud-ouest. Accueillis par une fusillade violente ainsi que par le feu des batteries de mitrailleuses des divisions Ducrot et Raoult, les Bavarois furent obligés de rentrer sous bois presque aussitôt. Un bataillon du 1er zouaves se jeta sur le saillant à la baïonnette, y pénétra à la suite des Bavarois et, sous une poussée de flanc qui se communiqua « à la façon d'une traînée de poudre (3) », les força à évacuer toute la lisière sud. Au même instant, trois autres compagnies de zouaves abordèrent la lisière occidentale, traversèrent la forêt et parvinrent près de la sortie sud

(1) *Historique du 2e tirailleurs*, p. 394.
(2) *Historique du grand État-major prussien*, t. III, p. 224.
(3) Général Bonnal (témoin oculaire), *loc. cit.*, p. 248.

de Langensoultzbach. Partout les Bavarois reculèrent en désordre (1). Leur retraite ne fut point inquiétée d'ailleurs par les bataillons français déployés à la lisière nord du bois de Frœschwiller; ils se contentèrent de conserver leurs positions sans même faire suivre l'ennemi par quelques patrouilles. Une telle attitude dénotait une « ignorance des règles les plus élémentaires de la tactique (2) ».

Vers 10 h. 45, une période d'accalmie se produisit sur cette partie du champ de bataille; seules les batteries bavaroises continuèrent pendant quelque temps un tir lent dirigé sur Frœschwiller et la partie du bois qu'elles apercevaient, afin de couvrir la retraite de la division vers Lembach.

Un officier d'ordonnance prussien survint à ce moment, apportant de la part du commandant de la IIIe armée, l'invitation verbale, bien superflue, de cesser le combat (3).

Peu après arriva un nouvel officier envoyé par le général de Kirchbach au général de Hartmann, commandant le IIe corps bavarois, avec mission de le prévenir qu'il avait décidé d'attaquer les hauteurs à l'ouest de Wœrth et qu'il comptait sur

(1) Général Bonnal, *loc. cit.*, p. 245; *Historique du 1er zouaves*, t. II, p. 7.

(2) Général Bonnal, *loc. cit.*, p. 249.

(3) *Historique du grand État-major prussien*, t. III, p. 224; *Militär Wochenblatt*, 1903, n°s 76, 77, 78; *Abbrechen von Gefechten* (ouvrage du grand État-major prussien), p. 187.

la coopération des Bavarois sur le flanc gauche de l'adversaire (1). Hartmann excipa de l'ordre qu'il venait de recevoir, lui prescrivant de cesser le combat. Il était bien clair cependant que depuis l'envoi de ce message, la situation s'était complètement modifiée à Wœrth ; la violente canonnade de l'artillerie du Ve corps suffisait à en témoigner. Hartmann consentit seulement à arrêter sur les points qu'elles occupaient, ses troupes déjà en retraite sur Lembach (2).

« Tout ne s'est pas passé là en toute correction, a dit justement un auteur allemand. Après la brillante victoire du 6 août, on a couvert du manteau de la charité chrétienne tel ou tel soi-disant malentendu. C'est une preuve nouvelle de la grandeur d'âme du prince royal (3). »

Le maréchal de Mac-Mahon s'était porté à son aile gauche dès les premiers engagements sur ce point du champ de bataille. Toujours sous l'influence des renseignements reçus dans la matinée (4), il craignit de ce côté une attaque sérieuse destinée à tourner la division Ducrot par le nord. Après la retraite des Bavarois, il pensa « qu'ils avaient voulu exécuter une fausse attaque

(1) *Historique du grand État-major prussien*, t. III.

(2) Stieler von Heydekampf, *Opérations du Ve corps prussien*, p. 46.

(3) Major Kunz, *Die Schlacht von Wörth*, p. 38.

(4) V. *suprà*, p. 240.

pour tenter un mouvement plus important sur notre droite » . Il revint alors au centre et s'établit sur un mamelon à l'est d'Elsasshausen, à mi-chemin de ce hameau à Wœrth. Il y demeura la plus grande partie de la journée (1).

*
* *

Le général de Walther, commandant l'avant-garde du Ve corps, venait de donner l'ordre de cesser le feu sur Wœrth, lorsqu'il rencontra près de Dieffenbach le colonel von der Esch, chef d'état-major du Ve corps, qui, au bruit de l'engagement, s'était rendu aux avant-postes. On ne tarda pas à percevoir les échos d'un violent combat d'artillerie et de mousqueterie vers Langensoultzbach ; on distinguait même, sur les hauteurs à l'ouest de Wœrth, les lueurs des batteries françaises ; enfin un autre engagement commençait près de Gunstett. Dans ces conditions, le colonel von der Esch, d'accord avec le général de Walther, jugeait opportun de reprendre le combat à Wœrth, afin d'empêcher les Français de porter peut-être toutes leurs forces contre l'une des ailes de l'armée allemande, en particulier contre les

(1) Maréchal DE MAC-MAHON, *Souvenirs inédits.*
Le poste d'observation du maréchal est marqué par ce qu'on appelle encore aujourd'hui dans le pays « l'arbre de Mac-Mahon ».

Bavarois (1). Sans doute, l'intention du prince royal était de ne pas livrer bataille le 6, mais des circonstances imprévues exigeaient des déterminations nouvelles. Le temps était trop précieux d'ailleurs pour qu'on attendît de Soultz des ordres du prince royal ou même l'approbation du général de Kirchbach. Persuadé que ses chefs penseraient et agiraient comme lui, von der Esch, par un acte d'initiative hardie, donna des instructions pour faire entrer le Ve corps en ligne. Le général von Schmidt, commandant la *10*^{e} division, approuva cette résolution (2).

Vers 9 h. 30, toute l'artillerie du Ve corps, formant une seule masse de quatorze batteries, vint se déployer de part et d'autre, de la route de Dieffenbach à Wœrth. Tous les témoignages français marquent l'impression que produisit ce feu formidable. L'irrésistible supériorité du canon prussien éclata à tous les yeux. L'artillerie allemande, non seulement était plus nombreuse, mais avait en outre le double avantage d'une plus grande précision et d'une portée plus considérable. Nos projectiles enfin, étaient armés d'une fusée fusante défectueuse. On ne pouvait juger, par le point d'éclatement, si le tir était long ou court, et il était impossible de le rectifier. Cette fusée n'éclatait qu'à 1,500 ou 3,000 mètres; il

(1) *Historique du grand État-major prussien,* t. III, p. 226.
(2) *Ibid.*

fallait donc être par hasard à peu près à l'une de ces deux distances de l'ennemi pour qu'il y eût chance de l'atteindre. Les ravages de l'artillerie prussienne eussent été plus terribles encore si les pluies de la nuit précédente n'avaient détrempé le sol, en sorte que beaucoup de projectiles s'enfonçaient dans la terre argileuse sans éclater (1).

Nos batteries divisionnaires, renforcées par quatre batteries à cheval de la réserve, résistèrent assez longtemps ; puis, craignant de manquer de munitions, elles ralentirent leur tir et finirent par se replier. Une seule d'entre elles, moins exposée, continua le feu (2). Dès lors, notre infanterie allait lutter seule, ou presque seule contre les deux armes, fusil et canon, de l'adversaire.

L'artillerie prussienne prend immédiatement comme objectifs les masses françaises qu'elle aperçoit, puis fouille de ses obus les bois, les localités, les vergers, les plis de terrain où elle soupçonne que des troupes ont cherché un abri. Déjà quelques incendies se déclarent dans le hameau d'Elsasshausen.

Sur ces entrefaites, l'infanterie du Ve corps s'était rassemblée sur le plateau de Dieffenbach,

(1) De Chalus, commandant d'artillerie, *Wissembourg, Frœschwiller*, p. 96. — Le commandant de Chalus a recueilli les témoignages de plus de 250 officiers qui ont assisté à la bataille.

(2) Rapport du général Forgeot sur la bataille de Wœrth (Archives de la guerre).

puis, vers 10 h. 30, elle s'était rapprochée de la Sauer. La *20e* brigade, comptant quatre bataillons disponibles, est lancée à l'attaque de Wœrth et des hauteurs de la rive droite. Elle pénètre facilement dans le bourg que nous n'occupons pas, franchit la rivière sans grande difficulté et aborde les pentes de Frœschwiller et celles du Calvaire au sud-ouest. Les zouaves du 2e régiment, les fantassins du 1er bataillon du 21e de ligne, les chasseurs du 17e bataillon l'accueillent par un feu meurtrier. Puis une partie du 2e zouaves se précipite à la baïonnette et rejette l'ennemi jusqu'aux fossés de la route de Haguenau et à la lisière de Wœrth (1). La *20e* brigade ne parvient à se maintenir à Wœrth que grâce à l'appui de la *19e* qui s'engage à son tour (2).

Vers 11 h. 30, deux bataillons de grenadiers viennent renforcer la *20e* brigade et lui permettent de reprendre l'offensive dans le secteur compris entre la route de Frœschviller et le chemin d'Elsasshausen. Une nouvelle charge à la baïonnette du demi-régiment de droite du 2e zouaves rejette les assaillants dans Wœrth. Ils s'empressent de garnir la lisière extérieure, les clôtures et les premières maisons, pas assez rapi-

(1) *Historique du grand État-major prussien*, t. III, p. 227-229; *Historique du 50e régiment d'infanterie prussienne*, p. 227-230; *Historique* du *37e*, p. 134.

(2) *Historique du grand État-major prussien*, t. III, 238.

dement toutefois, pour empêcher les zouaves de pénétrer dans le bourg (1). Un combat acharné s'engage dans les rues, tandis qu'à l'extrême droite une compagnie de zouaves poursuit des fractions du *37*e et les force à se jeter dans la rivière. Quelques groupes français la traversent même et sont exterminés non loin des batteries du Ve corps.

Vers midi, « la situation devenant de plus en plus menaçante (2) », l'ennemi est obligé d'appeler à Wœrth un nouveau bataillon de la *19*e brigade. Accablés enfin dans une lutte à découvert contre un adversaire posté dans les maisons, et plus de trois fois supérieur en nombre, les zouaves abandonnent le bourg et reviennent s'établir à mi-coteau. Mais les efforts de l'ennemi pour déboucher de Wœrth et des fossés de la route de Haguenau demeurent infructueux. « Dans ces positions, battues par un feu terrible, les troupes ne se maintenaient qu'avec peine contre les énergiques et incessantes attaques des Français... Sur aucun point, on ne parvenait à s'avancer au delà de Wœrth ; on payait par des pertes nombreuses chacune de ces inutiles tentatives et surtout les retraites qui les suivaient (3). »

Sur cette partie du champ de bataille la situa-

(1) *Historique du grand État-major prussien*, t. III, p. 230.
(2) *Ibid.*
(3) *Ibid.*, t. III, p. 238.

tion demeurera stationnaire jusque vers 2 heures de l'après-midi. Toutes les tentatives que firent les Allemands pour déboucher de Wœrth furent repoussées par le feu avec des pertes considérables. Il en advint de même des efforts du demi-régiment de gauche du 2e zouaves, secondé par un bataillon du 36e de ligne pour pénétrer dans le bourg.

*
* *

L'avant-garde du XIe corps n'avait pas été plus heureuse que celle du Ve.

Vers 8 heures du matin, il est vrai, plusieurs tentatives du 1er bataillon de chasseurs pour s'emparer du Bruck-Muhl avaient échoué. L'artillerie de la 21e division, établie au nord-ouest de Gunstett, avait ouvert le feu sur les batteries de la division de Lartigue, et sa supériorité s'était bientôt affirmée. « La lutte était tout à fait inégale ; nous avions à répondre, avec deux batteries de quatre, à quatre batteries de bien plus gros calibre ; les projectiles prussiens avaient une trajectoire très tendue, une grande vitesse et arrivaient avec une précision remarquable dans chacune des batteries qu'aucun pli de terrain ne permettait de défiler (1). » Aussi, malgré l'arrivée de deux batteries de 12 de la réserve,

(1) Rapport du lieutenant-colonel commandant l'artillerie de la division de Lartigue (Archives de la guerre).

l'artillerie française avait-elle dû cesser le feu et s'abriter (1). Dès lors, les batteries de la 21e division étaient disponibles pour appuyer la marche de l'infanterie de la 41e brigade, avant-garde du XIe corps.

Elle franchit la Sauer fractionnée en deux groupes de deux bataillons chacun. Le groupe de droite traverse la rivière à Spachbach et se jette rapidement dans le Nieder-Wald, refoulant une compagnie de grand'garde du 3e zouaves. Celle-ci est bientôt recueillie par le reste du bataillon, et le combat se continue sous bois, à bout portant, avec de fortes pertes de part et d'autre. Le colonel Bocher, du 3e zouaves, engage successivement deux nouvelles compagnies ; les sapeurs accourent eux-mêmes pour dégager le drapeau dont le porteur, sous-lieutenant Marie, est blessé et a les vêtements troués par les balles (2).

Le général de Lartigue envoie un bataillon du 56e au secours des zouaves. Au moment où il entrait en ligne, « la position était encore à nous, grâce à la ténacité des officiers et des zouaves, qui se faisaient tuer sur place plutôt que d'abandonner la position ; cependant on sentait qu'on avait produit le maximum d'efforts (3). » Le

(1) Rapport du lieutenant-colonel commandant les 11e et 12e batteries du 6e (Archives de la guerre).

(2) Historique manuscrit du 3e zouaves *(Ibid.)*.

(3) *Ibid.*

colonel Bocher tire son épée, fait mettre la baïonnette au canon, sonner la charge et s'élance à la tête des zouaves. Les Allemands cèdent; ils sont expulsés du Nieder-Wald, poursuivis à travers la prairie et rejetés sur la Sauer, qu'ils repassent dans la plus grande confusion vers 11 h. 30. « Ce n'est qu'à Spachbach qu'il devient possible de remettre un peu d'ordre parmi ces troupes (1). »

Mais dès que le flot des fuyards s'est écoulé sur la rive gauche, les batteries prussiennes reprennent le feu et obligent les zouaves à regagner la lisière du Nieder-Wald. De là, ils entretiennent une fusillade avec l'ennemi placé de l'autre côté de la rivière. Les choses restèrent en l'état jusque vers midi.

Le groupe de gauche de la *41*e brigade subit un échec à peu près simultané dans une tentative de passage à Gunstett. Le 1er bataillon de chasseurs est tout d'abord obligé de céder le terrain et de regagner les hauteurs. Mais, vers 11 h. 30, le colonel du 3e tirailleurs lance dans le flanc gauche de l'ennemi les trois compagnies dont il dispose. Formées en bataille, elles se ruent à la baïonnette sur l'ennemi. « Tout plie, tout cède devant cette charge à fond; les tirailleurs franchissent le pont à la suite des Prussiens, poursuivent ceux-ci la baïonnette dans les reins, les refoulent jus-

(1) *Historique du grand État-major prussien*, t. III, 234.

qu'aux premières maisons de Gunstett; mais là, épuisés par l'effort héroïque, surhumain, qu'ils viennent de fournir, assaillis par le feu qui part du village, ils doivent s'arrêter, puis céder à leur tour et repasser le pont pour venir se reformer en arrière et mettre un peu d'ordre dans leurs rangs qui viennent d'être complètement décimés (1). » Ils se maintiennent pourtant dans une houblonnière voisine du pont de Gunstett et battent de leur feu ce débouché (2). Le combat se transforme peu à peu sur ce point en une fusillade sans importance.

*
* *

Entre 11 h. 30 et midi, il se produisit une accalmie sur tout le front. Les avant-gardes allemandes avaient subi des échecs, tant à Gunstett et à Spachbach, qu'à Wœrth et à Langensoultzbach. Sans doute, les dispositions prises pour leur engagement furent partout défectueuses et contenaient en elles-mêmes les germes de l'insuccès : absence d'une direction supérieure; défaut de préparation de la part du commandement à tous les degrés de la hiérarchie; rupture des liens tactiques, surtout à la *41*e brigade; diver-

(1) *Historique du 3e tirailleurs*, p. 322.
(2) *Historique du grand État-major prussien*, t. III, p. 234.

gence des efforts et hâte fébrile au Ve corps; extension considérable du front et manque d'appui de l'artillerie à la 4e division bavaroise. Mais ces échecs relèvent d'une cause d'ordre plus général.

Attribuant aux Français des procédés tactiques identiques à ceux qu'ils employaient eux-mêmes, les Allemands engagèrent leurs avant-gardes suivant les errements du temps de paix, avec la pensée inconsciente qu'elles allaient trouver d'abord en face d'elles des avant-gardes ou une ligne d'avant-postes renforcés qu'il serait nécessaire de refouler avant de combattre les gros des divisions de l'armée d'Alsace.

Il est probable que les dispositions initiales des commandants de corps d'armée eussent été toutes différentes, s'ils avaient eu la certitude de se heurter immédiatement aux forces principales de l'adversaire. Tel fut en effet l'événement — imprévu, semble-t-il — qui se produisit sur tout le front et que le commandement allemand pouvait prévoir. Si les renseignements du temps de paix ne lui en avaient pas donné la conviction, le combat de Wissembourg, les investigations de la cavalerie le 5 août, l'absence d'avant-postes français sur la Sauer, suffisaient à lui indiquer que, dans l'armée d'Alsace, la notion de l'avant-garde, telle qu'il l'entendait, n'existait pas.

Faute d'avoir su induire de ces faits la loi générale dont ils étaient la conséquence, faute peut-être d'avoir suffisamment étudié avant la guerre les procédés tactiques surannés de l'armée française, le commandement allemand engagea ses avant-gardes de telle façon qu'elles étaient vouées d'avance à l'insuccès.

On ne sut pas, malheureusement, en tirer parti à l'armée d'Alsace. Partout, on bornait son ambition à conserver des positions auxquelles on attribuait une valeur excessive et on laissait passer l'heure fugitive où il était possible de rendre plus complets les échecs des avant-gardes allemandes.

Cependant, l'ennemi agissait. Au quartier général de la IIIe armée à Soultz, on avait entendu avec surprise la canonnade de plus en plus violente. Le major de Hahnke fut expédié au général de Kirchbach avec un ordre du prince royal lui prescrivant « de ne pas accepter le combat et d'éviter tout ce qui pourrait en amener la reprise (1) ».

Le message arriva au moment où la situation des troupes allemandes était assez défavorable : à droite, les Bavarois avaient été rejetés sur Langensoultzbach ; au centre, le Ve corps se maintenait difficilement à Wœrth ; à gauche, l'avant-garde du XIe avait dû repasser la Sauer en désordre.

(1) *Historique du grand État-major prussien*, t. III, p. 235.

Kirchbach jugea qu'il n'était pas possible de rompre un combat si chaudement engagé sans exposer ses troupes à des pertes très fortes. Coïncidant avec le recul des deux corps latéraux, une telle retraite donnerait aux Français le droit incontestable de se dire vainqueurs. Sans doute, l'affaire serait sans importance matérielle, mais elle pouvait avoir un effet moral des plus sérieux (1). La IIIe armée, à part le Ve corps, se composait de Badois, de Bavarois, de Würtembergeois et aussi d'Allemands récemment annexés : une victoire cimenterait l'unité ; une retraite désagrégerait peut-être cette masse hétérogène. Cette dernière considération seule était d'une réelle valeur, car la retraite du Ve corps eût été protégée par ses batteries qui avaient pris nettement la supériorité sur l'artillerie française. Une disposition régnait d'ailleurs dans l'état-major prussien : c'était l'esprit d'offensive poussé à outrance.

Par un acte d'extraordinaire initiative et pour les raisons qui précèdent, Kirchbach ne craignit pas de transgresser les ordres formels du prince royal. Il prévint les deux corps voisins qu'il allait reprendre l'attaque et leur demanda à nouveau leur coopération. Hartmann se contenta d'arrêter la retraite de ses troupes sur Lembach. Bose,

(1) *Historique du grand État-major prussien,* t. III, p. 236.

commandant le XIe corps, allégua d'abord des ordres, puis, sur une nouvelle sollicitation, il répondit « qu'il ne laisserait pas son collègue dans l'embarras (1) ».

Ainsi, à 7 heures, l'initiative du général de Walther avait engagé l'avant-garde du Ve corps; un peu plus tard, le colonel von der Esch avait, de sa propre autorité, conduit au feu tout ce corps d'armée; à son tour, le général de Kirchbach allait engager l'armée entière.

C'est donc aux habitudes d'initiative des chefs de l'armée allemande qu'est due la bataille de Frœschwiller. Poussée aussi loin, jusqu'à la transgression des ordres les plus formels, sans motifs impérieux, cette qualité peut devenir un défaut et entraîner de graves conséquences. Mais ici ce danger était atténué par un sentiment commun et très profond de solidarité, par une confiance absolue dans le concours des corps voisins, par la certitude de la supériorité numérique et aussi par la passivité de l'adversaire.

(1) Stieler von Heydekampf, *loc. cit.*, p. 47.

CHAPITRE III

DOUBLE ATTAQUE DU XIe CORPS

Déploiement de l'artillerie du XIe corps. — Mouvement tournant de la *22*^{e} division. — Nouvelle attaque du Nieder-Wald. — Attaque de la ferme Lansberg. — Lartigue demande du renfort. — Évacuation de Morsbronn. — Notre aile droite débordée. — Prise de la ferme Lansberg. — Charge des cuirassiers Michel. — Retraite de la division de Lartigue. — Marche du général von Schkopp. — Le maréchal de Mac-Mahon songe à la retraite. — Revirement.

Fidèle à la promesse faite à Kirchbach, le général von Bose avait appelé à Gunstett toute l'artillerie du XIe corps. A midi, douze batteries établies au nord du village couvrent de leurs projectiles le Nieder-Wald et les hauteurs au sud, préparant ainsi la voie à l'infanterie (1). La *42*^{e} brigade recueille la *41*^{e} et se fractionne à cet effet en deux groupes, l'un à Spachbach, l'autre vers Gunstett. Bose, comprenant qu'une simple attaque de front sera insuffisante pour seconder le Ve corps, destine la 22e division à un mouvement débordant contre notre flanc droit (2).

(1) *Historique du grand État-major prussien*, t. III, p. 237.
(2) *Ibid.*

Cette détermination sera la cause principale de la victoire des Allemands ; elle fera tomber pièce par pièce le front de combat de l'armée d'Alsace ; elle permettra au Ve corps de se dégager à Wœrth et de gagner du terrain à son tour. Le XIe corps dispose d'ailleurs d'une supériorité numérique écrasante : 24 bataillons, 7 escadrons, 14 batteries contre les 10 bataillons, 9 escadrons, 3 batteries de la division de Lartigue (1).

Vers midi 15, deux attaques se prononcent sur son front : l'une part de Spachbach contre le Nieder-Wald ; l'autre du pont de Gunstett contre la ferme Lansberg. En même temps, le général von Schkopp, à la tête de six bataillons environ et de trois escadrons, marche sur Dürrenbach et Morsbronn, afin de déborder la division de Lartigue sur son flanc droit.

Ces préparatifs n'avaient pas échappé au général de Lartigue. Il avait envoyé son chef d'état-major, le colonel d'Andigné, prévenir le maréchal de Mac-Mahon que le combat d'artillerie était devenu très pénible ; que des masses d'infanterie très considérables ne lui permettaient pas d'avancer ; que les mouvements de l'adversaire indiquaient l'intention de tourner notre aile droite. A la demande de secours, le maréchal ré-

(1) Il ne faut pas perdre de vue que les bataillons français sont en moyenne de 700 hommes au plus, c'est-à-dire inférieurs d'au moins un quart aux bataillons allemands.

pondit par la recommandation « de tenir ferme », de ménager les munitions; puis il avait ajouté que la brigade de cuirassiers Michel était à la disposition du général de Lartigue (1).

A midi 30, cinq bataillons prussiens, débouchant de Spachbach, pénètrent dans le Nieder-Wald. Un combat d'une intensité extraordinaire s'engage dans la partie nord-est de la forêt entre ces troupes fraîches et deux bataillons du 3e zouaves, renforcés par un bataillon du 56e de ligne. L'ardeur de la lutte, l'épaisseur du fourré, les accidents du sol déterminent bientôt le mélange de toutes les unités et rendent impossible toute direction. Malgré leur supériorité numérique, les Allemands n'arrivent pas à pénétrer plus avant dans le bois; la lutte, caractérisée d'abord par des engagements partiels, alternativement offensifs et défensifs, dégénérera en un combat de pied ferme et restera stationnaire jusqu'au moment où le gros du XIe corps envahira plus tard le Nieder-Wald par sa lisière sud (2).

L'attaque partant du pont de Gunstett, bien appuyée par le feu de l'artillerie, refoule nos tirailleurs qui abandonnent la route de Haguenau et se replient sur les pentes à l'ouest, qu'ils occu-

(1) Journal du colonel d'Andigné (Archives de la guerre).

(2) *Historique du grand État-major prussien*, t. III, p. 251, 259; Historiques manuscrits du 3e zouaves et du 56e de ligne (Archives de la guerre).

paient le matin (1). Mais là ils opposent « une résistance opiniâtre (2) », surtout à l'est de la ferme Lansberg et à la lisière sud-est du Nieder-Wald, et ce n'est qu'au prix de longs efforts que les Allemands parviennent à prendre pied sur le plateau (3).

*
* *

Le général de Lartigue discernait de plus en plus nettement les mouvements des troupes du général de Schkopp, qui déjà avaient franchi la Sauer au nord de Dürrenbach et marchaient sur Morsbronn. Les batteries françaises leur envoyèrent quelques obus dont l'effet fut insignifiant en raison de la distance, et ralentit à peine leurs progrès.

Un nouveau messager, le chef d'escadron d'état-major Warnet, est envoyé au maréchal pour lui apprendre que toutes les réserves de la division sont engagées et qu'elle ne peut arrêter le mouvement tournant de l'ennemi. Mais en cet instant, l'attention du commandant en chef est attirée vers son centre, qui résiste péniblement aux attaques du Ve corps (4). A défaut de renforts,

(1) Journal du colonel d'Andigné (Archives de la guerre).
(2) *Historique du grand État-major prussien*, t. III, p. 251.
(3) *Ibid.*
(4) Renseignements verbaux de M. le général Warnet.

Mac-Mahon transmet à Lartigue une espérance, celle de la prochaine arrivée de la division de Lespart, du 5e corps. Le commandant Warnet retourne vers la 4e division et propage partout la bonne nouvelle, en recommandant encore de « tenir fermé (1) ».

Mais les événements se précipitent à l'extrême droite. Les deux compagnies de tirailleurs qui occupent Morsbronn évacuent le village, où les Prussiens pénètrent sans coup férir. Les six bataillons de von Schkopp reprennent incontinent leur marche vers le nord-ouest, de façon à faire tomber, en la prenant de flanc et à revers, toute la ligne de défense de la division de Lartigue (2).

Le colonel Ména, du 56e, essaie d'entraîner ses deux bataillons disponibles à une contre-attaque : il est frappé de six balles ; le lieutenant-colonel Souville est atteint de deux coups de feu, le commandant Niel est tué (3). Les débris du 56e se replient vers le nord-ouest, découvrant et entraînant avec eux l'aile droite du 3e tirailleurs. Une masse confuse, où se trouvent mêlés chasseurs à pied, fantassins, turcos se forme obliquement au front primitif, afin de résister à la fois aux deux attaques, depuis le saillant sud du Nieder-Wald

(1) Journal du colonel d'Andigné (Archives de la guerre).

(2) *Historique du grand État-major prussien*, t. III, p. 252.

(3) Journal du colonel d'Andigné (Archives de la guerre); Historique manuscrit du 56e de ligne *(Ibid.)*.

jusqu'à un petit bois au sud-est d'Eberbach. Les trois batteries divisionnaires reprennent le feu des hauteurs au nord-ouest de la cote 222, sur une position défilée aux vues des batteries allemandes de Gunstett (1).

Malgré l'énergie admirable que déploient officiers et soldats, il faut reculer peu à peu devant des forces très supérieures, d'autant plus que les cartouches commencent à faire défaut. L'attaque de front gagne elle-même du terrain : la ferme Lansberg tombe au pouvoir des assaillants (2).

Les progrès rapides de la brigade de Schkopp font craindre à Lartigue de se faire enlever son artillerie et de voir attaquer à revers les troupes qui combattent face à l'est. Il prescrit aux batteries d'aller s'établir au nord-ouest d'Eberbach ; puis, pour permettre à l'infanterie de se dégager, il envoie son chef d'état-major prier le général Duhesme de mettre à sa disposition un régiment de cuirassiers de la brigade Michel (3).

Le général Duhesme était gravement malade (4). Il fit signe au colonel d'Andigné d'approcher : « Au nom du ciel, dites au général de Lartigue qu'il va faire une folie et faire détruire

(1) Rapports des capitaines Zimmer et Ducasse (Archives de la guerre).

(2) *Historique du grand État-major prussien*, t. III, p. 251.

(3) Journal du colonel d'Andigné (Archives de la guerre); Rapport du général Duhesme *(Ibid.)*.

(4) Il mourut à la fin du mois d'août 1870.

pour rien mes cuirassiers. — Mon général, répliqua le chef d'état-major, il n'y a plus d'autre moyen de sauver les débris de la division ; et, d'ailleurs, écoutez ces braves gens et dites s'ils consentiraient à revenir intacts après avoir été témoins d'un pareil désastre? » Le général comprit et, d'une voix émue jusqu'aux larmes, dit ces seuls mots : « Mes pauvres cuirassiers (1) ! »

Bien qu'on n'eût demandé qu'un régiment, les 8ᵉ et 9ᵉ cuirassiers se disposèrent au combat. Deux escadrons du 6ᵉ lanciers se joignirent à eux. Toute cette cavalerie se forma sur deux lignes dans le vallon de l'Eberbach : en tête, les quatre escadrons du 8ᵉ cuirassiers ; puis les trois escadrons du 9ᵉ et les lanciers. Le général Michel et le colonel Guiot de la Rochère, du 8ᵉ cuirassiers, vont prendre les ordres du général de Lartigue, qui leur indique vers le sud-est les troupes de Schkopp débouchant de Morsbronn.

Le terrain que va parcourir la brigade Michel, probablement sans l'avoir reconnu, est particulièrement défavorable à l'action de la cavalerie. « Des rangées d'arbres, des souches coupées à fleur de sol, de profonds fossés mettaient obstacle au mouvement de masses compactes, tandis que les pentes adoucies et complètement découvertes des collines ménageaient à l'infanterie prussienne

(1) Journal du colonel d'Andigné (Archives de la guerre).

toute l'action de son feu (1). » Le général Michel sait que les pertes vont être énormes ; mais il faut se sacrifier « pour sauver les nôtres (2) ».

Dès que le 8e cuirassiers apparaît sur le plateau, à 300 mètres environ à l'ouest de la cote 222, son flanc gauche est criblé de balles par les fractions ennemies venant du Bruck-Muhl. En même temps l'artillerie du XIe corps couvre nos escadrons d'obus. Malgré cette pluie de projectiles, le régiment prend le galop et se déploie sur un front de deux escadrons environ ; un bouquet de bois oblige les deux autres à passer en seconde ligne. La charge continue dans cette formation et, comme un torrent, s'abat sur Morsbronn. Avant d'y pénétrer, le régiment se divise.

Tandis que quelques fractions se jettent sur l'infanterie, les 1er et 3e escadrons formant tête de colonne, s'engouffrent dans la longue et étroite rue du village. Déjà les maisons sont occupées et, des fenêtres, les Prussiens fusillent nos cavaliers à bout portant, sans aucun risque. Les cuirassiers qui peuvent arriver au bout du village, malgré le feu et les cadavres d'hommes et de chevaux amoncelés, sont arrêtés par une barricade et obligés de rebrousser chemin sous les balles qui, suivant un témoin oculaire, résonnent sur les cuirasses comme la grêle sur les vitres en temps d'orage.

(1) *Historique du grand État-major prussien*, t. III, p. 253.
(2) Rapport du général Michel (Archives de la guerre).

Les 4e et 5e escadrons ont contourné la lisière nord-est du village. Ils tombent sous le feu de l'infanterie, se reforment sous les balles pour charger encore, font des trouées dans les houblonnières où culbutent cavaliers et montures, et balaient, dans la plaine jusqu'à Dürrenbach et Walbourg, tout ce qui se rencontre devant eux (1).

Cependant les cuirassiers du 9e régiment ont, avec les lanciers, suivi leurs camarades du 8e. La direction est prise sur l'extrême gauche des troupes de Schkopp; elles ouvrent à trois cents pas un feu rapide qui pourtant ne parvient pas à arrêter nos escadrons. Une partie contourne Morsbronn à travers les vignes situées au nord-ouest, tandis que des fractions s'enfoncent dans la rue qui traverse le village de l'ouest à l'est.

« C'est là qu'eut lieu la grande tuerie; ces malheureux cavaliers, entassés, serrés dans un chemin encaissé, sont fusillés à bout portant par des fantassins postés dans les jardins qui dominent la route; il n'y avait pas de lutte, pas un ennemi à la portée des coups des cuirassiers: c'était un défilé sous la mitraille. Le chemin fut tellement encombré de cadavres de chevaux et d'hommes, que le soir, la bataille terminée,

(1) Rapports des généraux Duhesme et Michel (Archives de la guerre); Historique manuscrit du 8e cuirassiers *(Ibid.)*; Quelques épisodes de la charge de Morsbronn, par un témoin oculaire *(Revue de cavalerie*, août 1887).

lorsque les Prussiens voulurent y passer avec leurs prisonniers, ils furent obligés d'y renoncer (1). »

Les cuirassiers tentent de s'échapper par le sud de Morsbronn ; cette issue leur est fermée. Le colonel Waternau essaie de sortir par le nord ; il échoue également. Toutes les rues sont barricadées ; les cuirassiers tourbillonnent dans le village, à la recherche d'un débouché ; presque tous sont mis hors de combat ou pris.

L'héroïque brigade Michel laissait sur le terrain les deux tiers de son effectif (2) ; les lanciers les neuf dixièmes (3). « Cette charge eut toutefois un important résultat, dit le maréchal de Mac-Mahon. Elle permit au général de Lartigue de gagner sans être inquiété la position du Nieder-Wald et, en y réfléchissant, je ne pense pas qu'on puisse regretter cette charge mal dirigée. Elle a, du moins, prouvé à l'ennemi que nos cavaliers étaient les dignes émules de ceux du premier Empire et qu'ils méritaient toujours cet éloge de Wellington : « La cavalerie française est la première cavalerie du monde, car elle charge à fond (4). »

(1) Quelques épisodes de la charge de Morsbronn (*Revue de cavalerie, loc. cit.*).

(2) 8e cuirassiers : 15 officiers, 280 hommes ; 9e cuirassiers : 30 officiers, 338 hommes (Rapport du général Duhesme, Archives de la guerre).

(3) Historique manuscrit du 6e lanciers (*Ibid.*).

(4) Maréchal de Mac-Mahon, *Souvenirs inédits*.

La retraite de la division de Lartigue fut encore favorisée par un retour offensif exécuté vers 1 h. 30 par deux compagnies et demie du 3e zouaves, auxquelles se joignirent des groupes de turcos, de chasseurs à pied, de soldats du 56e. Sous leur choc impétueux, l'ennemi est obligé d'abandonner la ferme Lansberg, mais ce mouvement rétrograde dégage les vues de l'artillerie de Gunstett, qui arrête nos progrès. L'infanterie allemande réoccupe bientôt la ferme (1).

A l'ouest d'Eberbach, les généraux de Lartigue et Fraboulet de Kerléadec s'efforçent de rallier les débris de la 4e division autour des batteries divisionnaires. « Nos pertes en officiers ont été si grandes qu'il devient bien difficile de régulariser la défense. Les tirailleurs ont perdu les commandants Clemmer et Thiénot; le 56e, les colonels Ména et Souville et les commandants Niel et Giraudet de Sainte-Agathe. Le commandant Bureau, du 1er bataillon de chasseurs, est tué. Il manque enfin aux zouaves le lieutenant-colonel Deshorties de Beaulieu et les commandants Charmes, Pariset et Morlan. En tout, 11 officiers supérieurs sur 16 (2). »

(1) *Historique du grand État-major prussien*, t. III, p. 257. — Cet historique, mentionnant le retour offensif exécuté par 300 ou 400 hommes, s'exprime ainsi : « De fortes colonnes françaises, précédées d'un épais rideau de tirailleurs, se portent vigouréusement contre les hauteurs d'Albrechtshaüserhof. (Lansberg). »

(2) Journal du colonel d'Andigné (Archives de la guerre).

Cependant les troupes du général von Schkopp ont repris leur mouvement vers le nord et se relient bientôt à celles qui ont exécuté l'attaque de front par le pont de Gunstett et la ferme Lansberg (1). Il n'y a aucune réserve à proximité pour les arrêter. Pourtant, les débris de la division de Lartigue luttent pendant une demi-heure encore. « Mais alors il n'est plus possible de défendre aucune position. Les hommes n'en peuvent plus et n'en veulent plus (2). » Le seul souci était de ne pas être enveloppé. On rétrograda vers Schirlenhof et de là vers Reichshoffen (3).

Désormais, l'extrémité sud de la ligne de résistance du 1er corps est brisée, et comme la défense n'a pas été organisée en profondeur, comme les réserves de l'armée d'Alsace sont insuffisantes, cette ligne va nécessairement se rompre, partie par partie, sous la double attaque de front et de flanc. A mesure que la longueur diminue, l'élément qui subsiste sera de plus en plus menacé en tête, sur sa droite et sur ses derrières, de sorte que la situation des derniers défenseurs deviendra de plus en plus critique.

La bataille, indécise jusqu'au mouvement tournant de von Schkopp, se dessine donc nettement en faveur des Allemands à partir d'une heure de

(1) *Historique du grand État-major prussien*, t. III, p. 256.
(2) Journal du colonel d'Andigné (Archives de la guerre).
(3) *Ibid.*

l'après-midi. Le XIe corps, poussant à travers le Nieder-Wald sur Elsasshausen, se reliera au Ve et forcera le centre de nos positions.

*
* *

Cette issue fatale ne pouvait échapper à la clairvoyance du maréchal de Mac-Mahon. Il ne pouvait plus se dissimuler qu'il était attaqué de front par des forces importantes, et sur son aile droite par un corps d'armée, à en juger par le déploiement d'artillerie qui s'était effectué à l'est de Wœrth et au nord-est de Gunstett. Aussi songea-t-il à ordonner la retraite avant que le désastre devînt irréparable (1).

Mais ce ne fut là, selon toute vraisemblance, qu'une intention passagère, qu'un projet aussitôt abandonné que conçu (2). Peut-être, manquant de réserves immédiatement disponibles à l'aile droite, voulut-il attendre l'arrivée de la division annoncée par le général de Failly pour se dégager sur ce point; peut-être aussi les échecs des Allemands à l'aile gauche et au centre lui firent-ils espérer qu'il pourrait se maintenir sur ses positions jusqu'au moment où des troupes fraîches

(1) Maréchal DE MAC-MAHON, *Souvenirs inédits*.

(2) En fait, le maréchal n'ordonna la retraite qu'à 4 heures (Le maréchal de Mac-Mahon à l'empereur, Saverne, 7 août, Archives de la guerre).

lui permettraient de prendre une offensive générale. Pouvait-il admettre que pas une division du 5e corps ne viendrait à son secours, alors que le canon se faisait entendre avec violence depuis 9 heures du matin et que la distance de Bitche à Reichshoffen n'est pas supérieure à 25 kilomètres? Ne savait-il pas, par un télégramme du général de Failly, daté du 5 août et confirmé par deux dépêches du 6, que la division de Lespart avait dû partir dans la matinée pour rejoindre le 1er corps?

Dès la veille, il avait nettement manifesté à de Failly l'intention de le voir arriver à Reichshoffen « le plus tôt possible », et il était justement fondé à croire que le bruit de la bataille hâterait son mouvement. Le maréchal fut-il informé de l'heure de départ tardive de la division de Lespart et des lenteurs de sa marche? Il est impossible de se prononcer à cet égard, en l'absence de tout document. On observera toutefois que le télégraphe fonctionnait entre Bitche et Reichshoffen, et que le général de Failly fut en communication télégraphique avec le maréchal jusqu'à 5 heures du soir. Or, le moment du départ de Bitche de cette division et celui de son arrivée probable étaient des éléments essentiels dans la résolution qu'avait à prendre le commandant de l'armée d'Alsace, après la défaite de son aile droite, soit de tenir ferme jusqu'à son entrée en ligne, soit d'entamer la retraite. En tout état de cause, l'envoi d'un aide de camp au-devant des renforts, pour hâter leur marche et leur transmettre les instructions nécessaires à leur engagement, était une mesure qui s'imposait et ne semble pas avoir été prise. Enfin il importait de se maintenir à tout prix dans le Nieder-Wald, qui constituait comme un massif isolant entre les attaques de front et de flanc. Or, le 3ᵉ zouaves, qui l'occupait, était déjà très éprouvé et, comme mesure strictement indispensable, son renforcement s'imposait. De plus, il eût été nécessaire de jeter au plus tôt sur le flanc gauche des troupes de von Schkopp une masse de cavalerie et d'artillerie à cheval appuyée par quelque infanterie, afin de retarder leur mouvement tournant.

En réalité, l'attention du maréchal continua à être entièrement absorbée par les événements qui se passaient au centre. Peut-être se proposait-il de refouler le Vᵉ corps avant l'arrivée du XIᵉ et, devenu libre sur son front, de se retourner ensuite vers le sud. Peut-être aussi son indomptable ténacité, qui était, comme chez Wellington, une de ses qualités maîtresses, le détermina-t-elle simplement à continuer la lutte, dans l'espoir que de Failly, comme Desaix à Marengo, viendrait enfin l'aider à arracher la victoire aux Allemands.

CHAPITRE IV

LES CONTRE-ATTAQUES AU CENTRE

Arrivée du prince royal. — Ordres donnés. — Entrée en ligne de la *9*e division. — Nouvelle contre-attaque du 2e zouaves. — L'ennemi échoue au Calvaire. — Offensive générale du Ve corps. — Mouvement du colonel von der Esch. — Intervention de la *1*re division bavaroise. — Résistance énergique du 2e tirailleurs. — Le maréchal de Mac-Mahon persiste à tenir. — Retour offensif du 3e de ligne. — Contre-attaque de la brigade Maire. — Contre-attaque du 36e de ligne. — Le 3e zouaves évacue le Nieder-Wald. — Mouvements du XIe corps.

Le prince royal et son état-major n'avaient pas quitté Soultz de toute la matinée, malgré la canonnade qui grondait vers l'ouest. Vers 11 h. 30, elle prit une telle intensité que, sur les instances du général von Blumenthal, le prince se décida à quitter son quartier général. Une heure après, il atteignit les hauteurs à l'est de Wœrth et se rendit compte de l'impossibilité de rompre le combat engagé contrairement à ses intentions (1).

(1) *Historique du grand État-major prussien*, t. III, p. 241; *Tagebücher Blumenthal*, p. 73; VON HAHNKE, *loc. cit.*, p. 67.

Au reste, en admettant que le maréchal de Mac-Mahon eût réuni au 1er corps une division du 7e corps et peut-être une division du 5e, ses forces ne pouvaient dépasser 60,000 hommes et il était douteux que l'on pût retrouver des circonstances aussi favorables (1). Impressionné toutefois par la gravité de la situation au centre et par les échecs des Bavarois, le prince royal recommanda au Ve corps de différer son attaque jusqu'à l'arrivée du Ier corps bavarois et appela à Wœrth toute la *21*[e] division qu'il ne savait pas engagée entre Spachbach et Gunstett (2).

Mais le général von Kirchbach fit connaître au prince royal qu'à l'exception de quelques bataillons conservés en réserve, « tout le reste de son corps d'armée était au feu (3). » Le prince royal modifia alors son ordre et prescrivit à une heure : au IIe corps bavarois de prendre l'offensive contre la gauche française ; au Ier corps bavarois de se porter entre le Ve corps et le précédent, en gardant une division en réserve ; au XIe corps de pousser énergiquement sur Frœschwiller par le Nieder-Wald et Elsasshausen ; à la division würtembergeoise de suivre le XIe corps ; à la division badoise de rester à Surbourg pour couvrir le flanc gauche ;

(1) *Historique du grand État-major prussien*, t. III, p. 241.

(2) Stieler von Heydekampf, *loc. cit.*, p. 50. — L'*Historique du grand État-major prussien* ne reproduit pas ces prescriptions.

(3) Von Hahnke, *loc. cit.*, p. 70.

à la *4e* division de cavalerie de rester « en réserve générale (1) ».

Sur ces entrefaites, Kirchbach avait pu constater des hauteurs de Dieffenbach les progrès du XIe corps et avait jugé qu'aucune prudence ne le contraignait plus à ménager ses réserves (2). A 1 h. 30, la *9e* division entre en ligne pour soutenir la *10e*; la *17e* brigade est dirigée sur Wœrth, la *18e* sur Spachbach. La *17e* traverse Wœrth non sans peine : « Les rues du bourg étaient remplies de troupes, de blessés, d'habitants affolés ; les obus éclatant au milieu de cet encombrement venaient encore accroître le désordre (3). » Les officiers ont peine à pousser leurs soldats en avant, et ce n'est pas sans « les moyens de persuasion » les plus énergiques qu'ils les font avancer (4).

Les trois batteries de la division Pellé établies au sud de Frœschwiller tentèrent d'arrêter par leurs obus le débouché de ces colonnes, mais elles ne purent y parvenir. Les mitrailleuses contre-battues par plusieurs batteries ennemies eurent « terriblement à souffrir » ; leur tir ne fut que de courte durée ; les deux batteries de 4 au

(1) Von Hahnke, *loc. cit.*, p. 70. — L'*Historique du grand État-major prussien* reproduit ces ordres, sans parler de la *4e* division de cavalerie dont le maintien à son bivouac était une erreur grave.

(2) *Historique du grand État-major prussien*, t. III, p. 268.

(3) *Ibid.*, p. 243.

(4) Général Bonnal, *loc. cit.*, p. 345, d'après un témoin oculaire.

contraire se maintinrent énergiquement jusqu'à épuisement complet de leurs munitions (1). Mais quoique soutenues par deux batteries envoyées l'une par Ducrot, l'autre par Raoult, elles ne purent enrayer les progrès de l'infanterie de la 17e brigade prussienne à l'ouest de Wœrth.

Vers 2 heures, deux bataillons de cette brigade, marchant sur Frœschwiller, étaient parvenus à moins de 200 mètres de la position qu'occupaient le demi-régiment de gauche du 2e zouaves qu'on avait fait coucher pour l'abriter du tir de l'artillerie.

Soudain, les zouaves se relèvent à la voix de leurs officiers restés debout à leur place de bataille. « Ils mettent d'eux-mêmes la baïonnette au canon et, poussant des cris de victoire, bondissent dans les vignes à la suite du général L'Hériller qui dirige la contre-attaque, le képi au bout de la canne. La soudaineté et l'impétuosité de l'attaque sont telles que tirailleurs et officiers ennemis se débarrassent de leurs armes et de leurs manteaux en sautoir pour fuir plus vite (2). » Les soutiens massés dans les vignes à peu de distance de Wœrth ne font aucune résistance, et les zouaves pénètrent pêle-mêle avec l'ennemi dans

(1) Rapport du général Pellé (Archives de la guerre); Rapport du lieutenant-colonel commandant l'artillerie de la 2e division *(Ibid.)*.

(2) Historique manuscrit du 2e zouaves (Archives de la guerre).

le bourg. Ils y sont accueillis par une fusillade meurtrière partant des soupiraux, des fenêtres et surtout des toitures où les défenseurs ont pratiqué des ouvertures. Pendant quelque temps, les zouaves tourbillonnent dans les rues ; puis, sans soutiens et ayant perdu la moitié de leur effectif, ils reculent lentement pour regagner les hauteurs. L'ascension s'effectue avec difficulté, sous la protection de quelques fractions groupées face aux issues de Wœrth, qui suffisent à maintenir l'ennemi (1).

L'attaque contre le Calvaire de deux bataillons de la *18e* brigade, qui avaient franchi la Sauer à Spachbach et qui avaient été renforcés par un troisième, n'avaient pas été plus heureuse. Une charge à la baïonnette du 1er bataillon du 2e zouaves, du 1er bataillon du 21e de ligne et du 17e bataillon de chasseurs les rejette en désordre jusqu'aux fossés de la route de Haguenau. Le 1er bataillon du régiment des grenadiers du roi, qui se trouve en deuxième ligne, plie également sous ce choc impétueux et s'enfuit vers la Sauer. La situation sur ce point paraît si critique à l'ennemi, que l'on juge nécessaire de préparer une position plus en arrière, de creuser des tranchées

(1) Historique manuscrit du 2e zouaves (Archives de la guerre).
« Cette brillante contre-attaque du 2e zouaves, dit Carl Bleibtreu, est contestée ou passée sous silence par les relations allemandes. Elle nous a été confirmée par un témoin oculaire. » (*Die Wahrheit über 1870*, p. 5.)

sur les pentes à l'est de Spachbach et d'y appeler un nouveau bataillon du régiment des grenadiers du roi. Mais accablés par les feux croisés de l'infanterie et de l'artillerie, zouaves, fantassins et chasseurs regagnent lentement les hauteurs du Calvaire (1).

*
* *

Il était 2 heures environ, et cette double attaque venait d'échouer, lorsqu'un aide de camp du prince royal informa le général de Kirchbach de l'entrée en ligne très prochaine du Ier corps bavarois. Quelques instants après, le général von der Tann rejoignit le commandant du Ve corps et confirma cette nouvelle (2). Dès lors Kirchbach jugea avec raison superflu de conserver des réserves, et ordonna l'offensive sur tout le front (3). Un nouvel effort, plus formidable que les précédents, se produisit.

Huit bataillons en première ligne, appuyés par le 7e régiment des grenadiers, marchent à l'attaque des hauteurs situées entre le Calvaire et la route de Wœrth à Frœschwiller, tandis que les batteries du Ve corps redoublent leur feu. En même temps un bataillon et demi déborde le Calvaire par le

(1) *Historique du grand État-major prussien*, t. III, p. 214; Stieler von Heydekampf, *loc cit.*, p. 53; Historique manuscrit du 2e zouaves (Archives de la guerre).

(2) Stieler von Heydekampf, *loc. cit.*, p. 54.

(3) *Historique du grand État-major prussien*, t. III, p. 245.

sud, en se glissant dans le ravin qui s'ouvre au coude de la route de Haguenau et aboutit à Elsasshausen (1).

Néanmoins, le 1er bataillon du 2e zouaves et le 1er bataillon du 21e se maintiennent au Calvaire avec une admirable énergie. Le colonel Morand, du 21e, voulant éteindre le feu de l'artillerie ennemie au moyen de feux de salve d'infanterie, porte en avant les deux compagnies dont il dispose encore. Mais dès qu'elles ont franchi la crête, « elles sont accueillies par un feu si terrible de mitraille et de mousqueterie, qu'elles n'entendent pas les commandements et ripostent par un feu à volonté des plus violents. Repoussées un instant, elles sont ramenées au combat par le lieutenant-colonel Doineau et le commandant de Labaume » . C'est en les reportant en ligne, que ces deux officiers, déjà blessés une fois, trouvèrent une mort héroïque (2).

Les Prussiens parviennent enfin à s'emparer du saillant sud-est du Calvaire, mais sans pouvoir pousser plus loin (3). Ceux qui cheminent par le ravin au sud sont arrêtés par le 3e bataillon du 3e zouaves (4). Par contre, l'ennemi obtient un avantage au nord-ouest de Wœrth.

(1) *Historique du grand État-major prussien*, t. III, p. 244.
(2) Rapport du colonel Morand (Archives de la guerre).
(3) *Historique du grand État-major prussien*, t. III, p. 245.
(4) Historique manuscrit du 3e zouaves (Archives de la guerre).

Voyant les difficultés qu'éprouve l'aile droite de l'attaque à gagner du terrain, le colonel von der Esch prend avec lui un bataillon en réserve à Wœrth et le dirige par le grand ravin au sud de la cote 241, qui aboutit à Frœschwiller. Afin de soustraire les troupes au feu de l'artillerie et de satisfaire aux demandes de renforts formées par le colonel du 2e tirailleurs (1), on n'avait laissé que quelques fractions sur les hauteurs entre la grande route et la lisière sud du bois de Frœschwiller.

Le bataillon prussien prend donc pied facilement sur les hauteurs 241. Mais à ce moment le lieutenant-colonel Thomassin, secondé par les quelques officiers encore debout, enlève par un mouvement énergique la poignée d'hommes qui l'entoure et les ramène en avant. Un feu rapide rejette cette troupe dans le bois. Thomassin s'efforce de renouveler la charge. « Son képi au bout de son sabre, il s'élance seul contre l'ennemi, essuie son feu sans être atteint, continue sa course, trébuche en arrivant à la crête, tombe et va rouler dans les jambes des Prussiens (2). »

Ceux-ci continuent leur mouvement vers le nord-ouest jusqu'au moment où la fusillade des fractions des 48e et 78e de ligne qui occupent la

(1) Le 2e tirailleurs occupe, on s'en souvient, le bois de Frœschwiller.

(2) Général Bonnal, *loc. cit.*, p. 354.

lisière du bois, les force à s'arrêter. La situation restera à peu près stationnaire sur ce point jusqu'à 4 h. 30, quand les Bavarois aborderont Frœschwiller par le nord.

Mais ce léger succès eut une influence morale sur les bataillons voisins qui redoublèrent d'efforts et gagnèrent du terrain. Vers 2 h. 30, le Calvaire, débordé par le nord et par le sud, devint intenable et tomba aux mains de l'ennemi. Ses défenseurs se replièrent vers l'ouest et vinrent occuper un ressaut du terrain en arrière, à mi-distance d'Elsasshausen.

*
* *

Sur ces entrefaites, la *1*re division bavaroise débouchant de Gœrsdorf, avait franchi la Sauer vers 2 heures et abordé le saillant nord-est du bois de Frœschwiller, sous la protection de quatre batteries (1). Six bataillons en première ligne cherchent à gagner du terrain, sans y parvenir.

(1) A deux reprises, le prince royal avait envoyé à von der Tann l'ordre de se hâter d'entrer en ligne. Ne voyant pas le mouvement se dessiner, le prince dépêcha un troisième officier, le lieutenant de réserve de Frankenberg, avec mission de recommander à von der Tann de mettre dans son attaque toute l'énergie possible. Néanmoins, bon nombre d'unités ne bougèrent pas. Il fallut que le prince renouvelât formellement son ordre par l'intermédiaire d'un quatrième officier pour être enfin obéi (Graf Frankenberg, *Kriegstagebücher von 1866 und 1870*, p. 87 et suiv.).

L'action se transforme en une fusillade de pied ferme interrompue de temps en temps par une tentative de se porter en avant, aussitôt repoussée par les feux rapides des Français (1).

Le colonel Suzzoni, du 2e tirailleurs, et ses officiers étaient devenus parfaitement maîtres du feu. Ils dirigeaient le tir comme à l'exercice et l'interrompaient pour faire abriter leurs hommes aussitôt que reprenait celui de l'artillerie ennemie. Ils laissaient ainsi les Bavarois se rapprocher; puis, tout à coup, et presque au dernier moment, faisaient exécuter un feu rapide qui rejetait aussitôt l'assaillant. Il fallait d'ailleurs économiser les cartouches. Plusieurs officiers, envoyés à l'arrière pour en chercher, étaient revenus avec la même réponse : « Il n'y en a pas... tenez quand même ! » L'artillerie bavaroise cause de grosses pertes : « Les arbres sont écorchés par la mitraille, les branches craquent sous les obus, tombent sur la tête des hommes et forment en quelques endroits de véritables abatis (2). »

Néanmoins les turcos se maintiennent avec une inébranlable fermeté « sous une véritable pluie de fer et de balles (3). » Le colonel parcourt le terrain, exhortant au calme, au sang-froid, donnant l'exemple du mépris de la mort : « Nous

(1) *Historique du grand État-major prussien*, t. III, p. 272.
(2) *Historique du 2e régiment de tirailleurs*, p. 396.
(3) Rapport du commandant Mathieu (Archives de la guerre).

mourrons tous ici, s'il le faut, dit-il en arabe aux tirailleurs, et nous ne reculerons pas d'un seul pas (1). »

Vivement pressé, le général Raoult a demandé des renforts à Ducrot qui est peu menacé et qui lui envoie, vers 1 h. 30, le 13e bataillon de chasseurs et neuf compagnies du 18e de ligne. Ces dernières restent en réserve près du saillant sud-ouest du bois ; le 13e bataillon de chasseurs se porte dans le bois même, derrière le centre du 1er tirailleurs (2).

Mais une autre brigade bavaroise entre en ligne en arrière et à droite des six bataillons engagés. Tout d'abord son intervention ne produit aucun résultat. Plusieurs attaques à la baïonnette sont arrêtées par le feu meurtrier des tirailleurs (3). Le commandant de cette brigade, constatant l'impossibilité de progresser sur ce point, dirige cinq bataillons du Vieux-Moulin vers le nord-ouest, afin d'atteindre les abords sud de Langensoulzbach et de déborder ainsi notre aile gauche. Seul, ce mouvement tournant aura raison vers 4 h. 45 de la résistance admirable du 2e tirailleurs.

(1) *Historique du 2e tirailleurs*, p. 392.

(2) Rapport du général Ducrot (Archives de la guerre); Historiques manuscrits du 13e bataillon de chasseurs et du 18e de ligne *(Ibid.)*.

(3) *Historique du grand État-major prussien*, t. III, p. 273.

*
* *

Vers 2 heures de l'après-midi, la situation de l'armée française commençait à devenir grave. A l'aile gauche, il est vrai, tout danger semblait avoir disparu, et les Bavarois n'avaient pu réussir à s'emparer du saillant nord-est du bois de Frœschwiller. Au centre, l'attaque du Ve corps progressait peu à peu, mais sans être encore inquiétante. Par contre, il était manifeste que le combat dans le Nieder-Wald prenait une tournure fâcheuse; que les avantages de l'adversaire s'y accentuaient, et que le moment approchait où il allait en atteindre la lisière nord.

La liaison s'établirait alors entre les deux attaques de front et de flanc; les deux branches de l'équerre se souderaient, enserrant de plus en plus ce qui restait aux Français de leurs positions initiales. D'autre part, le maréchal n'avait point reçu l'avis de l'arrivée à Reichshoffen de la division de Lespart. En supposant, dans l'hypothèse la plus favorable, qu'elle atteignît cette localité à ce moment même, il fallait compter encore une heure pour que sa tête de colonne débouchât sur le champ de bataille et deux heures et demie pour qu'elle pût y être rassemblée et prête à agir. Dans ces conditions, il était bien probable que son intervention se produirait trop tardivement pour que l'issue de la journée pût en être modifiée. La forte supériorité numérique de l'ennemi était d'ailleurs indéniable. Le maréchal avait reçu par l'intermédiaire de M. de Leusse « des nouvelles précises des villages du Rhin » évaluant l'effectif de l'armée allemande à plus de 120,000 hommes (1). La retraite s'imposait donc au maréchal s'il voulait éviter une défaite complète.

« Pourquoi, écrivait, quelques jours après, au ministre de la guerre, un des officiers généraux présents, pourquoi, quand on voit la bataille perdue, ne pas profiter du reste d'énergie des troupes pour donner, en temps opportun, les ordres nécessaires pour opérer une retraite honorable, pour sauver les bagages, la réserve d'artillerie, la caisse de l'armée (2) ? »

Le maréchal n'en jugea pas ainsi : sa volonté de vaincre n'était nullement brisée par la rupture de son aile droite, et il continuait à ne pas désespérer du succès. Confiant dans ses vaillantes troupes, il essaya, par de nouvelles et vigoureuses contre-attaques, de se dégager de l'étreinte du Ve corps.

Aussitôt le Calvaire enlevé par l'ennemi, il ordonne à la 1re brigade de la division Conseil-Dumesnil de le reprendre. Le colonel Champion qui commande cette brigade, ne dispose plus que

(1) *Journal inédit* du comte DE LEUSSE.
(2) Général DE PALIKAO, *Un ministère de la guerre de vingt-quatre jours*, p. 62.

du 3e de ligne. Un bataillon recueille le 1er bataillon du 21e qui rétrogradait lentement devant les tirailleurs de la *18*e brigade prussienne ; les deux autres forment échelon en arrière et à droite. L'ensemble se porte en avant en laissant Elsasshausen à gauche. A peine en vue, le régiment est accueilli par une grêle de balles et d'obus sous laquelle il s'arrête. Les hommes se couchent. Le colonel les enlève par le cri : « En avant pour tout le monde ! » La charge sonne ; le régiment marche « dans un ordre magnifique » et aborde le Calvaire « sans avoir tiré un coup de fusil (1) ».

Une lutte des plus vives et des plus meurtrières s'engage alors. Le Calvaire est le centre d'un combat acharné où l'on se fusille presque à bout portant, et où combattent pêle-mêle des fantassins des 3e et 21e de ligne, des zouaves, des chasseurs à pied, des Prussiens des 7e et *47*e régiments. Un premier retour offensif de l'ennemi est repoussé par un groupe de zouaves et de soldats du 21e. Mais nos pertes sont trop fortes ; le colonel Champion est atteint de trois blessures ; quatre officiers sont tués, sept autres blessés. Sans soutien, le 3e de ligne est obligé d'abandonner le Calvaire (2) ; il est recueilli par le 17e bataillon de chasseurs et le 1er bataillon du 47e qui maintiennent l'ennemi à distance.

(1) Historique manuscrit du 3e de ligne (Archives de la guerre).
(2) *Ibid.*

Dans l'intervalle, les Prussiens ont avancé au nord du Calvaire de part et d'autre de la route de Frœschwiller. Afin d'arrêter leurs progrès dans cette direction, le maréchal prescrit à la 2ᵉ brigade de la division Conseil-Dumesnil de prononcer une contre-attaque sur Wœrth.

Laissant un bataillon en réserve, le général Maire dispose ses deux régiments, 47ᵉ et 99ᵉ, dans une formation dense, et les porte en avant, en passant au nord d'Elsasshausen. Dès que cette masse compacte apparaît, elle est criblée de balles et d'obus qui lui causent des pertes énormes. Instinctivement les bataillons se déploient en une chaîne confuse qui ouvre le feu. Maire fait battre la charge. Aussitôt nos soldats se précipitent en avant à la baïonnette et rejettent l'ennemi dans les vergers et les vignes qui avoisinent Wœrth. Quelques maisons tombent même au pouvoir des Français, sont occupées par les Prussiens, reconquises encore et finalement évacuées quand le feu violent des batteries de la rive gauche et des défenseurs du bourg nous oblige à rétrograder. Les pertes sont considérables pendant cette retraite : le général Maire est tué, le colonel de Gramont a le bras emporté par un obus ; le lieutenant-colonel et les trois chefs de bataillon du 47ᵉ sont hors de combat (1).

(1) Rapports du colonel de Saint-Hilaire et du capitaine Spickert (Archives de la guerre) ; Rapport du lieutenant von Collani,

En dépit de tant de sacrifices, le résultat est le même qu'au Calvaire; l'ennemi regagne rapidement le terrain perdu. La retraite de la brigade Maire est couverte par le bataillon du 99e laissé en réserve, et qui ne remplit cette mission qu'au prix de nouvelles pertes dont celles du lieutenant-colonel de Joinville et du commandant Warmé-Janville (1).

Une troisième contre-attaque se produit encore. Le colonel Krien du 36e de ligne, constatant les progrès de la gauche prussienne vers Frœschwiller, place ses 1er et 2e bataillons au sud de ce village et se précipite à leur tête, à la baïonnette, dans la direction de Wœrth. Cette première charge échoue. Une deuxième vient encore se briser contre des forces supérieures. Ce régiment laisse sur le terrain 26 officiers (2).

Ces contre-attaques, exécutées avec une si grande bravoure, mais dans des formations si défectueuses, si surannées, ont déterminé le général von Kirchbach à appeler ses derniers bataillons intacts sur la rive droite de la Sauer. L'artillerie se trouvant masquée par les progrès de l'infanterie, Kirchbach prescrit à sept batteries de franchir également la rivière (3). Il s'agit

du *50e* prussien (Cité par KUNZ, *Kriegsgeschichtliche Beispiele 15tes*, Heft, p. 131.)

(1) Rapport du colonel Saint-Hilaire (Archives de la guerre).

(2) Historique manuscrit du 36e de ligne *(Ibid.)*.

(3) *Historique du grand État-major prussien*, t. III, p. 247.

d'occuper l'adversaire sur son front, de l'empêcher d'en distraire ses réserves « jusqu'à ce que les corps latéraux puissent agir vigoureusement contre les flancs de la position (1) ».

Les troupes prussiennes n'avancent que péniblement et « pas à pas ». Tous leurs bataillons se trouvent confondus; les officiers sont en majeure partie tués ou blessés. Le concours attendu par Kirchbach se produit d'abord à sa gauche où le XIe corps débouche enfin du Nieder-Wald.

*
* *

Les vingt compagnies prussiennes engagées vers 1 h. 30 aux abords de la ferme Lansberg, avaient été renforcées par quatre bataillons; trois autres suivaient en réserve (2). Cette masse aborde la lisière sud du Nieder-Wald d'où les zouaves débordés se retirent dans l'intérieur de la forêt, non sans exécuter de nombreux retours offensifs.

Le colonel Bocher, après avoir engagé les dernières fractions disponibles, ordonna de cesser un combat qui ne pouvait aboutir qu'à la destruction complète de son régiment. Il chargea le capitaine Saint-Marc d'en rallier les débris sur la rive droite de l'Éberbach, sous la protection de quelques

(1) *Historique du grand État-major prussien*, t. III, p. 248.
(2) *Ibid.*, p. 257.

fractions compactes de la division de Lartigue. Le capitaine Hervé suivit avec un clairon la lisière ouest du Nieder-Wald et fit sonner la retraite. A cet appel, on vit sortir du bois quelques groupes conduits par des officiers blessés pour la plupart. Beaucoup, déjà cernés par l'ennemi, continuèrent à combattre pour l'honneur, tant qu'il leur resta une cartouche.

Il se produisit là « des efforts désespérés, des traits de valeur qui resteront toujours ignorés (1) ». Le commandant Morlan, bien qu'entouré de toutes parts, brûla sa dernière cartouche avant d'être pris avec les quelques hommes encore debout autour de lui. Huit officiers furent tués et douze blessés dans cette dernière période de luttes partielles et héroïques.

Le combat du 3e zouaves dans le Nieder-Wald est un titre immortel de gloire pour ce régiment. Le 6 août au matin, il avait un effectif de 65 officiers et 2,000 sous-officiers et soldats. A l'appel du 7 août à Saverne, il ne comptera plus que 24 officiers et 415 sous-officiers et soldats : 17 officiers ont été tués, 24 blessés; 1,585 hommes de troupe, presque tous tués ou blessés, sont restés dans le Nieder-Wald.

Les bataillons prussiens frais qui avaient enlevé la lisière sud de la forêt continuent vers le

(1) Historique manuscrit du 3e zouaves (Archives de la guerre).

nord suivis d'une foule d'isolés et de fractions d'autres unités. Ils opèrent enfin leur jonction avec les troupes venues de Spachbach et jusqu'alors immobilisées. Mais les débris du 3e zouaves opposent encore « une résistance obstinée » ; ce n'est que « lentement et au prix des plus lourds sacrifices que ces troupes gagnent du terrain (1) ». Il est 2 h. 30 quand elles atteignent la lisière nord du Nieder-Wald.

La colonne du général de Schkopp s'est, dans l'intervalle, fractionnée en deux groupes : un régiment poursuit vers le nord-ouest les débris de la division de Lartigue ; l'autre contourne la lisière occidentale du Nieder-Wald par le vallon de l'Éberbach (2).

Le général von Bose appelle sur la rive droite de la Sauer trois bataillons restés en réserve et toute l'artillerie du XIe corps, moins trois batteries qui conservent provisoirement leur position de Gunstett (3).

L'occupation complète du Nieder-Wald par les Allemands détermine dans la situation un changement notable en leur faveur. Jusqu'alors, le couvert constitué par cette forêt a séparé les attaques de front et de flanc. Désormais, aucun obstacle n'empêchera la droite du XIe corps

(1) *Historique du grand État-major prussien*, t. III, p. 259.
(2) *Ibid.*
(3) *Ibid.*

de se relier à la gauche du Ve. Ainsi se formera une tenaille dont les mâchoires vont se resserrer de plus en plus autour du centre de la position française.

CHAPITRE V

PRISE D'ELSASSHAUSEN

Renforts envoyés par Ducrot au centre. — Contre-attaque du 96ᵉ de ligne. — Charge du 18ᵉ de ligne. — Situation vers 3 heures. — Enlèvement d'Elsasshausen. — État du XIᵉ corps. — Arrivée de son artillerie.

Vers 2 heures de l'après-midi, le centre de l'armée d'Alsace était de plus en plus menacé, de front par le Vᵉ corps qu'on n'avait pu rejeter dans la Sauer, de flanc par les progrès du XIᵉ corps dans le Nieder-Wald. Pressentant qu'il faudrait bientôt faire tête à la fois vers l'est et vers le sud, le maréchal envoya son chef d'état-major, le général Colson, demander à Ducrot de diriger sur Elsasshausen toutes les troupes dont il pouvait disposer.

Ducrot, qui combattait depuis le matin, n'avait engagé encore que sa 2ᵉ brigade. De la 1ʳᵉ, le 13ᵉ bataillon de chasseurs et une partie du 18ᵉ de ligne avaient déjà été envoyés au soutien de la division Raoult qui les avait employés dans le bois de Frœschwiller (1) ; il ne lui restait donc plus

(1) V. *suprà*, p. 297.

que quatre bataillons : le 2e du 18e, en réserve près de Frœschwiller, et le 96e de ligne tout entier.

Ce dernier régiment, formé en colonne par peloton, se dirigea de Frœschwiller vers Elsasshausen en suivant le vallon est des sources de l'Éberbach, qui le dissimulait aux vues de l'ennemi. Quand le centre du régiment fut parvenu à 500 mètres à l'ouest du hameau, chaque bataillon se forma en colonne serrée par division et fit face à l'est.

Un bataillon fut détaché au soutien de la division Raoult; les deux autres se portèrent sur Elsasshausen et sur le petit bois au sud. En franchissant la crête, ces deux bataillons en formation massée « furent accueillis par un feu formidable qui leur fit éprouver des pertes énormes (1) ».

Néanmoins, la marche en avant continue. Le 1er bataillon, dirigé par le colonel de Franchessin, atteint le petit bois en temps opportun pour renforcer les débris qui y tiennent encore. Ses compagnies garnissent les lisières est et sud, et exécutent un feu violent sur les nombreux tirailleurs prussiens du Nieder-Wald; puis, vers 2 h. 45, le demi-bataillon de droite, entraîné par le commandant Piétri, se jette sur eux à la baïonnette et pénètre dans la forêt (2).

La première ligne ennemie cède, entraînant les

(1) Rapport du général Ducrot (Archives de la guerre).
(2) Historique manuscrit du 96e de ligne *(Ibid.)*.

fractions en arrière, quand survient le général de Schkopp à la tête d'un régiment qui s'avance « tambour battant (1) ». Le colonel de Franchessin, qui avait eu son cheval tué, est atteint d'une balle qui lui traverse le pied droit. Il continue cependant à marcher, appuyé sur l'épaule d'un sous-officier, et à entraîner ses hommes en avant. Une deuxième balle le frappe au côté gauche; une troisième au côté droit. Malgré ces trois blessures, il ne cesse de crier : « En avant! » jusqu'au moment où les forces l'abandonnent. Le commandant Piétri tombe également (2).

Il faut rétrograder vers le petit bois où les Prussiens pénètrent pêle-mêle avec nous. En vain, la 4e compagnie, enlevée par le sergent-major Rame, qui remplace les officiers mis hors de combat, tente-t-elle un retour offensif; Rame est tué et sa troupe sur le point d'être enveloppée comme le reste du bataillon. Le petit bois est perdu; ses défenseurs, recueillis par le 2e bataillon du 96e, se replient sur la crête d'Elsasshausen (3).

Quant au 3e bataillon, il avait été accueilli par un tel feu en dépassant la crête, qu'il avait pu à peine se déployer et avait dû se replier presque aussitôt (4). C'est à ce moment que fut frappé

(1) *Historique du grand État-major prussien*, t. III, p. 261.
(2) Rapport du lieutenant-colonel Bluem (Archives de la guerre); Historique manuscrit du 96e *(Ibid.)*.
(3) *Ibid.*
(4) *Ibid.*

mortellement le général Colson, aux côtés mêmes du maréchal de Mac-Mahon, près d'Elsasshausen. Le 96ᵉ avait fait des pertes cruelles : 22 officiers et 750 hommes de troupe.

Sur ces entrefaites, le général Wolff a rassemblé la moitié du 18ᵉ de ligne au sud de Frœschwiller, face à l'est. Les fractions ralliées du 96ᵉ se groupent à sa droite, puis Wolff « se porte sur le front et indique la direction en levant son képi (1) ». A la sonnerie de la charge, les hommes, entraînés par leurs officiers, s'élancent en avant, mais tombent bientôt en foule sous le feu écrasant de l'infanterie et de l'artillerie. Le reste continue à charger jusqu'à la sonnerie de : « Halte ! » Mais les pertes s'accumulent. Le 18ᵉ se replie lentement sur les maisons du village où il continue à combattre (2).

Ces neuf compagnies avaient perdu, en un quart d'heure, 16 officiers et 373 hommes tués ou blessés. Le 96ᵉ subit de nouvelles pertes en se repliant sur Frœschwiller ; son drapeau ne fut sauvé que grâce à l'intrépidité de l'adjudant-major Obry et au dévouement de quelques hommes. Le capitaine Boullanger reçut une balle dans le flanc ; ne pouvant se tenir debout, il s'assit, le dos à un arbre, prit un fusil et

(1) Historique manuscrit du 18ᵉ de ligne (Archives de la guerre).
(2) (*Ibid.*).

tirailla pendant plus d'une heure, jusqu'à ce qu'une voiture d'ambulance vint l'enlever (1).

Les retours offensifs de la brigade Wolff, exécutés dans des formations trop denses, sans tenir compte du terrain, lui avaient coûté de lourdes pertes sans ralentir sensiblement les progrès de l'ennemi.

*
* *

Vers 3 heures, nous conservions toujours nos positions à l'aile gauche et dans le bois de Frœchswiller, mais notre droite était en pleine retraite et notre centre de plus en plus menacé de front et de flanc. Il n'y avait plus, à 500 mètres à l'est de Frœchswiller, qu'une ligne mince formée des débris du 2e zouaves, des 36e, 18e, 48e et 96e de ligne. Les restes de la division Conseil-Dumesnil luttaient avec peine aux abords d'Elsasshausen, faisant face à la fois vers l'est et vers le sud. Les deux batteries à cheval de la division Bonnemains, en position à l'ouest du hameau, en appuyaient la défense.

La ligne allemande formait une équerre dont la branche horizontale, garnie par le XIe corps, suivait d'abord le vallon qui se trouve immédiatement au nord du petit bois d'Elsasshausen et

(1) Rapport du lieutenant-colonel Bluem (Archives de la guerre); Historique manuscrit du 96e *(Ibid.)*.

remontait ensuite sur les hauteurs, à 500 mètres à l'est du hameau; dont la branche verticale, occupée par le Ve corps et les Bavarois, passait à 800 mètres à l'est de Frœchswiller et rejoignait, par la vallée du Soultzbach, la lisière sud de la forêt de Langensoultzbach. Il ne restait donc plus au maréchal de Mac-Mahon que le tiers de l'espace sur lequel l'armée d'Alsace s'était déployée le matin; il n'y avait plus guère un point de son centre qui ne fût soumis à des feux croisés partant du sud et de l'est. Déjà sa ligne de retraite était menacée.

Le général von Bose ne disposait plus pour l'attaque d'Elsasshausen que des trois bataillons intacts venus de la rive gauche de la Sauer (1). Mais l'artillerie allait, encore une fois, faire pencher la balance en faveur des Allemands.

Six batteries viennent successivement prendre possession au sud-est du hameau où elles déterminent des incendies, sans pour cela décider les défenseurs à l'évacuer (2).

Les deux batteries de la division Bonnemains, sans répondre à l'artillerie adverse, couvrent de projectiles et de mitraille la lisière nord du Nieder-Wald et le petit bois. Il ne reste plus aux Allemands d'autre alternative « que de pousser plus en avant ou de renoncer aux avantages

(1) V. *suprà*, p. 305.
(2) *Historique du grand État-major prussien*, t. III, p. 263.

achetés au prix de si lourds sacrifices (1) ». Les trois bataillons intacts débouchant en ce moment par le vallon au sud-est d'Elsasshausen, von Bose ordonne l'attaque générale par la sonnerie : « Tout le monde en avant! »

A ce signal, les abords d'Elsasshausen, au sud, à l'est et à l'ouest, se couvrent de troupes du XIe corps qui, abandonnant leur dernier couvert, se précipitent sur le hameau. Les fractions voisines de l'aile droite du XIe corps se joignent à cette attaque que les batteries appuient par un tir violent. Les défenseurs du hameau, après avoir résisté longtemps dans les rues barricadées, battent enfin en retraite sous la menace de l'enveloppement.

Les deux batteries françaises continuèrent le feu jusqu'au moment où les tirailleurs ennemis ne furent plus qu'à cinquante pas. L'une d'elles fut même envahie par eux, tandis qu'elle amenait ses avant-trains. Quatre pièces, privées de leurs conducteurs, restèrent sur le terrain; deux seulement purent être enlevées au galop par les attelages. L'autre batterie fut obligée également d'abandonner une pièce. Les bouches à feu restantes allèrent s'établir à 600 mètres au nord-ouest (2).

(1) *Historique du grand État-major prussien*, t. III, p. 262.
(2) Rapport du chef d'escadron Astier (Archives de la guerre); Rapport du capitaine Gonnard *(Ibid.)*.

L'enlèvement d'Elsasshausen, succédant aux combats dans les bois, avait achevé de confondre toutes les brigades du XIe corps; les bataillons eux-mêmes étaient en partie désorganisés. Seule, la brigade de Schkopp, faiblement engagée, avait conservé une formation régulière. « Des fractions de tous les autres régiments étaient groupées sur ses flancs et sur ses derrières, mais dans un état tel que, pour le moment, elles ne pouvaient compter comme une réserve sérieuse... De toutes parts, les officiers s'efforçaient de reconstituer les compagnies, les bataillons (1). »

Quelques batteries du XIe corps, prenant position à l'est d'Elsasshausen, viennent à temps donner un point d'appui solide à cette infanterie exténuée et désorganisée.

(1) *Historique du grand État-major prussien*, t. III, p. 263.

CHAPITRE VI

ENGAGEMENT DE NOS RÉSERVES

Situation après la prise d'Elsasshausen. — La division Bonnemains. — Charges du 1er cuirassiers. — Charges du 4e cuirassiers. — Charges du 2e cuirassiers. — Engagement de la réserve d'artillerie. — Contre-attaque du 1er tirailleurs. — Défaut d'action concordante des trois armes.

Après la perte d'Elsasshausen, le maréchal de Mac-Mahon ne pouvait plus se faire aucune illusion sur l'issue de la bataille. L'armée d'Alsace, malgré sa vaillance, malgré l'exemple brillant donné par ses chefs, devait céder enfin sous le nombre de l'infanterie et la supériorité de l'artillerie adverses.

Il n'était plus question maintenant d'obtenir la victoire, ni même de conserver les positions du centre et de l'aile gauche, mais de savoir si l'on pourrait encore effectuer la retraite ; si la masse de ces combattants, à bout de forces et presque dépourvus de munitions, pourrait s'écouler vers Reichshoffen ; si le torrent des vainqueurs n'allait pas y produire une épouvantable déroute. La dernière heure consacrée aux contre-attaques, avec l'espoir que la division de Lespart arriverait enfin, il fallait la regagner maintenant pour permettre aux troupes de se retirer du combat.

Le maréchal ne pouvait se dissimuler qu'Elsasshausen enlevé, les Allemands étaient en mesure, par un mouvement en avant de faible amplitude, de prendre en flanc les divisions Raoult et Ducrot qui allaient s'écouler par la route de Frœschwiller à Reichshoffen (1). Il prescrivit en conséquence au général Bonnemains « de faire avancer sa division de cuirassiers et d'arrêter l'ennemi assez longtemps pour permettre aux troupes du centre et de la gauche de gagner Niederbronn (2) ».

Cette division, placée au début de la bataille au sud-ouest de Frœchswiller, avait dû changer plusieurs fois d'emplacement pour se soustraire aux projectiles, et s'était reformée, vers midi et demi, en lignes de colonnes serrées par demi-régiment, face à l'est. A 2 heures, la brigade de Brauer se trouvait à environ 800 mètres en arrière de la ligne Frœschwiller-Elsasshausen, à égale distance de ces deux localités; la brigade Girard était à 400 mètres sur la droite, toutes deux adossées au Gross-Wald (3). Une demi-heure

(1) Maréchal DE MAC-MAHON, *Souvenirs inédits.*
(2) *Ibid.*
(3) Journal de marche de la division Bonnemains (Archives de la guerre); *Historique du 4e cuirassiers*, p. 386.

après, le maréchal fit demander une brigade : la 1re, sous les ordres du général Girard, composée des 1er et 4e cuirassiers, vint se former en colonne serrée dans le vallon des sources est de l'Eberbach, à 400 mètres environ du chemin de Frœschwiller à Morsbronn.

Vers 3 heures, le maréchal vint lui-même donner au général Girard l'ordre d'attaquer l'ennemi qui débouchait d'Elsasshausen (1).

Le terrain sur lequel les cuirassiers allaient charger était, comme les abords de Morsbronn, « excessivement défavorable (2) ». Il était planté de vignes, de pommiers, de houblonnières, d'arbres taillés à hauteur d'homme ; coupé de fossés et de petites carrières qui ne pouvaient se deviner de loin. Des haies élevées et épaisses, des clôtures et des bouquets d'arbres servaient d'abri aux fantassins allemands.

Le 1er cuirassiers part dans la direction de Wœrth, passant à 400 mètres environ au nord d'Elsasshausen « avec ordre de ne pas dépasser les obstacles que l'on considérait comme infranchissables à la cavalerie (3) ». Les quatre escadrons se lancent successivement et galopent jus-

(1) Les *Souvenirs inédits* du maréchal et l'*Historique du 4e cuirassiers* sont un peu contradictoires au sujet de l'ordre donné par le maréchal. Le Journal de marche de la division Bonnemains est assez vague sur ce point.

(2) *Historique du grand État-major prussien*, t. III, p. 266.

(3) *Historique du 1er cuirassiers*, p. 207.

qu'à la ligne des tirailleurs prussiens sans se laisser arrêter par leur feu violent, mais aussi sans faire « aucun mal à l'ennemi (1) ». Au retour du 4e escadron, le général Girard fait sonner demi-tour pour engager le 4e cuirassiers. Mais le maréchal arrive sur ces entrefaites et prescrit de reporter le régiment en avant. Les trois premiers escadrons exécutent successivement une nouvelle charge. Au moment où le quatrième allait suivre le mouvement, le général de brigade fait avancer le 4e cuirassiers (2).

Ce régiment, formé en colonne serrée, se dirige au sud d'Elsasshausen (3). Le terrain l'oblige bientôt à rompre par pelotons ; il traverse le chemin empierré et encaissé qui conduit de Frœschwiller à Morsbronn. Là se trouvent des tirailleurs de tous les corps : zouaves, chasseurs à pied, fantassins des 3e, 21e et 47e de ligne, arrivés de tous les points du champ de bataille, cuirassiers démontés même, qui ont ceint la giberne d'infanterie pardessus leur cuirasse, sans quitter leur grand sabre, et qui font également le coup de feu.

A 100 mètres à l'est du chemin, le régiment, en colonne de pelotons, s'arrête un instant pour permettre aux escadrons de tête de se former en

(1) Journal de marche de la division Bonnemains (Archives de la guerre).

(2) *Historique du 1er cuirassiers*, p. 207.

(3) *Historique du 4e cuirassiers*, p. 388.

bataille. Pendant ce temps, « la fusillade du Nieder-Wald redoublait d'intensité et le crépitement des balles sur les cuirasses s'entendait comme le choc de la grêle sur les vitres (1). »

Le 1er escadron, aussitôt déployé, part à la charge. Le colonel Billet le dirige vers une houblonnière située à 600 mètres en avant, et d'où part un feu nourri. L'escadron laisse Elsasshausen en flammes à 250 mètres sur la gauche, descend une pente assez raide semée d'obstacles, et vient se heurter à des haies et à une houblonnière, dont les perches sont, selon l'usage du pays, reliées par des fils de fer. L'escadron est arrêté court et, sous un feu violent qui fait de nombreuses victimes, il se voit forcé de faire demi-tour.

Le 2e escadron suit le 1er à peu de distance. Le colonel le dirige un peu plus au nord, mais le terrain n'est pas plus favorable. Engagé dans des vignes, il ne peut aborder l'ennemi qui le fusille de près. Il revient, en longeant Elsasshausen, se rallier au 1er escadron derrière le reste du régiment.

A ce moment le maréchal de Mac-Mahon survint. « N'ayant pu se rendre compte des obstacles qui avaient arrêté l'élan des deux premiers escadrons, il ne s'expliquait pas leur retraite et s'écria : « Colonel, ce n'est pas là charger à fond ! —

(1) *Historique du 4e cuirassiers*, p. 388.

Nous allons mieux faire », répond le colonel Billet. Il se place alors devant le 4e escadron, accompagné du commandant Négroni, du lieutenant d'état-major Mayniel et du sous-lieutenant porte-étendard Ginter. Il part au grand trot en disant : « Suivez-moi (1). »

Afin d'éviter les obstacles qui ont arrêté les charges précédentes, le colonel remonte vers le nord en longeant le chemin creux de Morsbronn à Frœschwiller, le franchit non sans difficulté et arrive à la naissance d'un vallon gazonné qui s'ouvre au nord d'Elsasshausen, conduisant à Wœrth. Le 4e escadron se forme aussitôt en bataille et prend le galop. Après avoir parcouru près de mille mètres « sans rien voir », le colonel Billet aperçoit enfin un groupe de tirailleurs prussiens abrités dans un verger entouré de buissons et d'une tranchée. Une mêlée se produit; quatre officiers sur les six du 4e escadron sont tués ou blessés; le colonel désarçonné reste sans connaissance sur le terrain. Après avoir tourbillonné un instant sous les obus et les balles, l'escadron bat en retraite et se rallie sur les hauteurs (2). Le 5e escadron, qui avait suivi le 4e, joint à peine l'ennemi.

(1) *Historique du 4e cuirassiers*, p. 389.

(2) Le colonel Billet fut relevé et fait prisonnier par des fantassins du *58e*. Vers 5 heures, près de Wœrth, le prince royal, apercevant le colonel de cuirassiers au milieu d'un groupe de prisonniers, s'avança vers lui : « J'ai remarqué vos charges,

Le régiment, très réduit, vient se reformer derrière la crête d'où il est parti ; puis toute la brigade Girard rejoint la brigade de Brauer qui s'est avancée pour la soutenir, dans le vallon des sources est de l'Eberbach.

A 3 h. 30, les progrès de l'ennemi se sont encore accentués ; la division Bonnemains est presque en première ligne ; quelques rares tirailleurs seulement la séparent des Prussiens (1). Le maréchal demande à Bonnemains si ses cuirassiers peuvent encore charger : « Certainement oui », répond le général. — « C'est un nouveau sacrifice que je vais leur demander (2). »

Ordre est donné à la brigade de Brauer de charger en colonne par demi-régiment. Afin de passer devant la 1re brigade, elle exécute, sous un feu violent, les mouvements compliqués d'alors « avec autant de calme qu'à la manœuvre et avec une précision remarquable (3) ».

Les 1er et 2e escadrons du 2e cuirassiers se mettent en mouvement au pas, puis au trot, dirigés pendant quelque temps par le général

colonel. Dans un combat entre Français et Prussiens, il n'y a pas de démérite à être battu. Du reste, je ne suis pas orateur, mais je dois vous dire simplement : « Votre honneur est sauf, et comme preuve, donnez-moi la main. » (Extrait du carnet de notes du colonel Billet, *Historique du 4e cuirassiers.*)

(1) Journal de marche de la division Bonnemains (Archives de la guerre).

(2) *Historique du 4e cuirassiers*, p. 393.

(3) *Ibid.* — Cf. Journal de marche de la division Bonnemains.

Wolff. En arrivant sur le plateau, au nord-ouest d'Elsasshausen, les deux escadrons font un quart de conversion à droite, pour charger des tirailleurs prussiens suivis de lignes épaisses, qui arrivent de Wœrth. Désunis par les obstacles du terrain, ils parviennent, sans le voir, devant un fossé d'environ trois mètres, bordé de pommiers, où s'abattent un grand nombre de chevaux du 2e escadron. Le 1er, à sa droite, s'engage entre une houblonnière et un verger, tous deux occupés par l'ennemi dont il essuie le feu à 30 mètres. Il débouche ensuite dans une plaine balayée par les obus et la mitraille. Le lieutenant-colonel, voyant ces deux escadrons réduits à quelques hommes, fait sonner la retraite (1).

Le deuxième demi-régiment, conduit par le colonel Rosetti, suit à quelques minutes d'intervalle, et n'est pas moins éprouvé. Très peu de cavaliers peuvent aborder l'ennemi. Le régiment se reforma à l'est du Gross-Wald, près de la grande route de Frœschwiller (2).

Le 3e cuirassiers, après avoir pris la même formation que le 2e, en colonne par demi-régiment, attend pendant une demi-heure l'ordre de charger, non sans garder « un inaltérable sang-froid, sous une pluie de mitraille (3) ». Sur

(1) *Historique du 2e cuirassiers*, p. 666-667.
(2) *Ibid.*
(3) *Historique du 3e cuirassiers*, p. 338.

les indications du général de Brauer, le colonel de Lacarre lève son sabre pour commander la charge, quand il a la tête emportée par un obus. Les deux escadrons de tête partent au galop sur le terrain parcouru précédemment par le 2e cuirassiers, et les deux autres allaient suivre, quand le maréchal de Mac-Mahon fait donner l'ordre de la retraite (1).

La division Bonnemains a subi des pertes considérables ; pour le 4e cuirassiers, elles atteignent le tiers de l'effectif. Si ces charges témoignent hautement de la bravoure de nos cavaliers, elles eurent un résultat à peu près nul ; on ne pouvait nuire à l'ennemi, non ébranlé, inabordable, le plus souvent invisible.

*
* *

Les progrès des Allemands s'accentuaient de plus en plus, tant sur notre front que sur notre flanc droit. Nos troupes s'accumulaient entre Frœschwiller et la lisière orientale du Gross-Wald.

« Il fallait à tout prix couvrir cette position et essayer de la dégager ; pour cela, balayer le terrain en avant, de façon que, s'il en était temps encore, l'infanterie, secondée par la cavalerie, pût exécuter un vigoureux retour offensif (2). »

(1) Journal de marche de la division Bonnemains (Archives de la guerre).

(2) Rapport du général Forgeot *(Ibid.)*.

A cet effet, après en avoir demandé l'autorisation au maréchal de Mac-Mahon, le général Forgeot, commandant l'artillerie du 1er corps, prescrivit au colonel de Vassart de faire avancer rapidement les batteries de la réserve d'artillerie.

Le 3e cuirassiers charge encore quand ces huit batteries viennent se déployer au galop sur la crête entre Elsasshausen et Frœschwiller. « Cette mise en batterie fut exécutée avec un élan et une audace remarquables. Les officiers y donnèrent le plus bel exemple de courage et de sang-froid (1). »

L'artillerie prussienne cesse le feu, tandis que devant nos batteries se présentent des masses d'infanterie qui se diluent en des nuées de tirailleurs. Bientôt canonniers et attelages sont criblés de balles. Les officiers sont presque tous démontés; un grand nombre sont atteints. Le colonel de Vassart tombe frappé de plusieurs balles (2).

Les deux batteries du 9e n'ont que le temps de tirer deux ou trois coups à mitraille par pièce sur les nombreux tirailleurs ennemis qui, débouchant d'Elsasshausen, les envahissent au moment où elles amènent les avant-trains. Elles ne peuvent retirer du combat que cinq pièces sur douze (3).

(1) Rapport du général Forgeot (Archives de la guerre).
(2) *Ibid.*
(3) Rapports du chef d'escadron d'Haranguier, des capitaines Moriot et Berthiot (Archives de la guerre).

Les deux batteries du 6e ont le même sort. Elles ouvrent le feu à mitraille, mais « accablées d'une grêle de balles, abordées même par leur droite, elles subissent de grandes pertes en hommes, en chevaux et en matériel (1) ». L'une d'elles parvient à sortir indemne de la mêlée, mais l'autre laisse ses six pièces sur le terrain, faute d'attelages.

Les quatre batteries à cheval du 20e sont également en butte aux feux, à courte distance, de l'infanterie prussienne; deux d'entre elles surtout, qui s'établissent à 50 mètres des tirailleurs. C'est à peine d'ailleurs si elles peuvent tirer quelques boîtes à mitraille avant d'être obligées d'amener les avant-trains, et ce n'est pas sans d'héroïques efforts que l'on parvient à sauver le plus grand nombre des bouches à feu. Le capitaine Perrin, les maréchaux des logis Bauré et Tresse, les canonniers Bollengier et Pierre se distinguent par leur courage et leur sang-froid (2).

Ce déploiement un peu précipité s'était effectué beaucoup trop près de l'infanterie ennemie; aussi ne donna-t-il pas tous les résultats qu'on eût pu en attendre. L'intervention de la réserve d'artillerie ne fut pas inutile pourtant. « Engagées

(1) Rapports du chef d'escadron Venot, des capitaines Rivals et Dupuy (Archives de la guerre).

(2) Rapports du lieutenant-colonel Grouvel, des capitaines Debourgues, Gastan et Perrin *(Ibid.)*.

avec une audace que le succès n'a malheureusement pas couronnée, ces batteries ont, en quelques instants, éprouvé des pertes cruelles ; mais si, en balayant par leurs feux le terrain situé en avant d'elles, elles n'ont pas réussi à rendre possible un retour offensif de l'infanterie, elles ont du moins, en arrêtant sur toute l'étendue de leur front la marche en avant des assaillants, permis aux troupes derrière elles d'effectuer leur retraite... (1). »

***

Le gain de temps procuré à ce qui restait de l'armée d'Alsace était encore insuffisant. Autour de Frœschwiller, les Allemands redevenaient pressants. De nouveaux sacrifices s'imposaient.

En raison des pertes qu'il avait subies à Wissembourg, le 1er régiment de tirailleurs ainsi que quatre faibles bataillons d'infanterie de la division Pellé, avaient été maintenus en réserve, pendant toute la bataille, au sud-ouest de Frœschwiller. Le maréchal de Mac-Mahon avait prévenu le colonel Morandy qu'il gardait son régiment pour les instants suprêmes de la lutte (2).

Vers 3 h. 15, peu après l'engagement de la

(1) Rapport du général Forgeot (Archives de la guerre).
(2) De Narcy, *Journal d'un officier de turcos, 1870*, p. 79.

réserve d'artillerie, le 1er tirailleurs reçut l'ordre de se porter en avant. Le 3e bataillon se déploie en prenant Elsasshausen comme point de direction ; à sa gauche vient se former le 2e ; à sa droite, le 4e. Tous trois couronnent rapidement la crête derrière laquelle ils étaient abrités jusqu'alors, à 400 mètres environ au nord-ouest d'Elsasshausen, et ouvrent un feu rapide sur les masses prussiennes. Aussitôt, de toutes parts, les projectiles convergent sur cet objectif dense et trop visible ; quelque confusion se produit dans les rangs. Le colonel Morandy reporte son régiment derrière la crête pour rétablir l'ordre (1). « Au tumulte général, succède un moment de calme et de recueillement. Chaque compagnie se rassemble et se groupe instinctivement autour de ses chefs. Puis le colonel lève son épée et un immense cri : « A la baïonnette ! » sort de toutes les poitrines (2). »

En un clin d'œil, dans un ordre parfait, officiers en tête, les tirailleurs algériens réoccupent la crête ; puis, sans tirer un coup de fusil, ils se précipitent sur l'ennemi, baïonnette baissée. « La violence du feu dirigé sur eux ne put les arrêter (3) ; » tout plie, tout fuit devant eux. Les

(1) Notes inédites du lieutenant de Saint-Vincent (Archives de la guerre).
(2) *Ibid.*
(3) STIELER VON HEYDEKAMPF, *loc. cit.*, p. 62.

Allemands se réfugient partie dans Elsasshausen, partie au sud, jusque dans les bois.

Le 3e bataillon reprend six bouches à feu abandonnées, envahit les clôtures, les jardins, les rues d'Elsasshausen, en chasse les défenseurs ; puis, secondé sur ses flancs, par les 2e et 4e bataillons, il traverse le petit bois à la suite des fuyards, et arrive en face du Nieder-Wald dont la lisière est fortement garnie (1).

Une fusillade terrible éclate, brisant cette fois l'effort de ces braves. En même temps, des fractions de la brigade von Schkopp les assaillent sur leur flanc droit. Deux batteries du XIe corps ouvrent sur eux un feu à mitraille.

Par trois fois le régiment se rue sur la lisière du Nieder-Wald ; trois fois il est ramené par la mitraille et les balles, sans que l'ennemi ose sortir de son couvert pour le poursuivre. Écrasés sous une pluie de projectiles, ayant perdu la moitié de leur effectif, les tirailleurs sont obligés enfin de se replier ; 27 officiers et 800 hommes de troupe jonchaient le terrain où s'était effectuée cette charge admirable.

Le capitaine de Pontécoulant protégea la retraite à la tête de quelques fractions qui, par leurs feux de salve, maintinrent les Prussiens à distance. Les débris du régiment se jetèrent dans le Gross-

(1) *Historique du grand État-major prussien*, t. III, p. 279 ; BOGUSLAWSKI, *Neue Studien*, p. 24.

Wald où ils résistèrent encore, et ce n'est qu'à bout de forces, après avoir épuisé toutes leurs munitions, qu'ils gagnèrent à travers bois la route de Reichshoffen (1).

Ainsi se termina « le plus extraordinaire et le plus glorieux » de tous les actes de la bataille. Ce retour offensif héroïque retarda l'heure de la prise de Frœschwiller et inspira à l'ennemi le respect des troupes capables encore d'une telle énergie (2). « ... En dépit des assurances contraires, la charge du 1er tirailleurs a été vraiment utile et doit servir d'exemple dans un cas analogue. Ici-bas, rien ne se perd, et un beau fait de guerre, s'il ne procure pas un succès immédiat, a pour résultat d'inspirer à l'ennemi le respect des troupes qui l'ont combattu et la crainte de voir se renouveler la lutte (3). »

Peut-être eût-on pu faire de nos dernières réserves un meilleur emploi. Au lieu de la simultanéité désirable et de l'union des armes, il y eut une succession d'efforts exécutés tour à tour par la cavalerie, puis par l'artillerie, enfin par l'infanterie. A constater les résultats obtenus par les seuls 1,700 hommes du 1er tirailleurs, il est permis de regretter que leur attaque n'ait pas été pré-

(1) Historique manuscrit du 1er tirailleurs (Archives de la guerre) ; Rapport du général Pellé *(Ibid.)*; Historique de la 2e division *(Ibid.)*.

(2) Général Bonnal, *loc. cit.*, p. 374-379.

(3) *Ibid.*, p. 378.

parée et accompagnée par les feux de la réserve d'artillerie établie à l'ouest de Frœschwiller, puis complétée par les charges de quelques escadrons de cuirassiers. Cette action concordante des trois armes eût sans doute procuré à l'armée, avec moins de pertes, un répit beaucoup plus long que celui qu'obtinrent, au prix de lourds sacrifices, les divers éléments engagés successivement.

CHAPITRE VII

PRISE DE FRŒSCHWILLER

Progrès du Ve corps prussien vers 3 heures. — Retraite de la division Raoult sur Frœschwiller. — Le 2e tirailleurs. — Marche concentrique des Allemands sur Frœschwiller. — Intervention de la 2e brigade würtembergeoise. — L'ennemi pénètre dans Frœschwiller. — Combat à l'intérieur du village. — Le général Ducrot chargé de couvrir la retraite. — Le 1er zouaves et le 45e de ligne. — La division Guyot de Lespart à Niederbronn. — Le commandement allemand.

Tout en prenant part par son aile gauche aux combats autour d'Elsasshausen, le Ve corps avait continué sans interruption son attaque de front, mais sans faire de notables progrès vers Frœschwiller.

« Tout ce qui avait dépassé Wœrth était en ligne et cela ne suffisait pas pour assurer le succès; les pertes augmentaient d'une manière effrayante. Il ne restait plus que peu de compagnies disponibles à l'est de Wœrth. Le commandant du corps d'armée envoya ses aides de camp les faire avancer. On demandait du renfort à tout prix (1). »

(1) Stieler von Heydekampf, *loc. cit.*, p. 60.

Il n'y avait plus là pourtant de notre côté que des débris de la division Raoult qui défendaient la lisière sud du bois de Frœschwiller et les abords du village. A plusieurs reprises, leurs feux rapides, suivis de quelques contre-attaques partielles, arrêtèrent les Prussiens. Mais vers 3 heures, « les hommes étaient exténués, les munitions manquaient et les caissons d'artillerie, vides ou abandonnés, s'étaient repliés sans que nous en fussions informés (1). » Peu à peu, ce qui restait de la division Raoult reflua sur Frœschwiller, à part les troupes qui combattaient dans le bois.

Celles-ci résistaient toujours victorieusement aux Bavarois qui avaient même été refoulés jusqu'au Vieux-Moulin par une contre-attaque énergique du 2e tirailleurs. Il avait fallu sur ce point l'intervention de deux bataillons prussiens du Ve corps pour rétablir le combat (2). Le colonel Suzzoni, déjà blessé, voyait approcher pourtant l'issue fatale que le manque de munitions rendait inévitable. Il envoya le capitaine adjudant-major Potier au général Raoult pour lui rendre compte de la situation et demander des cartouches. Cet officier rencontra le général à quelques centaines de mètres à l'est de Frœschwiller, et lui exposa

(1) Historique manuscrit du 78e de ligne (Archives de la guerre); Rapport du général Lefebvre *(Ibid.)*.

(2) *Historique du grand État-major prussien*, t. III, p. 274.

sa mission : « Voyez, lui répond le général, je suis seul... je n'ai plus d'état-major, plus un seul aide de camp, plus de cheval. Retournez auprès du colonel, faites ce que vous pourrez (1). »

Pendant son absence, le colonel Suzzoni avait été tué et le lieutenant-colonel Colonieu blessé deux fois ; le commandement des débris du régiment passa au chef de bataillon Mathieu, le seul officier supérieur encore debout. Longtemps on résista dans le bois autour d'un retranchement improvisé avec des havre-sacs, des ballots de couvertures et derrière des abatis formés surtout avec des branches coupées par les obus. Il n'y avait plus aucune direction d'ensemble ; chaque officier rassemblait autour de lui les hommes qu'il rencontrait, et ces groupes combattaient « en désespérés ; chacun tombait à sa place, sans céder un pouce de terrain (2) ».

Les fantassins du 78e de ligne montraient autant d'énergie que les tirailleurs, mais « les munitions s'épuisent, les soldats sont harrassés de fatigue et la résistance diminue, tandis que l'audace et la confiance de l'ennemi augmentent (3) ». Le lieutenant-colonel Girgois, pressentant que la retraite allait lui être coupée, essaie de diriger sur Frœschwiller les débris de divers corps qui occupaient

(1) *Historique du 2e tirailleurs,* p. 399.
(2) Rapport du capitaine Viénot (Archives de la guerre).
(3) Historique manuscrit du 78e de ligne *(Ibid.).*

le bois; de sa personne, il reste à l'arrière-garde avec une soixantaine de chasseurs à pied. Il est trop tard.

« A peine la tête de colonne avait-elle atteint les premières maisons du village, qu'une masse de soldats de toutes armes se rabattait sur elle... Au même instant des feux de peloton à bout portant et une fusillade incessante de droite nous démontrèrent que l'ennemi était maître de Frœschwiller et que nous étions tournés. La route de Reichshoffen nous était barrée. Le flot se replie sur le bois que nous occupions naguère, et les Prussiens accourent. Chacun tente de se frayer un passage, mais tout est inutile. Aucun de ceux qui à cette heure de la journée étaient présents au feu, ne s'échappa sain et sauf. Morts, blessés, prisonniers, tel fut notre sort commun. Il était environ 5 h. 30 du soir (1). »

Les restes du 2e tirailleurs ne furent pas plus heureux; ils furent bientôt entourés d'un cercle de fer et de feu. « Là fut la tombe du 2e tirailleurs. Des débris insignifiants purent seuls en sortir (2). » Le régiment était à peu près détruit : de 84 officiers et 2,220 hommes, présents le matin, 8 officiers et 441 hommes seulement revinrent (3).

(1) Historique manuscrit du 78e de ligne (Archives de la guerre).
(2) Rapport du capitaine Viénot *(Ibid.)*.
(3) Le régiment perdit 93 pour 100 de son effectif; le

Les autres corps de troupes qui avaient combattu dans le bois de Frœschwiller subirent également des pertes considérables qui témoignent hautement de leur courage et de leur abnégation. On peut leur attribuer à tous, les éloges que le général Lefebvre décerna aux soldats de sa brigade :

« La conduite des deux régiments de la 2e brigade a été admirable ; leur résistance héroïque. Au moment où la retraite a été ordonnée, les débris de ces deux braves régiments occupaient leurs positions du matin et soutenaient une lutte désespérée contre les nombreuses réserves de l'ennemi, exposés à un feu terrible d'artillerie qui s'efforçait de faire disparaître par le canon ceux qui, pendant plus de huit heures, avaient repoussé toutes les attaques de l'infanterie prussienne (1). »

*
* *

Vers 4 heures de l'après-midi, toute la ligne de bataille allemande s'avance concentriquement sur Frœschwiller, tandis que quatre-vingt-quatre bouches à feu établies à l'est et à l'ouest d'Elsasshausen préparent cette attaque (2). Le mélange

46e prussien, le plus éprouvé, 37,5 pour 100. — Le drapeau fut sauvé.

(1) Rapport du général Lefebvre sur le rôle de la 2e brigade de la 3e division (Archives de la guerre).

(2) *Historique du grand État-major prussien*, t. III, p. 280.

des unités est complet des deux côtés. Le village n'est plus guère occupé que par des isolés de divers régiments ralliés par quelques officiers qui veulent prolonger la lutte jusqu'au bout. La seule troupe intacte est la compagnie du génie de la division Raoult. Employée d'abord à barricader les rues et à empêcher les incendies de se propager, cette compagnie a défendu ensuite l'entrée sud-est de Frœschwiller et maintenu l'ennemi à distance pendant une demi-heure (1). Deux de nos batteries divisionnaires tirent là leurs dernières gargousses (2).

Cependant les Allemands ont reçu de nouveaux renforts. La 2ᵉ brigade würtembergeoise vient d'arriver à Elsasshaussen, infusant en quelque sorte un sang nouveau aux bataillons épuisés et désagrégés du XIᵉ corps (3). De toutes parts, l'ennemi reprend sa marche en avant. Deux batteries se portent audacieusement jusqu'à 600 mètres de Frœschwiller, criblant de mitraille les abords du village et la route de Reichshoffen. Le 2ᵉ régiment de lanciers tenta de les charger : il dut faire demi-tour en laissant sur le terrain le colonel Poissonnier frappé à mort (4).

Retardés encore à l'est de Frœschwiller par la

(1) Rapport du commandant Lanty (Archives de la guerre).
(2) Rapports du lieutenant-colonel Cheguillaume et du capitaine Desruols (*Ibid.*).
(3) *Historique du grand État-major prussien*, t. III, p. 269.
(4) Rapport du général de Nansouty (Archives de la guerre).

ferme contenance des débris du 2e zouaves, des 48e et 78e de ligne, les progrès de l'adversaire s'accentuent au sud. Encore une dernière lutte courte, violente, désespérée. Puis les Wurtembergeois pénètrent dans le village par le sud-ouest, tandis que les troupes du général von Schkopp l'envahissent par le sud. Les Prussiens du Ve corps y font irruption par la route de Wœrth ; enfin les Bavarois en atteignent la lisière nord (1).

Pendant quelque temps, « les Français continuent une résistance acharnée, mais sans espoir, dans les rues du village (2). » Comment décrire les incidents de cette lutte suprême ? Toute indication d'heure et de durée disparaît en présence de cette tumultueuse mêlée qui confond amis et ennemis dans des combats partiels et sans direction (3). La retraite des derniers défenseurs leur est bientôt coupée ; tous furent tués, blessés ou pris.

Le maréchal de Mac-Mahon ne sortit de Frœschwiller qu'au moment où les Allemands y pénétraient. Il alla donner des instructions au général Ducrot qu'il chargea de couvrir la retraite avec les troupes disponibles de la 1re division. Le général Raoult, qui avait résisté à toutes les sollici-

(1) *Historique du grand État-major prussien*, t. III, p. 274-276.
(2) *Ibid.*, p. 276.
(3) *Ibid.*, p. 274.

tations et s'était refusé à faire un seul pas en arrière, resta dans Frœschwiller pour encourager les derniers défenseurs jusqu'à ce qu'enfin il tombât, mortellement frappé, entre les mains des Bavarois (1).

Une centaine d'hommes du 36e de ligne, entourant leur drapeau qu'ils avaient sauvé de la mêlée du bois de Frœschwiller, arrivent près du village déjà occupé par l'ennemi. Un feu rapide les décime et les disperse; il ne reste autour de l'aigle que deux officiers et quelques soldats. Poursuivis par les Allemands, ils se précipitent dans une grange, cherchent à brûler le drapeau et, n'y parvenant pas, le déchirent et cachent la soie sous un amas de fagots, où on la retrouvera après la guerre (2).

*
* *

Chargé de couvrir la retraite, le général Ducrot songe d'abord à tenter un retour offensif sur Frœschwiller avec les quatre faibles bataillons de la division Pellé, environ 1,500 hommes, établis à l'ouest du village. Ces troupes se portent en avant en ligne de colonnes doubles, entraînées

(1) Maréchal DE MAC-MAHON, *Souvenirs inédits;* Rapport du général L'Hériller (Archives de la guerre).

(2) Historique manuscrit du 36e de ligne (Archives de la guerre).

par les généraux Pellé et de Montmarie qui marchent en tête. Mais un feu terrible les arrête et les rejette jusqu'à la lisière du Gross-Wald. Les batteries divisionnaires qui appuient leur attaque, perdent en un instant une si grande quantité d'hommes et d'attelages, qu'elles sont forcées d'aller prendre une position plus en arrière, où l'une d'elles peut encore tirer, non sans efficacité (1).

Ducrot a retiré du combat contre les Bavarois le 1er zouaves et deux bataillons du 45e de ligne. Il les amène au sud-ouest de Frœschwiller, afin de ralentir, par une contre-attaque, les progrès de l'ennemi. Ses trois batteries tentent d'intervenir ; elles sont aussitôt écrasées par l'artillerie du XIe corps et ne peuvent tirer que par intermittences (2).

Cependant le 1er zouaves traverse le plateau « dans un ordre admirable : les bataillons marchant en bataille, alignés successivement aux arrêts par leurs adjudants-majors, sous une grêle de balles et d'obus (3). » Ducrot dispose les 1er et

(1) Rapport du général Pellé (Archives de la guerre); *Souvenirs du général Pédoya (Ibid.)*; Rapport du lieutenant-colonel Cauvet *(Ibid.)*.

(2) Rapport du lieutenant-colonel Lecœuvre *(Ibid.)*; Récit verbal de M. Lamy, alors lieutenant d'état-major, témoin oculaire.

(3) Historique manuscrit du 1er zouaves (Archives de la guerre).

2e bataillons à la lisière orientale du Gross-Wald ; le 3e se porte sur Elsasshausen en bataille, étayé sur ses ailes par les deux bataillons du 45e de ligne dans une formation trop dense, en colonnes doubles massées. Une trombe de projectiles disperse ceux-ci (1).

Restés seuls, les zouaves sont forcés de battre en retraite, tout en tirant sans relâche, à moins de 200 mètres, sur une ligne très épaisse de tirailleurs allemands. Ils avaient gardé « un ordre admirable », dit un témoin oculaire. « Ils chargeaient leurs armes en courant, s'arrêtaient pour faire feu, chargeaient de nouveau à la course, tiraient encore après avoir fait demi-tour et, superbes de vaillance, continuaient ainsi, enveloppés d'un épais nuage de poussière et de fumée (2). »

La lisière orientale du Gross-Wald fut défendue pendant quelque temps encore par les 1er et 3e bataillons du 1er zouaves et les batteries de la division Ducrot, tandis que le 2e bataillon, passant sous bois, allait constituer un échelon de repli sur les hauteurs qui dominent immédiatement Reichshoffen. La résistance de ces braves permit à nos malheureuses troupes de gagner ce village sans trop de pertes (3).

(1) Journal du commandant David, du 45e de ligne (général Fay, *loc. cit.*, p. 337).

(2) Général Bonnal, *loc. cit.*, p. 420.

(3) Rapport du général Ducrot (Archives de la guerre) ; Historique du 1er zouaves *(Ibid.)*.

Les escadrons allemands chargés de la poursuite se lancèrent sur leurs traces dans la direction de Niederbronn. Mais leur course fut ralentie par les feux du 16ᵉ bataillon de chasseurs posté là depuis le matin pour couvrir la route. Peu de temps après, les cavaliers ennemis aperçurent, déployée sur les hauteurs de Niederbronn, des deux côtés de la vallée, une division entière prête à combattre. Quelques obus tinrent en respect les escadrons allemands (1).

C'était la division Guyot de Lespart du 5ᵉ corps qui, partie de Bitche à 8 heures du matin seulement, avait employé plus de huit heures à parcourir 22 kilomètres. Malgré le bruit du canon qui s'entendait à Bitche, cette division, inquiétée par des nouvelles alarmantes, craignant une attaque sur sa gauche, ne s'était avancée qu'avec circonspection et avec « une lenteur désespérante (2) ». Arrivée à Niederbronn à 4 heures, elle se heurta aux premières troupes en retraite et se déploya aussitôt pour les recueillir. Du moins, servit-elle à arrêter la poursuite et à sauver les débris de l'armée d'Alsace (3).

(1) *Historique du grand État-major prussien*, t. III, p. 282.
(2) Historique manuscrit du 68ᵉ de ligne (Archives de la guerre).
(3) Journal de marche du 5ᵉ corps *(Ibid.)*; Journal de marche de la division de Lespart *(Ibid.)*.

*
* *

La bataille était terminée. Engagée contrairement à la volonté du prince royal, elle avait continué malgré ses ordres formels et, en raison de son arrivée tardive, s'était poursuivie jusqu'à une heure sans son intervention. Ses lieutenants s'étaient substitués à lui dans les décisions les plus graves, et c'est à l'un d'eux, von Bose, que revient l'honneur d'avoir discerné notre point faible et d'avoir fait exécuter le mouvement tournant contre notre aile droite.

Si, en raison de son absence prolongée dans la matinée, le commandant de la IIIe armée ne pouvait, à son arrivée sur les hauteurs de Dieffenbach, exercer sur le cours immédiat de la bataille qu'une influence restreinte, il n'en est pas de même pour les événements ultérieurs. Vers 2 h. 30, après la prise d'Elsasshausen, le succès n'était plus guère douteux pour l'armée allemande. Tout au plus pouvait-on redouter l'arrivée par Niederbronn de la tête de colonne du 5e corps accouru de Bitche au bruit du canon.

Dans ces conditions, il semble que la continuation de l'offensive sur Frœschwiller fût inopportune et que le centre de la IIIe armée eût dû marquer un temps d'arrêt tout en continuant de fixer l'adversaire, pendant que ses ailes, précédées et flanquées par la cavalerie, se fussent dirigées au sud sur Reichshoffen, au nord sur Niederbronn pour couper la retraite aux Français.

Plus la défense des divisions Ducrot, Raoult et Conseil-Dumesnil se serait prolongée, plus leur situation serait devenue critique, et leur ténacité même les aurait amenées à l'enveloppement et à une reddition inévitable. Si, conscientes du danger que leur faisait courir leur résistance héroïque, elles avaient abandonné leurs positions pour ne pas perdre leur ligne de retraite, il eût été toujours temps pour les Ve et XIe corps de reprendre l'offensive. Cette manœuvre offrait en outre l'avantage d'occuper rapidement Niederbronn et d'interdire le passage aux renforts éventuels venus de Bitche. Mais, pour qu'elle réussît, il était indispensable de coordonner, de régler les efforts des divers corps allemands, de ralentir et d'arrêter au besoin ceux du centre, de pousser sans retard ceux des ailes. En d'autres termes, son exécution ne pouvait être que le résultat d'instructions données par le prince royal.

La part du commandement suprême fut donc très faible dans la victoire des Allemands, et le succès ne répondit ni à leur importante supériorité numérique, ni à leur excellent matériel d'artillerie, ni aux sacrifices subis.

Il convient d'attribuer la défaite de l'armée

d'Alsace moins aux manœuvres des Allemands qu'à la trop grande opiniâtreté du maréchal, à l'infériorité numérique de ses troupes, à l'absence de toute combinaison, à l'énorme consommation de forces que nécessitèrent les contre-attaques exécutées avec la plus extrême énergie.

Tout ce que peuvent le courage, l'abnégation, le mépris de la mort, les combattants de Frœschwiller l'avaient accompli. L'ennemi leur a rendu cet hommage (1). L'histoire a le devoir de faire plus encore. Elle accordera sans réserve les témoignages de son admiration aux extraordinaires efforts de la vaillante armée d'Alsace, et dira que de telles troupes étaient dignes de vaincre.

(1) « Comme on le voit, le commandant en chef des troupes françaises avait lutté jusqu'à la dernière extrémité contre les forces supérieures des Allemands; partout son armée avait combattu avec un grand courage; sa cavalerie tout entière s'était volontairement sacrifiée pour dégager les autres armes. Mais quand on fut entouré de toutes parts, quand l'unique ligne de retraite se trouva sérieusement menacée, la résistance dut enfin cesser. » *(Historique du grand État-major prussien*, t. III, p. 278.)

CHAPITRE VIII

LA RETRAITE ET LA POURSUITE

La retraite sur Saverne. — Télégramme du maréchal de Mac-Mahon. — Arrivée de l'armée d'Alsace à Saverne. — Les pertes. — Poursuite de la cavalerie würtembergeoise. — La 4e division de cavalerie. — Perte du contact. — La poursuite après Iéna.

Le maréchal de Mac-Mahon était resté avec le 1er zouaves à la lisière orientale du Gross-Wald jusqu'au moment où cette dernière ligne de résistance dut être abandonnée à son tour. Il se rendit à Reichshoffen dans l'espoir d'y régler le défilé désordonné des hommes, des chevaux, des voitures qui se pressaient sur les ponts fixes et sur les passerelles construites par le génie. A Niederbronn, il s'arrêta près du croisement du chemin de fer et de la route de Saverne, et fixa cette dernière ville comme point de ralliement.

« En marchant sur Bitche, dont la ligne télégraphique avait déjà été coupée par l'ennemi, il craignait que sa colonne, obligée de s'avancer par une seule route dans un long défilé, n'y fût coupée par quelque nouveau corps ennemi et compromise. D'un autre côté, il espérait, en se portant sur la ligne de communication principale entre Strasbourg et Paris, pouvoir tenir quelque temps sur cette ligne, ralentir la marche de l'ennemi et donner le temps de pourvoir à l'approvisionnement de Strasbourg qu'il savait être très incomplet (1). »

De Niederbronn, le maréchal expédia à l'empereur un télégramme qui ne déguisait ni n'atténuait rien : « J'ai été attaqué ce matin à 7 heures par des forces très considérables. J'ai perdu la bataille; nous avons éprouvé de grosses pertes en hommes et matériel. La retraite s'opère en ce moment, partie sur Bitche, partie sur Saverne. Je tâcherai de gagner ce point où je reconstituerai l'armée. Nos hommes ont perdu la plus grande partie de leurs sacs (2). »

La division de Lespart resta en position aux environs de Niederbronn jusqu'à 6 heures environ. Puis la brigade Abbatucci prit la route de Bitche à la suite de groupes nombreux qui s'y étaient engagés. La brigade de Fontanges suivit celle de Saverne, servant d'arrière-garde à la colonne principale qui s'était dirigée sur cette

(1) Notes sur les opérations du 1er corps dictées par le maréchal de Mac-Mahon à Wiesbaden, janvier 1871 (Archives de la guerre).

(2) Maréchal DE MAC-MAHON, *Souvenirs inédits.*

ville; un de ses régiments et la batterie de mitrailleuses ne quitta les abords sud de Niederbronn qu'après entier écoulement des débris de l'armée d'Alsace (1).

Quelques détachements refluèrent sur Strasbourg qu'ils contribuèrent à défendre, et sur La Petite-Pierre. Le général Ducrot, coupé de la ligne de retraite sur Niederbronn, se jeta à travers bois dans la direction de Zinswiller et arriva vers 6 heures au fort de Lichtenberg, suivi d'environ 2,000 hommes. Enfin, de nombreux isolés appartenant à tous les corps, s'échappèrent par les chemins et les sentiers multiples qui courent à travers les contreforts boisés des Vosges.

La résistance de l'armée d'Alsace avait été poussée jusqu'à la limite extrême; aussi un grand nombre de régiments étaient-ils absolument désorganisés. La fatigue et l'obscurité vinrent augmenter encore la rupture des liens tactiques et détendre ceux de la discipline. Bientôt, à part quelques unités restées compactes, ce ne fut plus qu'une longue colonne où « généraux, officiers, soldats de tous corps, voitures et canons, tout fut confondu (2) ». Il y eut

(1) Journaux de marche du 1er corps et de la division de Lespart (Archives de la guerre); Historique du 68e de ligne *(Ibid.)*.

(2) Journal du commandant David (cité par le général Fay, *loc. cit.*, p. 337).

sur la route de Saverne, « un effroyable encombrement d'hommes, de chevaux, de voitures... dont on ne peut se faire une idée que lorsqu'on en a été témoin (1). »

La cavalerie atteignit Saverne au milieu de la nuit. Le maréchal, accompagné de son état-major, y fut rendu le 7 août de bonne heure. Le gros de l'armée commença à y arriver à 7 heures du matin seulement, et la brigade de Fontanges, la dernière, vers 10 heures. Des lieux de rassemblement furent aussitôt désignés aux généraux et aux colonels pour réunir les débris des divisions et des régiments. Les officiers indiquaient ces points aux soldats au fur et à mesure qu'ils arrivaient.

La journée du 7 fut employée à rallier les isolés, à reconstituer les unités, à prendre un repos dont les soldats avaient le plus grand besoin. Les combattants de Frœschwiller avaient passé la nuit du 5 au 6 au bivouac, sous une pluie torrentielle; ils avaient livré bataille toute la journée du 6 et fait une retraite de 45 kilomètres. Aussi leur fatigue dépassait-elle toute limite. La plupart avaient perdu leurs sacs et en même temps les ustensiles nécessaires pour préparer leurs repas. Les habitants de Saverne offrirent généreusement tout ce qu'ils possédaient et,

(1) Rapport du général Forgeot (Archives de la guerre).

dans l'après-midi, des vivres arrivèrent de Sarrebourg, de Lunéville, de Nancy (1).

Après cette crise, on fit l'appel. Les pertes étaient en rapport avec l'acharnement de la lutte. Elles s'élevaient à 750 officiers dont 607 tués ou blessés (2), et environ 20,000 sous-officiers et soldats tués, blessés ou disparus (3). Sur ce nombre, 4,200 hommes environ se réfugièrent à Strasbourg; 6,000 prisonniers non blessés étaient tombés entre les mains des Prussiens (4). La victoire avait coûté à la IIIe armée allemande 489 officiers, 10,153 hommes tués, blessés ou disparus (5). Si l'on compare ces pertes aux effectifs engagés — 41,000 Français (6) contre 82,000 Allemands (7) — elles sont respectivement de 25 pour 100 contre 12 pour 100.

L'armée d'Alsace avait donc combattu contre des forces doubles des siennes, disproportion numérique plus caractéristique encore si l'on tient

(1) Maréchal DE MAC-MAHON, *Souvenirs inédits.*

(2) MARTINIEN, *État nominatif, par affaire et par corps, des officiers tués ou blessés dans la première partie de la campagne,* p. 3 et suiv.

(3) Chiffre obtenu en totalisant les pertes indiquées dans les apports sur la bataille ou, à défaut, dans les Historiques des corps.

(4) VON HAHNKE, *loc. cit.*, p. 78.

(5) *Historique du grand État-major prussien,* t. III, p. 129*.

(6) Effectif au 5 août : 46,672 hommes. Il faut y ajouter les réservistes arrivés ce jour-là et dans la nuit du 5 au 6, et en défalquer les unités non engagées.

(7) *Einzelschriften* du grand État-major prussien, n° 9, p. 384.

compte de la supériorité manifeste du matériel d'artillerie allemand.

*
* *

La poursuite commença dès la cessation de la lutte autour de Frœschwiller. Les ailes de l'armée allemande en furent tout naturellement chargées en raison des directions qu'elles avaient suivies et des troupes fraîches dont elles disposaient (1).

A l'aile gauche, quatre escadrons würtembergeois accompagnés d'une batterie, se dirigent d'Eberbach sur Reichshoffen. D'abord arrêtés dans le Gross-Wald par deux compagnies du 1er zouaves, ils reprennent leur mouvement après la retraite de celles-ci. La batterie établie à la cote 252 à l'est de Reichshoffen canonne efficacement nos troupes en marche sur la grande route; puis les quatre escadrons, renforcés par deux autres, se jettent dans le village où ils pénètrent sans résistance. Ils y font prisonniers un certain nombre de blessés et d'isolés, ainsi que le général Nicolaï alité depuis la veille (2). Quatre

(1) *Historique du grand État-major prussien*, t. III, p. 278.

(2) « Le lieutenant Kurr, dit l'*Historique du grand État-major prussien*, devançant sa troupe, pousse droit sur le château où il fait prisonnier le général de brigade Nicolaï, de la division Conseil-Dumesnil, avec son état-major. » (Tome III, p. 281.) L'unique aide de camp du général Nicolaï, le lieutenant Michel, avait pris part à la bataille.

escadrons continuent sur Niederbronn et s'emparent près de la papeterie d'une batterie de la division Ducrot restée à l'arrière-garde sans aucun soutien et arrêtée par un encombrement. Le personnel se défendit vaillamment et réussit à sauver une pièce (1). La cavalerie würtembergeoise s'arrêta devant les troupes de la division de Lespart et rétrograda, vers 7 heures, sur Reichshoffen, où elle bivouaqua (2).

Pendant ce temps, cinq escadrons prussiens et une batterie würtembergeoise s'étaient portés sur Gundershoffen, mais n'avaient pu en forcer l'entrée défendue par des isolés de la division de Lartigue. Apercevant au nord le convoi de cette division escorté par la compagnie du génie, le détachement prussien l'attaque en tête et sur son flanc gauche. Après une faible résistance, la compagnie du génie bat en retraite, laissant les voitures aux mains de l'ennemi (3). La cavalerie prussienne ne poussa pas plus loin et revint à Eberbach.

A l'aile droite, le général von Hartmann avait dirigé de Langensoultzbach sur Reichshoffen une brigade d'infanterie et une brigade de uhlans. Ces troupes marchent très lentement, avec des

(1) Rapport du lieutenant-colonel Lecœuvre (Archives de la guerre).

(2) *Historique du grand État-major prussien*, t. III, p. 281.

(3) Journal du colonel d'Andigné (Archives de la guerre).

précautions multiples, et trouvent Reichshoffen déjà occupé par les Würtembergeois. Une fraction prend possession de la gare, où elle trouve une centaine de voitures chargées et une bouche à feu abandonnée ; l'autre se porte sur Niederbronn, où elle pénètre après le départ de la brigade de Fontanges. L'infanterie bivouaque près de Niederbronn, la cavalerie près de Reichshoffen (1).

La poursuite fut donc très molle. La 4e division de cavalerie était restée à ses bivouacs pendant toute la bataille. L'état-major de la IIIe armée avait considéré que « son emploi paraissait sans utilité dans ce terrain très accidenté (2) » et on lui avait attribué en réalité le rôle de « réserve générale », comme en 1866. Cette raison, à supposer qu'elle soit admissible, ne justifie nullement le maintien de la 4e division de cavalerie si loin du champ de bataille. Dès une heure de l'après-midi, semble-t-il, le prince royal eût dû la diriger sur Dürrenbach.

La zone de terrain comprise entre le Nieder-Wald, le Gross-Wald et la lisière nord de la forêt de Haguenau était favorable à l'action d'une masse de cavalerie qui aurait pu très heureusement coordonner ses opérations avec celle des troupes du XIe corps, chargées de la manœuvre enveloppante.

(1) *Historique du grand État-major prussien*, t. III, p. 284.
(2) Von Hahnke, *loc. cit.*, p. 70.

Du reste, le prince Albert, commandant cette division, ne crut pas devoir marcher au canon de sa propre initiative. Il envoya, il est vrai, des officiers d'ordonnance au prince royal, mais, chose singulière, « ils ne trouvèrent pas à qui parler, et c'est le soir seulement, qu'arriva l'ordre de se porter en avant (1) ». Aussi la division ne put-elle atteindre Gunstett qu'à la nuit close (2).

Elle manqua donc, pendant la bataille, à sa vraie mission : l'exploration sur les flancs et sur les derrières de l'ennemi, l'attaque des colonnes de munitions et des convois, l'action retardatrice sur les renforts encore en marche. Plus tard, on ne put l'utiliser pour la poursuite. Comme l'a dit justement un auteur allemand, « les vingt-quatre escadrons intacts auraient obtenu des résultats merveilleux s'ils s'étaient jetés aux environs de Reichshoffen, sur les débris de l'armée française formant une masse confuse (3) ».

Il y avait mieux à faire encore, pour cette division. C'était de gagner Zinswiller par Morsbronn, Forstheim et Gundershoffen, d'intercepter la route de Saverne et d'obliger les troupes françaises soit à abandonner leur matériel et à se

(1) *Revue de cavalerie*, avril 1887, p. 45. (D'après MACKENSEN, *Das zweite Leib-HusarenRegiment n° 2.*)
(2) *Historique du grand État-major prussien*, t. III, p. 285.
(3) KUNZ, *Die Schlacht von Wörth*, p. 102.

rejeter dans les montagnes, soit à refluer sur Niederbronn pour prendre la route de Bitche. Appelée sur le champ de bataille à une heure, elle pouvait arriver à Zinswiller avant 6 heures du soir. Mais l'état-major de la IIIe armée semble ne s'être souvenu de la 4e division de cavalerie qu'au moment où il était trop tard pour obtenir de la victoire les résultats qu'une poursuite immédiate et énergique eût permis d'en espérer. Cette omission est d'autant plus inexplicable que l'avant-veille, à l'issue du combat de Wissembourg, on avait eu déjà à regretter l'éloignement de cette masse de cavalerie. Une seule expérience de ce genre aurait dû suffire. On ne songea pas davantage à utiliser les nombreux escadrons des corps d'armée, présents sur le champ de bataille.

Le lendemain 7 août, la 4e division de cavalerie se dirige d'abord sur Niederbronn où elle se grossit d'une brigade de cuirassiers bavarois, puis sur Ingwiller et Saverne. On trouve bientôt de nombreuses traces du passage de l'armée française : des armes, un canon brisé, des voitures, des isolés dont le nombre va grossissant et qui, embusqués dans les vignes, brûlent leurs dernières cartouches. Le bivouac est établi à Steinbourg à 8 heures du soir. Les informations faisant craindre une menace du côté de Saverne, le prince Albert, sans même les contrôler, lève le camp et se reporte en deçà de Bouxwiller (1). Ainsi disparaît la légende de la hardiesse de la cavalerie allemande au début de la campagne.

Le contact était perdu pour longtemps. En raison du mode d'emploi défectueux de la 4e division de cavalerie le 6 août, et de la mollesse de la poursuite le 7, l'état-major de la IIIe armée n'était nullement fixé sur le degré de démoralisation de l'armée française et sur la direction exacte qu'elle avait suivie. Il inclinait cependant à croire que le maréchal de Mac-Mahon s'était retiré sur Bitche « pour rejoindre la masse principale de l'armée impériale (2) ».

La cavalerie de la Grande Armée a montré, le 14 octobre 1806, comment on transforme une retraite en déroute.

A Iéna, aussitôt la victoire assurée, Murat commence la poursuite avec la division de dragons Klein, une brigade des cuirassiers de d'Hautpoul et trois brigades de cavalerie légère des corps d'armée. Bientôt la retraite des Prussiens « devint un affreux désordre... ». Les Français arrivèrent à Weimar en même temps que l'ennemi qui fut ainsi poursuivi pendant l'espace de six lieues... (3). « Le roi et la reine sont partis

(1) *Historique du grand État-major prussien*, t. III, p. 287-288; *Das zweite Leib Husaren-Regiment n° 2*, p. 29.

(2) *Historique du grand État-major prussien*, t. IV, p. 371-372.

(3) *Cinquième Bulletin de la Grande Armée*.

à 4 heures de Weimar, écrit Murat à l'Empereur... J'y suis entré à 6 heures ; les dragons ont chargé une colonne d'infanterie qui faisait l'arrière-garde ; les rues sont jonchées de cadavres et remplies de caissons, canons et bagages... (1). »

Après Auerstædt, Viallannes, avec les trois régiments de cavalerie du corps Davout, harcèle l'ennemi sans interruption et « vient bivouaquer la nuit... à Buttstädt, à quatre lieues du champ de bataille, et, pour ainsi dire pêle-mêle avec les débris de l'armée prussienne (2) ». Il ne s'arrête que parce que les chevaux sont exténués (3). « On ne dira plus, pourra affirmer Murat, que la cavalerie de Votre Majesté n'est pas la première du monde (4). »

(1) Murat à l'empereur, 14 octobre 1806 (Archives de la guerre).

(2) Journal des opérations du 3e corps *(Ibid.)*.

(3) Viallannes à Davout, Buttstädt, 9 h. 30 soir *(Ibid.)*.

(4) Murat à l'empereur, Weimar, 14 octobre 1806 *(Ibid.)*.

CHAPITRE IX

INACTION DU 5e CORPS

Mouvement de la division Goze. — Inaction du général de Failly. — Arguments destinés à la justifier. — Objections. — Arrivée à Bitche de la division de L'Abadie. — Fausses nouvelles. — Réunion d'un conseil de guerre. — La marche sur Lemberg et Phalsbourg. — Conséquences de l'inertie du général de Failly. — Conclusion.

La division Lespart, bien qu'arrivée tardivement à Niederbronn, avait rendu à l'armée d'Alsace le très appréciable service de faciliter sa retraite en intimidant l'ennemi. Le reste du 5e corps resta à peu près inactif à Bitche, pendant toute cette journée de crise, malgré les appels pressants que le maréchal de Mac-Mahon avait adressés la veille au général de Failly.

A 5 heures du matin, la division Goze, moins un régiment maintenu à la ferme Freudenberg, vint prendre position en avant de la place de Bitche, la gauche au fort, la droite à la route de Wissembourg. Ce déploiement avait pour but de couvrir le mouvement de la division de Lespart; de plus « tous les avis, arrivés de la veille et pendant la nuit, ont signalé la présence de l'ennemi du côté de Rohrbach, de Wolmünster et au nord de Bitche par la route de Deux-Ponts et de Pirmasens (1) ».

Cette division demeura immobile et inutile toute la journée, tandis que le canon grondait à Frœschwiller avec une violence qui dénotait un engagement important. Le général de Failly a allégué, après la guerre, des obligations qui l'auraient empêché de venir au secours du maréchal.

« Placé à Bitche, écrit-il, avec une seule division (la division de L'Abadie n'ayant pu encore rejoindre le 6 au matin), chargé de protéger le chemin de fer et la trouée de Rohrbach, menacé par la présence des forces signalées à Deux-Ponts et à Pirmasens, je ne pouvais laisser ce point découvert avant d'avoir rallié le général de L'Abadie, ni le quitter sans avoir reçu les ordres du maréchal dont les intentions pour le 6 ne m'étaient point connues (2) ».

Ces arguments soulèvent plusieurs objections.

Le 5e corps n'a nullement été chargé de couvrir le chemin de fer et la trouée de Rohrbach. Au contraire, par télégramme du 5 août, 4 heures du soir, le major général avait renouvelé au

(1) Journal de marche du 5e corps (Archives de la guerre). Ce journal de marche, on s'en souvient, a été rédigé en 1872, approuvé et signé par le général de Failly.

(2) Général DE FAILLY, *Opérations et marches du 5e corps*, p. 14.

général de Failly la recommandation de se mettre immédiatement en communication avec le maréchal de Mac-Mahon et de se conformer à ses ordres (1). On ne s'expliquerait pas, d'ailleurs, que le commandant du 5e corps n'eût pas opposé la mission dont il aurait été chargé aux instructions que lui avait adressées le maréchal le 5 août, et notamment à la prescription de venir à Reichshoffen avec tout son corps d'armée « le plus tôt possible ».

Le général de Failly ne se méprit point d'ailleurs sur le sens de la dépêche que lui avait expédiée le maréchal le 6 août à 5 h. 14 du matin. Elle lui fut remise, déchiffrée, à 7 heures, et, reproduisant textuellement un télégramme de la veille, laissait entendre clairement que si le maréchal devait se contenter pour le moment de la seule division de Lespart il n'en était pas moins préoccupé de savoir à quelle date et par quel itinéraire le reste du 5e corps le rejoindrait. Le général de Failly interpréta cette dépêche dans ce sens, ainsi qu'en témoigne le télégramme suivant qu'il envoya à 10 h. 20 du matin au major général : « Le maréchal de Mac-Mahon me donne ordre de le rejoindre à Reichshoffen avec tout mon corps d'armée et d'abandonner Bitche... » Suivaient les dispositions qu'il comptait prendre le lendemain.

(1) V. *suprà*, p. 206.

Ainsi, le général de Failly reconnaissait lui-même la possibilité de se conformer, le 7 août, aux instructions du commandant de l'armée d'Alsace, quand, à cette date, les probabilités d'une attaque venant de Deux-Ponts seraient certainement plus nombreuses. *A fortiori*, étaient-elles donc exécutables le 6. Au surplus, l'intensité de la canonnade dénotait une bataille contraire aux prévisions du maréchal, et qui devenait l'événement essentiel, prépondérant de la journée, celui auquel devaient être sacrifiées toutes les préoccupations d'ordre secondaire. A supposer que la conservation du chemin de fer et de la trouée de Rohrbach eût quelque intérêt, elle était, sans nul doute, étroitement liée au sort de la lutte qui se livrait à Frœschwiller.

« Jusqu'à 5 heures du soir, dit le général de Failly, je ne cessai d'être en relation télégraphique avec le maréchal de Mac-Mahon et le général de Lespart, et aucun ordre ne me fut envoyé (1). »

On peut être surpris en effet de ce que le commandant de l'armée d'Alsace ne se soit pas enquis par télégramme de l'heure du départ de Bitche de la division de Lespart, qui lui aurait permis de préjuger du moment où elle pourrait déboucher sur le champ de bataille. Mais quel ordre aurait-il pu envoyer qui n'eût pas été une

(1) Général DE FAILLY, *loc. cit.*, p. 14.

nouvelle reproduction d'instructions déjà données ? Le maréchal savait ou plutôt croyait, sur la déclaration du général de Failly, qu'il n'y avait à Bitche qu'une seule division du 5e corps (1), et il calculait que les deux autres, supposées en marche de Sarreguemines sur Bitche, ne pouvaient arriver en temps utile à Reichshoffen (2). D'ailleurs, le bruit du canon ne dictait-il pas son devoir au commandant du 5e corps et lui « fallait-il donc un ordre pour prendre part au combat et secourir ses camarades (3) » ?

En réalité, la division Goze, partant à 10 heures du matin, au bruit de la violente canonnade, serait parvenue à Niederbronn à 4 heures du soir, en admettant qu'elle eût fait toute diligence. A ce moment la bataille était perdue. Mais le général de Failly ne pouvait prévoir qu'elle arriverait trop tard, ni préjuger de la durée de la lutte qui pouvait se prolonger jusqu'à la nuit et même reprendre le lendemain comme à Bautzen, à Dresde et à Leipzig.

« Vous savez, écrivait Napoléon au maréchal Victor, le 6 novembre 1808, que le premier principe de la guerre veut que, dans le doute du succès, on se porte au secours d'un de ses corps attaqués, puisque de là peut dépendre son salut (4). »

(1) V. *suprà*, p. 209.
(2) Maréchal DE MAC-MAHON, *Souvenirs inédits*.
(3) *Mémoires de Napoléon*, écrits par GOURGAUD, t. II, p. 185.
(4) *Correspondance de Napoléon*, n° 14, 445.

*
* *

La division de L'Abadie qui avait campé à Rohrbach — moins la brigade Lapasset restée à Sarreguemines — arriva à Bitche vers 2 heures de l'après-midi, encadrant les réserves d'artillerie et du génie du corps d'armée. Les troupes massées autour du fort demandaient à « marcher au canon (1) » qu'elles ne cessaient d'entendre « comme un appel croissant et désespéré (2) ».

Mais des nouvelles fausses ou exagérées étaient arrivées de l'ouest, qui avaient confirmé encore la décision du général de Failly de ne pas quitter Bitche (3). Craignant de plus en plus, d'après ces renseignements, une attaque sur Rohrbach, il ne cessa d'être préoccupé de ce qui se passait sur sa gauche (4). Un télégramme du major général survint encore vers 3 heures, annonçant que le général Frossard et le maréchal Bazaine étaient attaqués et recommandant au 5e corps de se tenir sur ses gardes (5).

(1) Rapport du général Nicolas, cité par le général WIMPFFEN, *Sedan*, p. 352.

(2) Journal du capitaine de Lanouvelle (Archives de la guerre).

(3) Le sous-préfet de Sarreguemines au général de Failly, 6 août, 10 heures matin *(Ibid.)*; le général Montaudon au général de Failly, Sarreguemines, midi *(Ibid.)*.

(4) Journal de marche du 5e corps *(Ibid.)*.

(5) Le major général au général de Failly, 2 h. 5 soir *(Ibid.)*. Il s'agit de la bataille de Forbach.

C'était plus qu'il n'en fallait pour troubler définitivement le jugement du général de Failly. Il résolut de rester sur la défensive à Bitche et d'attendre le résultat des engagements qui avaient lieu à sa droite et à sa gauche. Il venait de recevoir, il est vrai, la lettre du maréchal de Mac-Mahon, expédiée de Frœschwiller à 5 heures du matin et confiée au commandant Moll. Mais — il faut le remarquer — cette lettre n'avait eu jusqu'à 3 heures aucune influence sur ses décisions.

Les heures passaient à Bitche « dans l'anxiété la plus vive (1) », tandis qu'autour de Frœschwiller les soldats du 1er corps ne combattaient plus guère que pour l'honneur des armes. Soudain, vers 6 h. 30 du soir, arriva ce bref télégramme : « L'ennemi est à Niederbronn, tout est en déroute (2). » Les premiers fuyards arrivèrent bientôt dans la place.

Le général de Failly réunit aussitôt un conseil de guerre composé des généraux de division et des chefs de service pour délibérer sur les deux questions :

1° Devait-on accepter le combat sous les murs de Bitche?

2° Devait-on suivre le mouvement de retraite

(1) Journal du capitaine de Lanouvelle (Archives de la guerre).

(2) Le chef de gare de Bannstein au général de Failly, 6 h. 30 soir *(Ibid.)*.

du maréchal en passant par La Petite-Pierre pour se diriger ensuite sur Phalsbourg et Saverne?

Après une longue discussion, on reconnut qu'il était impossible de rester à Bitche. Il fut décidé qu'on n'abandonnerait pas la dernière ligne de retraite et qu'on se porterait le plus tôt possible sur La Petite-Pierre. « On espérait que les 1er et 5e corps, appuyés par le 7e, pourraient peut-être contenir l'ennemi dans l'important défilé de Saverne et Phalsbourg, et reprendre même l'offensive (1) ». Le conseil jugea, en outre, qu'il y avait urgence à exécuter ce mouvement, en raison de l'évacuation par nos troupes de Niederbronn et de Rohrbach. Une marche de nuit fut décidée et, pour la rendre plus rapide, on résolut de laisser tous les bagages à Bitche (2). Ce fut là, suivant M. le général Lewal, « une décision bien médiocre, impuissante à couvrir un chef sans valeur (3). »

Ainsi, le général de Failly avait immobilisé, pendant toute la durée d'une grande bataille qui se livrait près de lui, trois brigades d'infanterie, une de cavalerie, neuf batteries, dans le but de couvrir une trouée et un chemin de fer qu'aucun

(1) Journal de marche du 5e corps (Archives de la guerre).

(2) *Ibid.*

Un bataillon d'infanterie et une trentaine d'artilleurs, un capitaine d'artillerie, un capitaine du génie, un médecin, un sous-intendant restèrent à Bitche.

(3) *Le Plan de combat*, p. 14.

ordre ne lui avait prescrit de conserver ni même de défendre. Ce fut de cette obligation toute hypothétique qu'il prit prétexte pour ne pas se conformer aux instructions formelles du maréchal. Sans doute, il parvint à la remplir, sans difficulté d'ailleurs, puisqu'il ne fut même pas attaqué. Mais, ainsi qu'il arrive toujours en pareil cas, faute d'avoir résolument sacrifié ces considérations d'ordre très secondaire à l'événement essentiel, tout fut perdu à la fois, et la bataille et les points topographiques auxquels il avait attribué une importance illusoire.

A 9 heures du soir, le corps d'armée se mit en marche sur Lemberg, au milieu d'un encombrement de fuyards et de blessés venus du champ de bataille (1). A Lemberg, on prit un guide qui se trompa de direction et conduisit la colonne vers Ingwiller. Il fallut se jeter à droite et prendre, « sur les indications des habitants, un chemin traversant un pays fort difficile, couvert de forêts, très accidenté et conduisant à La Petite-Pierre où l'on arriva enfin vers 9 heures du matin (2) ». L'artillerie et le parc du génie eurent les plus grandes difficultés pour suivre. « Les roues s'enfonçaient souvent jusqu'au moyeu dans le sol sablonneux, et ce n'est qu'à force de bras qu'on

(1) Journal du capitaine de Lanouvelle (Archives de la guerre).

(2) Journal de marche du 5e corps (*Ibid.*).

pouvait les retirer des ornières que le génie cherchait à combler autant que possible avec des branchages (1). »

La brigade Abbatucci, de la division de Lespart, se repliait sur Bitche, après avoir évacué Niederbronn, lorsqu'elle reçut à Philippsbourg un télégramme du général de Failly, lui prescrivant « de se jeter dans les bois, de suivre les crêtes des Vosges et de chercher à se rallier à lui dans la direction de Phalsbourg (2) ». En conséquence, elle se dirigea directement sur Lemberg, puis sur Mouterhausen et atteignit Phalsbourg le 7 au soir, ayant ainsi parcouru cent kilomètres en trente-six heures (3).

Les troupes du 5e corps étaient donc capables d'exécuter de grandes marches. On l'a dit avec raison : « Si les efforts dépensés par elles pour se soustraire aux coups de l'ennemi... eussent été employés dès le 4 au soir à rejoindre le maréchal de Mac-Mahon, il n'est pas douteux que la bataille de Frœschwiller aurait présenté un tout autre caractère (4). »

A vrai dire, l'issue de la lutte n'eût pas été différente si le maréchal avait maintenu et renouvelé, le 6 août au matin, l'ordre formel donné la

(1) Journal de marche du 5e corps (Archives de la guerre).
(2) *Ibid.*
(3) Journal de marche de la division de Lespart *(Ibid.)*.
(4) Général Bonnal, *loc. cit.*, p. 455.

veille au général de Failly de venir à Reichshoffen avec tout son corps d'armée « le plus tôt possible ». La division Goze, la réserve d'artillerie et la division de L'Abadie ne se seraient mises en marche, en effet, qu'à la suite de la division de Lespart et, comme elle, seraient arrivées trop tard. Mais le maréchal prévoyait-il qu'il en serait ainsi? La bataille pouvait durer jusqu'au soir, demeurer indécise et recommencer le lendemain. Il devait donc renouveler ses ordres d'une manière plus pressante.

Toutefois il ne saurait être rendu responsable de l'arrivée tardive de la division de Lespart que le général de Failly retint à Bitche sans motif sérieux jusqu'à 8 heures du matin, et qui ne marcha ensuite qu'avec la plus grande lenteur, malgré le bruit du canon qu'elle entendait depuis son départ.

De l'étude des documents des 5 et 6 août, il résulte, en somme, que si le général de Failly s'était conformé, comme il le devait, strictement et avec activité, dès la soirée du 5, aux ordres très précis du maréchal de Mac-Mahon; s'il ne s'en était pas laissé détourner par des considérations topographiques très secondaires et par des raisons qui ne résistent pas à l'examen, deux divisions au moins et la réserve d'artillerie du 5e corps, pouvaient être rassemblées le 6, à une heure de l'après-midi, à Reichshoffen, à la disposition du commandant de l'armée d'Alsace.

Si l'on se rappelle l'état d'épuisement et de désorganisation des Ve et XIe corps à la fin de la bataille, il ne semble pas douteux que le maréchal de Mac-Mahon eût réussi, avec ces renforts, à repousser toutes les attaques de l'ennemi. Un écrivain militaire allemand, particulièrement qualifié par ses travaux approfondis sur la bataille de Frœschwiller, a formulé une conclusion, encore plus optimiste : « Les Allemands furent obligés, le 6 août, de mettre en œuvre toutes leurs forces pour venir à bout des 45,000 combattants (1) dont disposait le maréchal de Mac-Mahon. A la fin de l'action, leur énergie était épuisée. Seules, quelques fractions arrivées les dernières faisaient exception. Il n'est donc pas douteux que la bataille se serait terminée par une *terrible défaite* des Allemands si le maréchal avait eu subitement, vers 2 heures de l'après-midi, 28,000 hommes de troupes fraîches à Elsasshausen (2). »

L'appréciation semble excessive. Il est permis d'estimer en effet que la nombreuse et puissante artillerie des Allemands les eût empêchés de subir un revers et laissé la journée indécise. Que se serait-il passé le lendemain? Certes, le prince royal, qui disposait encore de 40,000 hommes de troupes d'infanterie intactes, eût pu reprendre la

(1) Chiffre inexact, au-dessus de la réalité. Voir *suprà*, p. 249.
(2) Major Kunz, *loc. cit.*, p. 10.

lutte. Mais, — l'observation mérite d'être retenue — ces réserves se composaient toutes de contingents de l'Allemagne du Sud, dont la plupart avaient combattu, peu d'années auparavant, contre leurs alliés actuels, et dont la valeur militaire ainsi que la force morale étaient sensiblement moindres que celles des corps prussiens, d'ailleurs épuisés.

En tout état de cause, l'arrivée sur le champ de bataille, à une heure de l'après-midi, des divisions Goze et de Lespart, aurait eu pour résultat minimum d'éviter au 1er corps la défaite et la désorganisation dont il ne put se relever. Le maréchal de Mac-Mahon, constatant son infériorité numérique et la grande supériorité de l'artillerie prussienne, se fût décidé vraisemblablement à effectuer pendant la nuit sa retraite sur les Vosges, dont ses arrière-gardes eussent disputé les passages, tandis que la masse principale de l'armée se serait reconstituée en arrière.

De fait, le désastre de Frœschwiller fut tel qu'il fallut renoncer même à cette suprême ressource, abandonner Saverne dès le 7 août et diriger les glorieux débris du 1er corps sur Phalsbourg et Sarrebourg.

Abstraction faite des causes d'infériorité de l'armée française dues à la faiblesse de ses effectifs et à la supériorité du matériel d'artillerie prussien, on peut se demander à qui incombe la responsabilité de la défaite de Frœschwiller. Investi du commandement en chef des corps d'Alsace, le maréchal de Mac-Mahon, confiant dans la valeur de ses troupes et de ses positions, commit l'erreur d'accepter la bataille avant d'avoir réuni toutes ses forces. De son côté, le général de Failly opposa aux pressants appels et même à un ordre formel du maréchal, un mauvais vouloir et une inertie indéniables.

La responsabilité du revers semble donc partagée. Quant au succès, les Allemands le doivent avant tout à ces fautes.

Dans la soirée du 7 août, les dernières troupes françaises disparurent sur le versant occidental des Vosges. L'Alsace qu'elles avaient si vaillamment défendue, était irrémédiablement perdue. Du moins étaient-elles bien dignes de ce jugement inspiré à Montaigne par le souvenir de Léonidas et de ses compagnons des Thermopyles :

« Il est des pertes triomphantes à l'envi des victoires (1). »

(1) *Essais*, chap. I, XXX.

CARTE GÉNÉRALE DES OPÉRATIONS AU DÉBUT DE LA GUERRE DE 1870

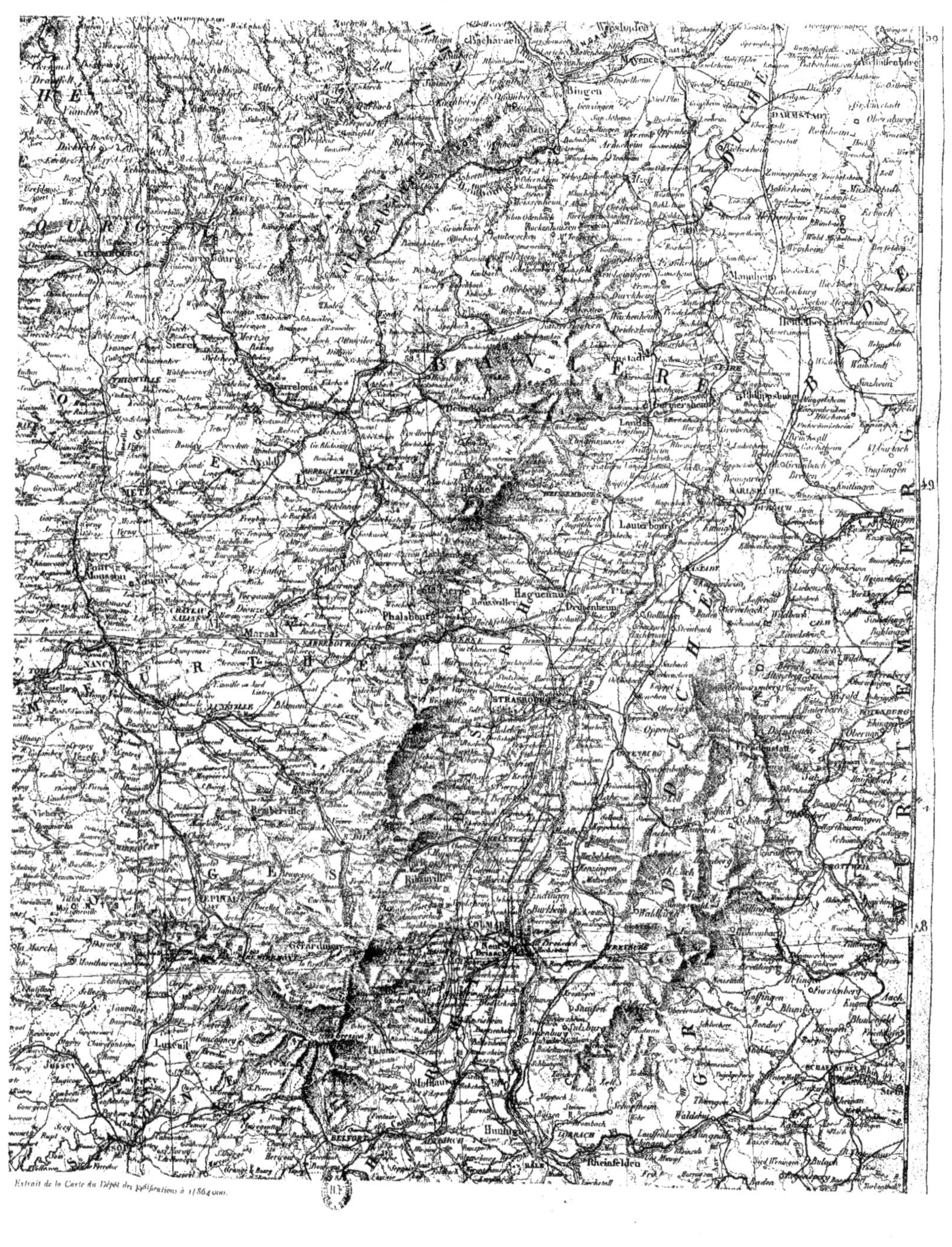

Extrait de la Carte du Dépôt des fortifications à 1/864 000.

Kilomètres 0 1 2 3 4 5 6 7 8 9 10 Myriamètres

LES JOURNÉES DE LA « LISAINE ».

Les Dernières cartouches, par H.

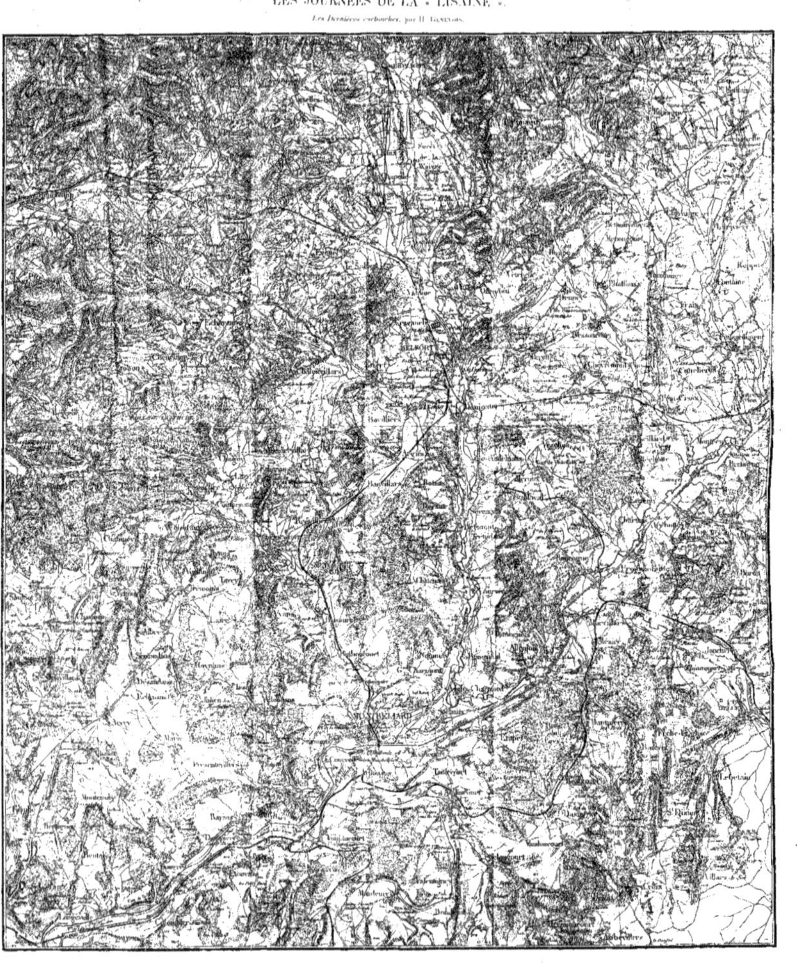

TABLEAU SYNOPTIQUE

Répartition des forces françaises.

Répartition des forces allemandes

Frahier.

Chenebier.

Chagey.

18e corps — Division Bonnet.

Réserve — de la Barrière.

Luze.

20e corps — Division Ségard. Division Thornton. Division Poligna.

Héricourt.

24e corps

15e corps

Bussurel.

Bethoncourt.

Grand-Charmont

Montbéliard.

Delle.

Audincourt.

Abbévillers.

TABLE DES MATIÈRES

PREMIÈRE PARTIE

LES ARMÉES EN PRÉSENCE

CHAPITRE PREMIER

AU GRAND QUARTIER GÉNÉRAL FRANÇAIS

CHAPITRE II

LES PLANS D'OPÉRATIONS FRANÇAIS

CHAPITRE III

AU GRAND QUARTIER GÉNÉRAL ALLEMAND

CHAPITRE IV

SARREBRUCK

DEUXIÈME PARTIE

WISSEMBOURG

CHAPITRE PREMIER

MAC-MAHON A STRASBOURG

CHAPITRE II

LE 1er CORPS EN BASSE ALSACE

CHAPITRE III

COMBAT DE WISSEMBOURG

CHAPITRE IV

LES CONSÉQUENCES DE WISSEMBOURG

CHAPITRE V

MAC-MAHON ET DE FAILLY

CHAPITRE VI

LA CONCENTRATION DE L'ARMÉE D'ALSACE

TROISIÈME PARTIE

FRŒSCHWILLER

CHAPITRE PREMIER

LES PRÉLIMINAIRES DE LA BATAILLE

CHAPITRE II

ENGAGEMENT DES AVANT-GARDES

CHAPITRE III

DOUBLE ATTAQUE DU XIe CORPS

CHAPITRE IV

LES CONTRE-ATTAQUES AU CENTRE

CHAPITRE V

PRISE D'ELSASSHAUSEN

CHAPITRE VI

ENGAGEMENT DE NOS RÉSERVES

CHAPITRE VII

PRISE DE FRŒSCHWILLER

CHAPITRE VIII

LA RETRAITE ET LA POURSUITE

CHAPITRE IX

INACTION DU 5e CORPS

PARIS. TYPOGRAPHIE PLON-NOURRIT ET Cie, 8, RUE GARANCIÈRE. — 6984.

A LA MÊME LIBRAIRIE

Souvenirs du général Jarras, chef d'état-major général de l'Armée du Rhin (1870), publiés par Mme JARRAS. Un vol. in-8° accompagné d'une carte. . . . . 7 fr. 50

Un Ministère de la guerre de vingt-quatre jours, du 10 août au 4 septembre 1870, par le général COUSIN DE MONTAUBAN, comte DE PALIKAO. 3e édition. Un vol. in-8°, enrichi d'une grande carte stratégique imprimée en cinq couleurs. Prix. . . . . 6 fr.

La Vie militaire du **général Ducrot,** d'après sa correspondance (1839-1871), publiée par ses enfants. 2e édition. Deux volumes in-8° avec trois portraits en héliogravure et une carte. . . . . 15 fr.

Histoire du second Empire, par Pierre DE LA GORCE.
Tomes I et II (1852-1859). 9e édition. Deux vol. in-8° avec cartes. . . . . 16 fr.
Tome III (1859-1861). 8e édit. Un vol. in-8° accompagné de cartes. . . . . 8 fr.
Tome IV (1861-1866). 7e édit. Un vol. in-8° accompagné de cartes. . . . . 8 fr.
Tome V (1866-2 janvier 1870). 6e édit. Un vol. in-8°. . 8 fr.
Tome VI (2 janvier-7 août 1870). 6e édition. Un vol. in-8° avec quatre cartes. . . . . 8 fr.
Tome VII (6 août 1870-4 septembre 1870). 5e édition. Un vol. in-8° accompagné de six cartes. . . . . 8 fr.
(Couronné par l'Académie française, grand prix Gobert.)

La Guerre 1870-1871, par Arthur CHUQUET, professeur au Collège de France. 11e mille. Un vol. in-18 illustré. . 3 fr. 50

L'Armée du Rhin depuis le 12 août jusqu'au 29 octobre 1870, par le maréchal BAZAINE. 2e édition. Un vol. in-8°, enrichi de 11 cartes et plans. 8 fr.

Mes Souvenirs. — **La Guerre contre l'Allemagne** (1870-1871), par le général baron FAVEROT DE KERBRECH. 2e édition. Un vol. in-16. 3 fr. 50

Précis des guerres de la France de 1848 à 1885, par FABRE DE NAVACELLE. Nouvelle édition accompagnée de cartes. Un vol. in-18. 4 fr.

Le Coup de grâce. Épilogue de la guerre franco-allemande dans l'Est (décembre 1870-février 1871), par le général DE PIÉPAPE. Un vol. in-8°, avec cartes. . . . . 8 fr.

Carnet de campagne d'un aide-major (15 juillet 1870 au 1er mars 1871), par CHALLAN DE BELVAL. Un vol. in-16. 3 fr. 50

Souvenirs d'un cavalier du second Empire, par le capitaine H. CHOPPIN. Un vol. in-18. . . . . 3 fr. 50

PARIS. — TYP. PLON-NOURRIT ET Cie, 8, RUE GARANCIÈRE. — 8984.

www.ingramcontent.com/pod-product-compliance
Ingram Content Group UK Ltd.
Pitfield, Milton Keynes, MK11 3LW, UK
UKHW020127220726
13923UKWH00001B/33